장례 추모
설교
100

장례예식 설교문 및 추모예배 설교문 100편

장례 추모 설교 100

오대환·김건일·박인성 지음

아가페

서문

예로부터 '관혼상제'라 하여 우리 민족은 가정의례를 중시했습니다. 그중 상례가 장례 문화이고 제례가 제사 문화입니다. 이러한 전통은 기독교가 들어오면서 조정되기 시작했고, 이제 목회 현장에서도 어느 정도 자리를 잡았다고 생각합니다. 크리스천 가정에서 기독교적인 가치관으로 장례와 제례를 지내는 것이 이제는 사회적으로도 어려움 없는 시대가 되었습니다. 그 순서와 절차에 대해서도 한국 교회의 노력으로 어느 정도 자리를 잡았습니다.

이러한 시기에 좀 더 개발되어야 할 부분은 인간이 임종을 맞이하는 다양한 경우에 합당한 말씀을 정리하고 사용하는 것입니다. 또 각종 추모예배를 드리기 위한 말씀을 준비하는 것입니다. 장례와 추모에 관련된 말씀을 목회 현장에서 다양하게 준비하고 있어야 그러한 일이 발생할 때 적절하게 사용해, 유족과 성도를 위로하고 하나님나라에 합당한 소망을 갖게 할 수 있습니다.

이러한 생각으로 목회 현장에서 꼭 필요한 장례 추모 설교 100편을 출간합니다. 이 설교 말씀이 적절하게 사용되어, 현장에서 사역하는 목회자들에게 도움이 되고 성도와 교회에도 큰 유익이 되기를 바랍니다.

오대환

차례

서문 • 4

1부 　장례예배 설교

1장 ✳ 운명 전 예배

믿음의 가정인 경우 1 • 13 | 믿음의 가정인 경우 2 • 16 | 불신자 가정에서 혼자 신앙생활하는 경우 • 19 | 교회는 다니나 믿음이 연약한 성도인 경우 • 22 | 임종을 앞둔 부모님이 믿음이 없는 경우 • 25

2장 ✳ 임종예배

믿음 있는 부모님이 돌아가신 경우 • 29 | 믿지 않는 부모님이 돌아가신 경우 • 32 | 믿음 있는 배우자가 소천한 경우 • 35 | 믿지 않는 배우자가 소천한 경우 • 38 | 고인의 자녀들이 믿음이 좋은 경우 • 41 | 고인의 자녀들이 믿지 않는 경우 • 44 | 자녀가 부모보다 먼저 소천한 경우 • 47

3장 ✳ 입관예배

일반적인 죽음의 경우 · 51 | 자녀가 부모보다 먼저 소천한 경우 · 54 | 갑작스럽게 소천한 경우 · 57 | 투병하다 소천한 경우 · 60 | 어린 자녀만 남겨둔 경우 · 63 | 복음을 위해 애쓰다 소천한 경우 · 66 | 순직한 경우 · 69 | 믿음 좋은 젊은 성도가 소천한 경우 · 72 | 믿음의 가정인 경우 · 76 | 믿음 있는 부모님이 돌아가신 경우 · 79 | 믿지 않는 부모님이 돌아가신 경우 · 82

4장 ✳ 발인예배

믿음의 가정인 경우 1 · 86 | 믿음의 가정인 경우 2 · 89 | 믿음의 가정인 경우 3 · 92 | 불신자 가족이 있는 경우 1 · 95 | 불신자 가족이 있는 경우 2 · 98 | 불신자 가족이 있는 경우 3 · 102 | 열심히 신앙생활하면서 장수하다 돌아가신 경우 · 105 | 믿음 좋은 젊은 성도가 소천한 경우 · 108 | 젊은 성도가 투병하다 소천한 경우 · 111 | 오랫동안 투병하다 돌아가신 경우 · 115 | 믿음 있는 유족인 경우 · 118 | 고인이 믿지 않고 불신자 가족이 많은 경우 · 122

5장 ✳ 하관예배

믿음의 가정인 경우 1 · 126 | 믿음의 가정인 경우 2 · 129 | 고인이 믿음의 본이 되는 경우 · 132 | 고인이 믿지 않는 경우 · 135 | 유가족의 믿음이 신실하지 못한 경우 1 · 139 | 유가족의 믿음이 신실하지 못한 경우 2 · 143 | 유가족이 불신자일 경우 1 · 146 | 유가족이 불신자일 경우 2 · 149 | 배우자가 소천한 경우 · 152

6장 ✳ 화장예배

유가족이 믿지 않는 경우 1 · 156 | 유가족이 믿지 않는 경우 2 · 160 | 믿음의 가정인 경우 1 · 163 | 믿음의 가정인 경우 2 · 166 | 유가족이 믿음이 있으나 신실하지 못한 경우 · 169 | 열심히 신앙생활하다 소천한 경우 · 172 | 갑작스럽게 소천한 경우 · 176

7장 ✳ 위로예배

열심히 신앙생활하다 소천한 경우 · 180 | 고인이 믿음의 본이 되는 경우 · 183 | 불의의 사고로 갑자기 소천한 경우 · 186 | 고인이 믿지 않고 불신 가족이 섞여 있는 경우 · 189 | 오래 투병하다 소천한 경우 · 193 | 일반적인 죽음의 경우 1 · 196 | 일반적인 죽음의 경우 2 · 200

8장 ✳ 어린이, 청소년, 출가하지 않은 자녀 장례예배

부모가 신자일 경우(어린이) 1 · 204 | 부모가 신자일 경우(어린이) 2 · 207 | 부모가 신자일 경우(청소년) 1 · 210 | 부모가 신자일 경우(청소년) 2 · 214 | 부모 중에 불신자가 있는 경우(어린이) 1 · 217 | 부모 중에 불신자가 있는 경우(어린이) 2 · 221 | 부모 중에 불신자가 있는 경우(청소년) 1 · 224 | 부모 중에 불신자가 있는 경우(청소년) 2 · 228 | 결혼하지 않은 자녀가 소천한 경우 1 · 231 | 결혼하지 않은 자녀가 소천한 경우 2 · 234

9장 ✳ 이장예배

신자들만의 예배 1 · 239 | 신자들만의 예배 2 · 242 | 불신자들과 연합예배 1 · 246 | 불신자들과 연합예배 2 · 249

2부 추모예배 설교

1장 ❋ 기일 추모예배

신자들만의 예배 1・255 | 신자들만의 예배 2・258 | 신자들만의 예배 3・262 | 신자들만의 예배 4・265 | 불신자들과 연합예배 1・268 | 불신자들과 연합예배 2・271 | 불신자들과 연합예배 3・275 | 불신자들과 연합예배 4・279

2장 ❋ 설 추모예배

신자들만의 예배 1・283 | 신자들만의 예배 2・286 | 신자들만의 예배 3・289 | 신자들만의 예배 4・293 | 불신자들과 연합예배 1・296 | 불신자들과 연합예배 2・299 | 불신자들과 연합예배 3・302 | 불신자들과 연합예배・4 306

3장 ❋ 성묘 추모예배

신자들만의 예배 1・310 | 신자들만의 예배 2・313 | 불신자들과 연합예배 1・317 | 불신자들과 연합예배 2・321

4장 ❋ 추석 추모예배

신자들만의 예배 1・325 | 신자들만의 예배 2・328 | 신자들만의 예배 3・332 | 신자들만의 예배 4・335 | 불신자들과 연합예배 1・338 | 불신자들과 연합예배 2・341 | 불신자들과 연합예배 3・344 | 불신자들과 연합예배 4・348

1부

장례예배 설교

1장

운명 전 예배

믿음의 가정인 경우 1

내 손에서 빼앗을 자가 없느니라

_요 10:28-29

우리는 지금 ○○○ 성도님 인생의 마지막 순간이 가까운 지점에서 예배를 드리고 있습니다. 사랑의 주님께서 이 자리에 찾아오셔서, 함께한 모든 이들의 마음을 붙들어주시고 위로해 주시며, 믿음으로 강하게 만들어주시기를 바랍니다.

예수님은 "내 양"에 관해 말씀하셨습니다. 27절에 "내 양은 내 음성을 들으며"라는 말씀이 있습니다. 우리는 "내 양" 즉 예수님의 양입니다. 예수님이 그 이름을 아시며 그 존재를 아시고 당신의 소유로 삼아주신 양들이라는 것입니다. 이것은 우리같이 불안한 존재들에게 얼마나 큰 위로가 되는지 모릅니다. 나는 흔들려도 주님은 흔들리시지 않기 때문입니다. 만약 내가 나 자신의 소유라고만 하면, 모든 것이 내 책임이 되니 얼마나 두렵겠습니까? 그러나 주님을 믿는 나는 나 자신의 소유가 아니라 주님의 소유이기에, 나는 그냥 양이 아니라 '주님의 양'이기에 안심할 수 있습니다.

또 "나는 그들을 알며 그들은 나를 따르느니라"고 말씀하셨습니다. 예수님이 아신다는 것입니다. 부모는 자기 아이가 어디에 섞여 있든지 그 얼굴을 찾아내는 신기한 힘이 있습니다. 사람이 아무리 많아도 기어이 찾아내고, 거기서 그 작은 얼굴을 확인하고 기뻐합니다. 우리 주님도 마찬가지입니다. 주님도 우리를 아시기에, 부모가 자녀를 찾듯 늘 우리를 찾아 확인하시고, 우리의 얼굴을 보고 기뻐하십니다. 사랑하는 우리 ○○○ 성도님도 우리 예수님의 양 되신 분으로서, 예수님이 언제나 그 얼굴을 확인하고 기뻐하시는 분인 줄로 믿습니다.

그리고 28절을 보면 "내가 그들에게 영생을 주노니"라는 말씀이 있습니다. 예수님이 그들에게 영생을 주신다고 말씀하셨습니다. 영생을 주시는 분은 바로 우리 예수님이십니다. 예수님만이 영생의 주인이시기에, 그 영생의 주인 되시는 분께서 그 사랑하시는 양에게, 그 얼굴을 알고 이름을 아시는 그 양에게 영생을 주신다는 말입니다.

저는 이런 것을 생각할 때마다 참으로 감사한 마음을 금할 길이 없습니다. 우리 예수님이 내게 주신 것을 취소하실 리가 없기 때문입니다. 예수님이 한 번 내려주신 영생을 취소하시겠습니까? 우리는 부족한 사람이지만 믿음을 통해 분명히 그분의 양이 된 사람들이고, 평생 그분을 따라 살아온 사람들입니다. "그들은 나를 따르느니라." 주님을 따라온 사람들을 결코 버리지 않으실 줄로 믿습니다.

아울러 당신의 손에서 그들을 빼앗을 자가 없을 거라 말씀하십니다. 누가 감히 우리를 그분의 손에서 빼앗겠느냐는 것입니다. 예수님이 우리를 붙들고 계신 데 말입니다. 저기 들개의 무리가 몰려온다고 해도, 사자(獅子)들이 그 주위를 지키고 있다면 감히 얼씬할 수 있겠습니까? 설령 해적들이 몰려온다 해도 거대한 군함이 그 앞을 지키고 있다면, 그 앞에 얼씬할 수 있겠습니까? 마찬가지입니다. 우리 예수님이 우리를 붙들고 지켜주시는 한 어둠의 세력이 우리를 채갈까 염려할 필요가 없습니다.

29절은 "그들을 주신 내 아버지는 만물보다 크시매 아무도 아버지 손에서 빼앗을 수 없느니라"고 말합니다. 그들을 주신 하나님 아버지가 만물보다 크신 분이라고 합니다. 예수님만 있는 것이 아닙니다. 우리를 예수님께 넘겨주신 분이 있는데 바로 하나님 아버지, 즉 성부 하나님이라는 것입니다. 그리고 심지어 그분은 만물보다도 크신 분이라고 말합니다. 다니엘서 4장 3절은 말합니다. "참으로 크도다 그의 이적이여, 참으로 능하도다 그의 놀라운 일이여, 그의 나라는 영원한 나라요 그의 통치는 대대에 이르리로다." 실로 어마어마한 권세를 가지신 분이 우리의 소유권을 주장하시는 것입니다. 영원히 통치하시는 분, 시작도 없고 끝도 없는 영원한 세계의 왕께서 성령으로 인을 치고 소유권을 주장하시는데, 그 사람을 그 손에서 누가 탈취하겠습니까? 바로 그 하나님께서 우리를 예수님의 손에 넘겨주시고, 예수님께 구원을 맡기셨다는 것입니다. 예수님의 손으로 직접 우리에게 영생을 주시도록 말입니다.

사랑하는 ○○○ 성도님, 이제 인생의 마지막 지점에 와 계시는데, 우리 예수님이 성부 하나님께 ○○○ 성도님을 넘겨받으시고 여전히 사랑의 손길로 붙들고 계시는 줄로 믿습니다. '누가 빼앗겠느냐'고 말씀하지 않으셨습니까? 누가 감히 예수님의 손에서 우리 ○○○ 성도님을 빼앗겠습니까! 우리 예수님께서 ○○○ 성도님을 끝까지 붙들어주시고, 마지막 순간에 그 영혼을 천국으로 영광스럽게 들어 올리셔서, 그곳에서 영생의 한없는 복을 누리게 해주실 줄 믿습니다.

믿음의 가정인 경우 2

아브라함의 죽음

_창 25:1-11

사람은 누구나 죽습니다. 죽음을 피해갈 수 있는 사람은 없습니다. 본문을 보면 아브라함의 죽음이 기록되어 있습니다. 아브라함이 누구입니까? 하나님의 인도로 믿음의 조상이 된 사람입니다. 갈대아 우르를 떠나 이스라엘 민족의 믿음의 여정을 시작한 사람입니다. 그런 그도 세월을 이겨내진 못합니다. 아무리 하나님의 대단한 사랑을 받은 사람도 때가 되면 죽습니다. 한 번 죽는 것은 하나님이 사람에게 정해 주신 이치이기 때문입니다(히 9:27). 죽음은 인간에게 어떤 의미일까요? 특히 믿음을 가진 사람들에게 어떤 의미인지 본문을 통해 살펴보겠습니다.

첫째, 죽음은 하나님이 성도에게 약속하신 모든 일이 이루어졌음을 뜻합니다. 본문은 아브라함이 후처를 얻었다고 기록합니다. 다른 성경은 그가 얻은 그두라를 "소실"(첩)로 묘사합니다(대상 1:32). 아브라함이 소실을 사라 생존 시에 두었는지 사후에 두었는지는 확실하지 않습니다. 중요한 것은 이런 일을 통해 하나님께서 아브라함에게 약속하신 것을 이루고 계시다는 점입니다. 하나님은 아브라함이 "여러 민족의 아버지"(창 17:5-6)가 될 것을 약속하셨습니다.

창세기를 기록한 모세는, 아브라함이 이삭과 이스마엘 외에 다른 자녀도 두었는데, 이들이 후에 여러 민족의 조상이 되었음을 본문에서 밝히고 있습니다. 그중에는 후에 이스라엘 백성을 많이 괴롭히는 미디안 같은 민족도 있습니다(창 25:4). 결과적으로 그두라의 후손은 이스라엘과 대치하는 아랍 족속의 조상이 됩니다. 그래서 오늘날 이슬람을 믿는 아랍 족속도 아브라함을 그들의 조상으로 섬기는 것입니다.

아브라함은 삶의 목적을 다하고 175세로 인생을 마무리합니다. 본문은 죽음을 가리켜 '그 열조에게 돌아가는 것'으로 기록합니다. 성경에서 죽음은 하나님의 뜻을 이루고 마치는 것을 의미합니다. 그래서 아름다운 것입니다. 이제 모든 일을 마치고 하나님께로 가서 쉬고 영원한 안식을 얻는 것이 죽음입니다. 그러므로 죽음을 두려워하거나 슬퍼하지 말고 당당하게 맞이해야 합니다. 성도의 죽음은 하나님의 뜻을 다한 아름다운 퇴장입니다.

둘째, 죽음은 한 세대를 넘어 역사하시는 하나님의 주권을 보여줍니다. 보통 사람들은 죽으면 모든 것이 끝난다고 생각합니다. 한 사람의 생애가 마치면 그와 관련된 모든 일이 정지된다고 생각합니다. 틀린 말은 아닙니다. 죽음은 모든 것을 정지시킵니다. 세상에서 아무리 나쁜 일을 했어도 죽으면 그와 관련된 모든 기소가 중지됩니다.

그러나 성도의 죽음은 세상의 일과는 다른 면이 있습니다. 11절을 보면, 아브라함이 죽은 후에 하나님이 그 아들 이삭에게 복을 주셨다고 기록합니다. 하나님께서 아브라함에게 약속하신 일들이 아들 이삭에게 이어지는 것을 성경은 강조하고 있습니다. 비록 인간은 자신의 수명을 다하고 이 땅을 떠나도, 하나님의 약속은 남아서 그 후손에게 이어지는 것입니다.

우리는 죽음과 한 사람의 인생을 넘어 역사하시는 하나님의 일하심을 내다보아야 합니다. 그러기에 죽음이 모든 것을 단절시킨다고 생각할 필요가 없습니다. 자신에게 주어진 일을 믿음으로 바라고 최선을 다해 살아내고, 그다음은 하나님의 뜻에 맞기면 되는 것입니다. 하나님은 그분의 일을 우리의 후손을 통해 이어가시는 분입니다. 성도가 이런 하나님을 믿을 때 한 세대를 넘어서는 안목으로 살아갈 수 있습니다.

죽음은 모든 인간이 맞이할 수밖에 없는 인생의 마지막이자 최대 사건입니다. 그래서 사람들은 죽음 앞에서 두려워하며 때로는 걱정합니다. 그러나 우리는 죽음을 걱정할 필요가 없습니다. 죽음은 하나님께서 우리에게 맡기신 모든 것을 다 이루셨음을 믿고 평안히 그분께 가면 되는 것입니다. 더 필요한 것이 있다면, 하나님이 다음세대를 활용해 뜻을 이루실 것입니다.

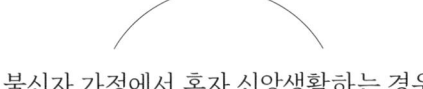

불신자 가정에서 혼자 신앙생활하는 경우

나 하늘로 돌아가리라

_고후 5:1-5

"인생은 나그네길 어디서 왔다가 어디로 가는가" 1960년대 가수 최희준 씨가 불러 유행했던 〈하숙생〉이라는 곡의 가사입니다. 수십 년이 지난 지금도 이 노래가 사랑받는 이유는 '인생은 나그넷길'이라는 은유(隱喩)가 사람들의 마음속에 잔잔한 여운을 남기기 때문일 것입니다. 여기 모인 여러분은 어떠십니까? 인간은 모두 '인생'이라는 길 위를 걷는 '나그네'라는 은유에 왠지 모르게 고개가 끄덕여지지 않으십니까? 흥미로운 것은, 하나님의 말씀인 성경도 그리스도인을 나그네로 규정한다는 것입니다. 성경은 말합니다. "나는 땅에서 나그네가 되었사오니"(시 119:19), "너희가 나그네로 있을 때를 두려움으로 지내라" (벧전 1:17).

우리는 너나 할 것 없이 모두 나그네입니다. 그리고 오늘은 나그넷길 같은 인생 여정의 끝자락을 걷고 있는 또 한 명의 나그네, ○○○ 성도님을 위로하고 격려하기 위해 이 자리에 모였습니다. 함께 하나님의 말씀을 나누는 동안에 ○○○ 성도님은 물론이고, 여기 모인 분들의 마음속에 하나님이 주시는 위로와 평화가 가득하기를 기도합니다.

나그네는 "고향을 떠나 다른 곳에 잠시 머물거나 떠도는 사람"을 가리킵니다. 만약 우리의 인생이 고향을 떠난 나그네의 여정과 같다면, 그 모든 인생 여정을 마친 후 돌아갈 고향은 어디일까요? 이 질문에 대한 대답은 종교마다 다를 것이고, 종교가 없는 무신론자에게는 그 질문 자체가 무의미할 것입니다. 저는 오늘 그 질문에 대한 기독교의 대답을 소개해 드리려고 합니다. 성경에 이런 구절이 있습니다. "만일 땅에 있는 우리의 장막 집이 무너지면 하나님께서 지으신 집 곧 손으로 지은 것이 아니요 하늘에 있는 영원한 집이 우리에게 있는 줄 아느니라"(고후 5:1). 여기서 언급된 "땅에 있는 장막 집"은 현재 우리의 몸을, "하늘에 있는 영원한 집"은 생을 마친 그리스도인이 천국에서 얻게 될 영원한 부활의 몸을 가리킵니다. 다시 말해, 천국은 나그네의 삶을 마친 그리스도인이 돌아가야 할 고향인 것입니다. 성경은 예수 믿고 구원받은 성도를 가리켜 '천국의 시민권을 가진 사람'이라고 말합니다. "우리의 시민권은 하늘에 있는지라"(빌 3:20). 이 땅에서 나그네의 삶을 마친 모든 성도는 하늘에 있는 고향, 천국으로 돌아가게 됩니다. 그리고 그곳에서 나그네의 고단함을 내려놓고 영원한 쉼을 누릴 것입니다.

영원한 하늘 고향을 향한 소망은 기독교의 근간이 되는 중요한 신앙이기도 합니다. 이 소망은 2천 년 전 교회가 처음 세워진 그때부터 지금까지 그리스도인들이 수많은 어려움과 고난을 견디며 꿋꿋이 신앙의 절개를 지킬 수 있게 했던 원동력이기도 합니다. 삶의 무게로 낙심해 주저앉았을 때 그리스도인들을 다시 일으켰던 것이 바로 하늘 고향에 대한 소망이었습니다. 그 소망이 얼마나 컸던지, 바울이라는 초기 기독교 지도자는 이렇게 말했습니다. "우리가 그리스도 안에서 소망하는 것이 이 세상 삶에 그친다면, 우리는 이 세상 어느 누구보다도 불쌍한 사람들일

것입니다."(고전 15:19, 쉬운성경)

감사한 것은, 사랑하는 ○○○ 성도님이 2천 년 전부터 시작된 그 거대한 소망의 대열 안에 있다는 것입니다. 참 자랑스러운 일입니다. 이 자리에 함께 모인 가족이 할 일은 ○○○ 성도님이 삶의 마지막 순간까지 천국의 소망을 붙들고 나그네의 삶을 잘 마무리할 수 있도록 격려하는 것입니다. 마치 결승선을 앞두고 마지막 힘을 다해 달리는 선수에게 큰 함성의 응원을 보내는 것처럼 말입니다. 지난 세월을 곰곰이 돌아보면, ○○○ 성도님은 참 괜찮은 나그네였습니다. 하나님과 교회 앞에서는 충성스러운 일꾼이었고, 교우들 앞에서는 겸손한 형제였으며, 이웃에게는 친절한 그리스도인이었습니다. 무엇보다도 ○○○ 성도님은 가족을 떠올리며 늘 하나님께 기도한 여러분의 식구였습니다. 사랑하는 사람을 떠나보낼 준비를 하는 것은 언제나 힘들고 슬프지만, ○○○ 성도님에게 앞으로 펼쳐질 하늘 고향의 행복한 삶을 마음속에 그려보는 것으로 여러분의 슬픔을 달랠 수 있기를 바랍니다.

천상병 시인은 「귀천」(歸天)이라는 작품에서 이런 신앙고백을 했습니다. "나 하늘로 돌아가리라/ 아름다운 이 세상 소풍 끝내는 날/ 가서, 아름다웠더라고 말하리라." 나그넷길과 같은 인생 여정에서 여러분은 무엇을 소망하며 어떻게 살고 있습니까? 나그네의 삶을 끝낸 후에 여러분은 어디로 돌아가시겠습니까? ○○○ 성도님이 마음속에 품은 하늘 고향을 향한 그 소망이 이 자리에 함께한 가족들의 마음에도 싹을 내릴 수 있기를 예수 그리스도의 이름으로 축원합니다.

교회는 다니나 믿음이 연약한 성도인 경우

마지막 순간의 간구

_눅 23:42-43

오늘 이 자리에 함께하신 모든 분에게, 구원의 자비를 베푸시는 우리 예수님의 손길이 함께하시길 바랍니다. 우리는 지금 생의 마지막 지점에 이르러 죽음을 준비하는 엄숙한 시간을 맞이하고 있습니다. 그러므로 더욱더 절실하게 이 시간에 사람에게 자비를 베푸시는 그 은혜를 구할 수밖에 없습니다.

사람은 누구나 죽음을 잘 준비해야 합니다. 인간에게 육신의 죽음은 어떤 장난 같은 것이 될 수 없고, 이 땅에 태어났으면 반드시 겪어야 하는 가장 중요하고도 엄숙한 경험이기 때문입니다. 여기 마지막 순간, 생의 마지막 순간에 아슬아슬하게 구원받은 한 사람이 있습니다. 바로 예수님의 십자가 옆에 달린 한 강도입니다.

그 사람이 어떤 인생을 살아왔는지는 알 수 없습니다. 그러나 예수님의 십자가 옆에, 똑같이 십자가에 달린 것으로 보건대, 이 사람은 결코 훌륭한 삶을 산 사람이라고는 말할 수 없습니다. 십자가형은 극악한 죄인에게 내리는 형벌이기 때문입니다. 그러나 생의 마지막 순간에 이 사람은 자기 옆에 계시는 예수님께 일생일대의 중요한 요청을 합니다. "예수여 당신의 나라에 임하실 때 나를 기억하소서."

사실 어떤 과정을 통해 예수님에 대해 이런 생각을 하게 됐고, 어떤 것이 그의 마음을 움직였는지 모릅니다. 그러나 중요한 것은 그가 이렇게 자신의 진심을 담아, 아주 단순하고도 심금을 울리는 고백이자 청원의 말씀을 드렸다는 것입니다. 그리고 그의 짧은 고백과 청원에 예수님이 대답하셨습니다. "오늘 네가 나와 함께 낙원에 있으리라."

중요한 것은 허락입니다. 누구의 허락입니까? 예수님의 허락입니다. 영원한 하나님나라의 왕으로 오시는 예수님께서 허락하실 때 낙원의 문이 열리기 때문입니다. 다른 누구의 허락을 통해서도 되지 않습니다. 오직 예수님의 허락을 통해서만 그 문이 열리는 것입니다. 그리고 그렇게 짧은 고백, 그렇게 짧은 청원임에도 예수님은 낙원의 문을 실제로 열어 주셨습니다.

자, 대체 어떻게 이런 일이 가능했을까요? 그것은 그가 '온 마음을 다해' 외쳤기 때문입니다. 육신의 마지막 불꽃이 꺼져 가는 그 순간에 자기의 온 마음을 다해 예수님의 자비와 긍휼을 간절히 구한 것이기에, 비록 마지막 순간이지만 한 치의 거짓 없이 백 퍼센트의 진심을 담아 드린 고백이었기에, 예수님이 받아주신 것입니다. 그리고 그는 고백의 진정성을 인정받아 예수님의 허락으로 거룩한 곳 '낙원'에 도달하게 됩니다.

잊지 마십시오. 중요한 것은 형식이나 길이가 아니라 내용입니다. 어떤 마음으로 예수님을 붙드는지, 어떤 심정으로 예수님 앞에 자비를 구하는지, 그것이 자기의 영원한 운명을 가릅니다. 아무리 화려한 미사여구를 동원해도, 시인처럼 극히 아름다운 말로 표현해도, 진심이 없고 자기의 생명을 걸 만큼 간절함이 없다면 예수님의 허락을 받을 수 없습니다.

그러나 반대로 표현이 둔하고 아는 것이 별로 없는 사람이라도 간절함이 있다면, 그의 온 마음과 온 정성이 담겨 있다면, 나는 죽어도 예수님밖에 없다는 마음이 있다면, 그는 예수님께 낙원을 허락받게 됩니다. 여기 나오는 강도처럼 어떤 사람이든, 어떤 과거를 가졌든, 그것은 문제가 되지 않습니다. 오직 지금 이 순간 예수님을 향해 어떤 태도와 자세로 구원의 은혜를 간구하는지가 전부이기 때문입니다.

오늘 이 시간 이 자리에 있는 우리 모두에게 예수님의 십자가 옆에 달린 강도 같은 마음, 자기의 온 마음과 온 정성을 다해 예수님께 손을 내미는 그 간절한 마음이 회복되기를 바랍니다. 그럴 때 주님이 기꺼이 우리에게도 동일한 은혜, "오늘 네가 나와 함께 낙원에 있으리라" 하셨던 그 은혜를 베푸실 것입니다.

임종을 앞둔 부모님이 믿음이 없는 경우

유일한 길

_요 14:1-6

사람은 누구나 죽습니다. 이런 것을 '절대적 진리'라고 합니다. 전혀 예외가 인정되지 않습니다. 보통 세상의 진리는 상대적입니다. 대부분 옳을지라도 언제나 예외가 존재합니다. 그러나 죽음에 대해서는 예외가 없습니다. 이런 절대적 진리가 존재한다는 것 자체가 인간을 만드신 절대자가 존재한다는 것을 보여줍니다. 하나님은 살아계십니다. 오늘 어려운 시간을 보내고 계시는 부모님께 마지막으로 중요한 선택을 하실 수 있도록, 목사로서 살아계신 하나님의 말씀으로 도와드리려 합니다.

첫째, 예수님은 내 아버지 집에 거할 곳이 많다고 말씀하십니다(2절). 본문은 예수님이 십자가를 지시기 전, 제자들에게 자신이 곧 이 세상을 떠날 거라고 말씀하시는 장면입니다. 그 말을 들은 제자들의 마음이 편할 리가 없습니다. 그래서 제자들은 근심하고 있었습니다. 그런 그들을 주님은 위로하십니다. 마음에 근심하지 말라고 하십니다. 하나님을 믿고 나를 믿으면 아버지 집에 거할 곳이 많다고 하십니다.

죽음 앞에서 인생은 누구나 좌절합니다. 제자들처럼 죽음 앞에서는 이 세상의 모든 것이 무의미하고 무기력해집니다. 그러나 주님은 자신의 죽음 앞에서도 소망의 말씀을 주십니다. 여기서 "거할 곳"이라고 번역된 말씀은 '방들'이라고 번역해도 됩니다. 하나님의 집에는 방이 많다는 뜻입니다. 이것은 하나님을 믿고 예수 그리스도를 믿는 자는 누구나 하나님나라에 들어올 수 있다는 말입니다. 지금 마지막을 보내고 계신 부모님처럼 지금까지 살아오면서 예수님을 믿을 기회를 갖지 못하신 분도, 지금 이 자리에서 예수 그리스도를 받아들이면 하나님나라에 들어가실 수 있다는 말입니다. '방이 많다'고 예수님이 말씀하신 이유는 그 어떤 사람도 넉넉하게 다 받아주겠다는 의미입니다. 하나님은 모든 사람이 구원을 받으며 진리를 아는 데 이르기를 원하신다고 말씀하셨습니다(딤전 2:4). 하나님은 가급적 모든 사람, 많은 사람이 하나님을 믿고 천국에 들어오기를 바라십니다.

부모님도 이 시간 주님을 믿고 받아들이시면 그동안 믿지 않았던 것을 묻지 않으시고 영원한 천국에 들어갈 수 있게 하십니다. 영접하는 자 곧 그 이름을 믿는 자들에게는 하나님의 자녀가 되는 권세를 주신다고 말씀하셨습니다(요 1:12). 하나님은 마음이 넓으신 분입니다. 그분의 집에 방이 많은 이유입니다. 부디 부모님도 이 시간 하나님을 인생의 주인으로 받아들이시기 바랍니다.

둘째, 예수님만이 생명에 이르는 유일한 길입니다(6절). 이어서 주님은 주님만이 천국에 들어갈 수 있는 유일한 길이라고 말씀하십니다. 다른 방법으로는 영원한 나라에 들어갈 수 없다는 뜻입니다. 여기서 길, 진리, 생명은 여러 개 중 하나가 아니라 그 앞에 정관사를 붙여 유일한 것임을 강조하십니다. 아버지께로 가는 유일한 길, 진리, 생명은 예수님뿐입니다.

　세상에 많은 종교가 있고, 많은 사람이 진리와 영원한 생명에 이르는 길이 자신들에게 있다고 주장합니다. 또 예수를 믿지 않는 사람들은 기독교만 유일한 길이라고 주장하는 것을 불편해합니다. 그러나 생각해 보십시오. 원래 진리는 배타적입니다. 유일한 것이 진리입니다. 죽음이 예외를 인정하지 않듯, 진정한 진리는 예외를 인정하지 않습니다. 진리는 여러 개가 아니라 하나이기 때문입니다. 그래서 때로 진리는 사람의 귀에 독선적으로 들립니다. 인간이 모두 죽는 것이 절대적 진리이듯, 이 땅에 예외를 인정하지 않는 절대적 진리가 존재한다는 것은 그것을 만든 이가 있다는 뜻입니다. 어떤 사람들의 주장처럼 우주가 우연히 만들어졌다면 우연히 죽지 않는 사람도 있어야 합니다. 그러나 사람은 모두 죽습니다. 우연히 만들어진 것이 아니라는 뜻입니다.

　이 죽음을 극복하고 영원한 천국에 들어갈 수 있는 유일한 길은 오직 예수님을 영접하고 받아들이는 것뿐입니다. 성경은 "주 예수를 믿으라 그리하면 너와 네 집이 구원을 받으리라"(행 16:31)고 말합니다. 오늘 부모님이 그 길을 선택하시면 남아있는 자녀들에게도 영향을 미칠 것입니다. 부모님의 마지막 선택이 자녀들에게도 영원한 생명의 문을 여는 시간이 될 수 있습니다. 부디 예수님을 믿으시고 영원한 나라에 들어가시기 바랍니다.

2장

임종예배

믿음 있는 부모님이 돌아가신 경우

선한 싸움을 싸우고, 달려갈 길을 마치고, 믿음을 지켰으니

_딤후 4:6-8

○○○ 성도님의 임종예배에 참석하신 가족과 친지분들께 깊은 위로의 마음을 전합니다. 예수 안에 있는 성도에게 죽음은 영원한 이별이 아닙니다. 언젠가는 천국에서 다시 만날 것이기 때문입니다. 그 사실을 잘 알면서도 이별의 순간은 참으로 슬프고 안타깝습니다. 그러나 여러분, ○○○ 성도님은 지금 하나님의 품에서 천국의 안식을 누리고 있음을 기억하고 위로로 삼으시기 바랍니다. 하나님의 위로가 슬픔 가운데 있는 가족과 친지들에게 충만하게 함께하시기를 예수 그리스도의 이름으로 소망합니다.

오늘 함께 읽은 본문은 바울 사도의 고백입니다. 당시 로마의 감옥에 투옥된 바울은 자신이 순교할 날이 얼마 남지 않았음을 직감합니다. 그리고 제자 디모데에게 마지막 유언과도 같은 권면의 글을 남기는데, 그 일부가 바로 본문의 말씀입니다. 초대 교회 당시 매우 존경받던 사도 중 하나인 바울의 이 고백은 단지 그만의 것이 아니라, 2천 년의 세월을 지나는 동안 수많은 그리스도인의 신앙고백이기도 했습니다. 고인이 되신 ○○○ 성도님의 마음속에도 동일한 신앙고백이 있었을 것으로 확신합니다.

바울은 "전제와 같이 내가 벌써 부어지고 나의 떠날 시각이 가까웠도다"(6절)라는 말로 자신의 신앙고백을 시작합니다. 여러분, 세상의 그 누구도 죽음을 피할 수는 없습니다. 바울과 마찬가지로 언젠가 우리 역시 "떠날 시각"을 마주해야 합니다. 오늘 본문에서 바울은 예수 안에서 구원받은 성도는 어떤 삶의 모습으로 "떠날 시각"을 준비해야 하는지에 관한 신앙적 가르침을 주고 있습니다.

바울은 또 이렇게 말합니다. "나는 선한 싸움을 싸우고 나의 달려갈 길을 마치고 믿음을 지켰으니"(7절). 바울은 자랑할 것이 참 많은 사람입니다. 넉넉한 집안에서 태어나 최고의 교육을 받았고, 당시 사회적 특권의 상징이던 로마 시민권까지 가진 사람이었습니다. 그런데 인생을 마무리하는 시점에서 바울이 자랑한 단 한 가지는 '믿음을 지킨 것'입니다. 끝까지 믿음을 지켜내기 위해 바울은 "선한 싸움"을 감내했고, 결승선을 향해 열심히 달렸으며, 결국 하나님께 받은 사명을 완수했습니다. 감사한 것은, 사랑하는 ○○○ 성도님 역시 바울처럼 끝까지 믿음을 지켜내는 삶을 사셨다는 것입니다. 하나님 앞에서, 자녀들 앞에서, 교우들 앞에서 ○○○ 성도님은 훌륭한 믿음의 본을 보여주셨습니다. 이후로 ○○○ 성도님의 이름은 '끝까지 믿음을 지킨 사람'이라는 수식어와 함께 하늘의 생명책에 영원히 기록될 것입니다. 할렐루야!

그렇다면 바울은 무엇을 위해 믿음을 지키려 그토록 애썼던 것일까요? 뒤따르는 구절에서 그 답을 찾을 수 있습니다. "이제 후로는 나를 위하여 의의 면류관이 예비되었으므로"(8절). "의의 면류관"은 예수 안에서 신실하게 믿음을 지킨 성도에게 하나님이 주시는 상급입니다. 경기에서 우승한 선수의 목에 메달을 걸어주듯 '인생'이라는 경기장에서 포기하지 않고 끝내 승리한 성도에게 하나님은 "의의 면류관"을 씌워주실 것입니다. 그 면류관은 천국에서 누리게 될 영원한 생명과 영광을 상징합니다. 여러분, 천국에서 의의 면류관을 받아들고 감격하고 있을 사랑하는 ○○○ 성도님의 모습을 상상해 보십시오. 참 멋있을 것 같지 않습니까? 우리도 언젠가는 의의 면류관을 쓰고 하나님 앞에 서게 될 것입니다. 그날을 바라보며 끝까지 믿음을 지키는 성도가 되시기 바랍니다.

마지막으로 바울은 "내게만 아니라 주의 나타나심을 사모하는 모든 자에게도니라"(8절)라는 말로 자신의 고백을 마무리합니다. 이 말에는 남은 성도들이 자신과 마찬가지로 의의 면류관 받기를 간절히 원한 바울의 마음이 담겨 있습니다. 그의 심정은 이러했을 것입니다. "여러분, 하나님을 사모는 자는 누구라도 저처럼 의의 면류관을 받을 것입니다. 포기하지 말고 끝까지 믿음을 지키십시오!" 여러분, 저는 ○○○ 성도님 역시 자녀들을 향해 바울과 동일한 심정을 품었을 것이라 생각합니다. "사랑하는 아들아, 딸아! 너희도 나를 본받아 끝까지 믿음을 지키고 의의 면류관을 받으면 좋겠구나." 오늘 이 자리에 함께한 ○○○ 성도님의 자녀분들이 아버지(어머니)의 신앙을 본받아 믿음의 선한 싸움에서 승리하고 천국에서 의의 면류관 받으시기를 소망합니다.

믿음의 선한 싸움을 싸우고, 끝까지 믿음의 경주를 포기하지 않은 ○○○ 성도님의 신앙은 우리 마음속에 오래도록 기억될 것입니다. 천국에서 반갑게 다시 만날 그날을 기약하며, 여러분 모두 각자의 자리에서 믿음을 굳게 지키며 살아가시길 예수 그리스도의 이름으로 부탁드립니다.

믿지 않는 부모님이 돌아가신 경우

인생의 때

_전 3:1-13

인간은 시간 속에서 살아가는 존재입니다. 그 시간은 어떤 목적을 향해 흘러가고 있으며, 사람도 그 시간 속에서 각자 할 일을 하며 살다가 때가 되면 죽음에 이릅니다. 오늘 사랑하는 부모님의 임종을 맞아 성경을 통해 인생의 의미를 돌아보는 기회를 가지려고 합니다.

첫째, 성경은 세상 모든 일에 때가 있다고 말합니다. 1절은 범사에 기한이 있고 천하 만사에 때가 있다고 말합니다. 세상 모든 일에는 때가 있습니다. 구약성경에 기록된 히브리 식 사고방식은 반대가 되는 상황을 언급함으로 전체를 표현합니다. 예를 들어 "태초에 하나님이 천지를 창조하시니라"(창 1:1)라는 말씀은, 문자적으로 하나님이 단지 "천지"(하늘과 땅)만을 지으셨다는 것이 아니라, 하늘과 땅 사이의 모든 것을 지으셨다는 표현입니다. 본문에도 범사에 때가 있다고 말하면서 "날 때"가 있으며 "죽을 때"가 있다는 것은 사실 세상 모든 일에 하나님이 정하신 때가 있다는 의미입니다.

세상 모든 일에는 정해진 시간이 존재합니다. 그 어떤 것도 영원히 존속할 수는 없습니다. 행복하고 아름다운 순간도 때가 지나면 퇴색합니다. 그렇다면 이 모든 때는 누가 정했습니까? 본문은 이 모든 것을 때를 따라 지으신 분이 하나님이라고 말합니다(11절). 하나님이 인생의 때를 정하셨습니다.

우리가 인정하기 싫어도 인생의 시간은 유한합니다. 반드시 모든 일에는 기한이 있고 때가 있습니다. 인간이 아무리 발버둥쳐도 이 기한은 누구에게나 도래합니다. 특히 죽음의 문제를 생각하면 그렇습니다. 우리 중 누구도 자신이 언제 죽을지 아는 사람은 없습니다. 죽음은 어느 날 갑자기 다가옵니다. 모든 것을 주관하시는 하나님이 계심을 인간은 겸손히 인정해야 합니다. 이 시간 부모님의 장례를 치르면서 여기 계신 가족들은, 다시 한번 인생이 유한한 존재이며 그 위에 더 크신 무한하신 하나님이 계심을 믿으시기 바랍니다.

둘째, 그 유한한 시간 동안 사람이 해야 하는 일이 있습니다. 본문을 살펴보면 인생의 모든 것에는 때가 있다고 먼저 말한 다음, 그때를 어떻게 지내는 것이 합당한지에 대한 말씀이 이어집니다. 먼저 12절을 보면 사람은 사는 날 동안 기뻐하며 선을 행해야 한다고 말합니다. 그 정해진 인생의 시간을 기쁨과 선으로 채워가야 한다는 것입니다. 기쁨이 자기 자신을 위한 것이라면 선은 타인을 위한 것입니다. 사람은 자기 안에 기쁨이 있고 타인을 향해서는 선을 행할 때 온전한 행복을 누릴 수 있습니다. 많지 않은 시간을 살면서 불행하고 원망하기보다는 기뻐하며 살아야 합니다. 또 이웃을 향해 선을 행할 때 그 기쁨은 배가됩니다.

또 13절을 보면, 사람마다 먹고 마시고 수고함으로 만족함을 누리는 것이 하나님의 선물이라고 합니다. 먹고 마시고 수고하는 자신의 삶에 만족할 줄 알아야 합니다. 지나친 욕심은 인생을 불행하게 만듭니다. 자신의 발전을 위해 최선을 다하며 살아야겠지만, 주어진 삶에 만족해야 합니다. 그것이 우리를 지으신 분의 뜻이고 선물이라고 성경은 말합니다.

영어로 선물은 'present'입니다. 이 말은 또 다른 의미로 현재라는 뜻입니다. 그래서 보통 사람들이 현재는 하나님이 우리에게 주신 선물이라고 재미있게 해석하기도 합니다. 톨스토이는 그의 단편소설 「세 가지 질문」을 통해 세상에서 가장 중요한 때는 지금이고, 가장 중요한 사람은 지금 내가 만나고 있는 사람이며, 가장 중요한 일은 그 사람에게 선을 행하는 것이라고 했습니다.

인간은 현재를 살아가는 존재입니다. 과거는 이미 지나간 시간이고, 미래는 아직 오지 않았습니다. 그래서 현재가 우리가 사용할 수 있는 시간입니다. 우리는 이 선물 같은 시간을 올바른 일을 하면서 살아가야 합니다. 가장 중요한 것은 이 선물 같은 인생을 주신 분이 계심을 인정하는 것입니다. 오늘 고인의 죽음을 계기로 다시 한번 인생의 의미를 되새기는 유가족이 되시기를 바랍니다.

믿음 있는 배우자가 소천한 경우

슬픔을 대하는 그리스도인의 신앙

_고전 15:51-52

우리가 경험하는 많은 이별 중에 배우자와 사별하는 것만큼 힘들고 어려운 이별은 없을 것입니다. 부부의 연을 맺고 살면서 모든 기쁨과 슬픔, 아픔과 고민, 성공과 좌절의 순간을 함께했고, 내 부족함까지도 기꺼이 이해하고 용납해 준 가장 가깝고 고마운 사람을 떠나보내야 하기 때문입니다. 그러므로 배우자와 사별하는 것은 마치 몸의 한 부분이 떨어져 나간 것 같은 큰 아픔일 것이며, 가슴 한쪽에 생긴 커다란 구멍 같은 공허함일 것입니다. 오늘 ○○○ 성도님의 임종예배에 참여하신 분들에게 설교하기에 앞서, ○○○ 성도님의 배우자 되시는 ○○○님께 깊은 애도의 마음을 전합니다.

성경 히브리서에 이런 말씀이 있습니다. "한 번 죽는 것은 사람에게 정해진 것이요"(히 9:27). 사람은 누구나 죽음의 순간을 맞이합니다. 그리고 인간의 생사는 오직 하나님의 뜻에 달려 있습니다. 그러므로 사랑하는 사람을 먼저 떠나보내야 하는 슬픔 앞에서 오롯이 그 슬픔을 받아들이고 남은 자의 삶을 꿋꿋이 살아내는 것 말고 우리가 할 수 있는 일은 없습니다. 오늘 저는 슬픔 중에 있는 ○○○ 성도님의 가족에게 성경에서 발견할 수 있는 몇 가지 위로와 권면의 말씀을 드리려고 합니다.

첫째, 사별의 슬픔을 있는 그대로 받아들이고, 하나님 앞에서 여러분의 슬픈 마음을 솔직하게 아뢰십시오. 하나님은 우리의 '아버지'십니다. 그래서 우리가 기도할 때 '아버지 하나님'이라고 부르는 것입니다. 육신의 아버지도 슬픔을 겪는 자녀를 보면 마음 아파하는데, 하물며 하늘 아버지께서 슬픔을 토해내며 기도하는 자녀를 긍휼히 여기지 않으시겠습니까? 우는 자의 위로가 되어주시는 하나님, 자녀들의 작은 신음에도 귀를 기울이시는 그 하나님께서 여러분의 슬픈 마음을 위로하시고 만져주실 것입니다.

둘째, 부활의 소망을 가지십시오. 마지막 날 그리스도 안에서 죽은 자는 모두 부활할 것입니다. 그것에 관해 바울 사도는 이렇게 말합니다. "우리가 다 잠잘 것이 아니요 마지막 나팔에 순식간에 홀연히 다 변화되리니 나팔 소리가 나매 죽은 자들이 썩지 아니할 것으로 다시 살아나고 우리도 변화되리라"(고전 15:51-52). 바울 사도 당시 고린도교회 성도들은 이런 질문을 했습니다. "이미 땅에 묻혀 흙이 된 사람이 어떻게 다시 살아납니까? 만약 살아난다면 어떤 몸을 갖게 됩니까?" 그 질문에 대해 바울 사도는 이렇게 답합니다. "우리가 흙에 속한 자의 형상을 입은 것 같이 또한 하늘에 속한 이의 형상을 입으리라"(고전 15:49). 하늘에 속한 이는 부활하신 예수님을 가리킵니다. 다시 말해, 바울은 마지막 날에 성도들이 예수님 같은 부활의 몸을 입게 될 것이라고 말하는 것입니다. 여러분, 부활의 소망이 있는 자들에게 죽음은 영원한 이별이 아닙니다. 다시 만날 것을 알기 때문입니다. 부활의 소망이 ○○○ 성도님을 먼저 떠나보낸 유가족에게 위로가 되기를 바랍니다.

셋째, 다시 만날 날을 소망하며 여러분에게 주어진 현재의 삶을 신실하게 살아가십시오. 소망을 품은 사람은 슬픔으로 잠시 넘어져도 아예 주저앉지는 않습니다. 오랜 세월을 함께한 배우자를 잃은 슬픔은 평생 마음속에서 사라지지 않을 것입니다. 그러나 그리스도 안에서 우리의 만남과 이별은 모두 하나님의 선한 뜻 가운데 있음을 믿고, 슬픔 속에서도 자신에게 주어진 현재의 삶을 꿋꿋이 살아내는 것이 바로 성도의 신앙입니다. 고인이 되신 ○○○ 성도님 역시 남은 가족이 슬픔을 극복하고 이 땅에서 행복하게 살아가기를 바랄 것입니다.

바울 사도가 데살로니가교회의 성도들에게 남긴 권면의 말을 끝으로 오늘 설교를 마치려고 합니다. "주께서 호령과 천사장의 소리와 하나님의 나팔 소리로 친히 하늘로부터 강림하시리니 그리스도 안에서 죽은 자들이 먼저 일어나고 그 후에 우리 살아 남은 자들도 그들과 함께 구름 속으로 끌어 올려 공중에서 주를 영접하게 하시리니 그리하여 우리가 항상 주와 함께 있으리라 그러므로 이러한 말로 서로 위로하라"(살전 4:16-18). 하나님의 큰 위로가 ○○○ 성도님의 임종예배에 함께하신 분들께 있으시길 소망합니다.

믿지 않는 배우자가 소천한 경우

은 줄이 풀리고

_전 12:6-8

　이 시간 다같이 고개 숙인 모든 분에게, 높으신 하나님과 주 예수 그리스도의 거룩한 은혜와 평강이 임하시기를 바랍니다. 사람으로 태어나 살면서 언젠가 자신이 죽는다는 사실을 미리 생각하는 사람은 많지 않은 것 같습니다. 그래서 자신의 죽음을 미리 준비하기보다는 죽음에 대한 생각을 자꾸 뒤로 미루는 경우가 많습니다. 그러나 사랑하는 가족의 죽음을 마주하면, 우리에게 죽음이 그리 멀지 않은 곳에 있다는 사실을 떠올리고 참으로 겸손하게 되는 것 같습니다.

　우리가 읽은 본문은 인간의 죽음에 관해 풀어 놓은 글입니다. 6절에 보면 "은 줄이 풀리고 금 그릇이 깨지고"라고 되어 있는데, 이것은 금으로 만들어진 등잔이 은으로 만들어진 줄에 매달려 있는 형상을 묘사한 것입니다. 비록 금으로 만들어진 귀한 등잔이지만 그것을 매달아 놓은 줄이 풀릴 때, 등잔이 아래로 떨어지고 결국 귀한 금 그릇도 깨지게 된다는 뜻입니다.

이것은 인간의 육신과 생명에 대한 비유입니다. 말하자면 인간의 육신은 금등잔 혹은 금 그릇과 같은 것인데, 어느 순간이 되면 그 등잔을 매달고 있던 은 줄이 풀리는 날이 온다는 것입니다. 그러므로 그 전에 하나님을 기억하라는 것입니다. 7절은 "흙은 여전히 땅으로 돌아가고 영은 그것을 주신 하나님께로 돌아가기 전에 기억하라"고 말합니다. 모든 인간의 육체는 어느 순간 줄이 풀려 땅에 떨어지는 금 그릇처럼 부서집니다. 그래서 흙으로 돌아가게 됩니다. 그러므로 그런 일이 일어나기 전에 창조주이신 하나님을 기억하라고 말합니다.

창조주 하나님은 우리의 근원이 되시는 분입니다. 그분이 계셨기에 우리가 만들어졌고, 이 세상에 태어났으며, 이렇게 한평생을 살고, 마침내 육신의 생명이 다하는 날 그분께 돌아가는 것입니다. 그러므로 아직 살아 있는 동안 그분에 대해 생각하고 그분을 알아가다가, 우리의 금 그릇이 깨져 영혼이 떠나가는 날 그분을 뵐 준비를 해야 한다는 것입니다.

저는 '끝'을 생각할 때, 인생의 '마지막 순간'을 기억할 때, 그 사람의 인생이 달라진다고 생각합니다. 결국 내 금 그릇이 깨지는 날이 온다는 사실을 기억하고 사는 사람과 그렇지 않은 사람이 어떻게 같은 삶을 살겠습니까. 정녕 그 삶의 궤적이 다를 수밖에 없습니다. 다시 6절을 보면, 이러한 죽음은 "항아리가 샘 곁에서 깨지고 바퀴가 우물 위에서 깨지"는 것이라 말합니다. 이것은 우리 생명의 진액을 담은 항아리를 의미합니다. 그 생명의 진액을 계속해서 담아 나르던 항아리가 어느 순간 깨지고, "바퀴" 즉 우물에서 물동이를 끌어올리던 그 도르래가 부서지는 날이 온다는 것입니다. 그러므로 우리는 육신의 생명에 한계가 있음을 깨닫고, 이 육신의 생명이 지속되는 동안 육신이 움직일 수 있는 동안, 자기가 할 일이 무엇인지 여쭈어야 합니다. 하나님이야말로 이 땅에 나를 만들어 보내신 분이니 말입니다. 온 세상 70억 인구 중에 똑같은 사람이 하나도 없으며, 또 지나간 역사를 통틀어 볼 때도 똑같은 사람이 단 한 명도 없다는 사실을 생각해 보면, 우리가 창조주께 나아가 자신의 '남은 생애'에 관해 여쭙는 일은 지극히 온당한 일이 아닐까 싶습니다.

지금 이 순간 사랑하는 배우자를 떠나보낸 ○○○ 성도님 만큼 마음이 힘들고 어려운 분은 없으시리라 생각합니다. ○○○ 성도님을 우리가 무슨 말로 위로할 수 있겠습니까? 어떤 말도 위로가 되지 않을 것이고, 그 마음을 어루만지지 못할 것입니다. 바라기는 이 시간 우리의 창조주이신 하나님께서 ○○○ 성도님을 친히 찾아오셔서 그 마음을 어루만져주시길 바랍니다. 그리고 남은 인생의 의미를 진지하게 묻는 질문에, '이제 어떻게 살아야 합니까?' 하고 묻는 그 질문에 하나님께서 귀한 음성을 들려주시기를 바랍니다.

사랑하는 분을 떠나보낸 이 순간, 우리 모두 창조주이신 하나님을 생각하고 마음을 들어 올려 그분께 은혜와 자비를 구하는 시간이 되었으면 합니다. 우리에게 남은 생애에 대한 의미를 알려주시고, 과연 이제부터 어떻게 살아야 할지를 알려달라고 말입니다. 우리 하나님께서 이 시간 이 자리에 성령으로 찾아오셔서, 사랑하는 배우자를 떠나보낸 ○○○ 성도님의 마음과 모든 유족의 마음을 친히 어루만져주시기를 예수님의 이름으로 축원합니다.

고인의 자녀들이 믿음이 좋은 경우

영원히 쇠하지 않는 유업

_벧전 1:3-4

오늘 이 예배의 자리 가운데 성삼위 하나님께서 찾아와주시고, 슬픔을 당한 유족에게 위로의 기름 부으심을 내려주시기를 바랍니다.

오늘 본문은 그리스도인이 가지고 있는 영원한 소망에 대한 말씀입니다. 먼저 3절을 보면 "우리를 거듭나게 하사 산 소망이 있게 하시며"라고 했습니다. 여기서 "산 소망"은 죽은 것이 아니라 산 것으로 매우 분명한 소망을 뜻하는 것이며, 아울러 그리스도 안에서 얻게 되는 영원한 생명에 대한 소망을 가리키는 표현입니다.

우리 그리스도인들의 삶은 명백히 '소망의 삶'이라 부를 수 있습니다. 영원한 생명과 육신의 부활에 대해 진지한 소망을 품고 살아가기 때문입니다. 그러나 이것은 어떤 근거도 없이 막연한 상상으로 얻게 된 소망이 아닙니다. 이것은 명백히 '예수 그리스도를 죽은 자 가운데서 부활하게 하심으로 말미암아' 얻게 된 소망이기 때문입니다. 만약 그리스도께서 죽음 가운데서 다시 살아나시지 않았다면, 우리에게는 소망을 품을 근거가 전혀 없습니다.

그러나 그리스도께서 분명히 죽음에서부터 일어나셨기에, 사흘 만에 무덤에서 살아나셨기에, 그리고 지금도 성령으로 제자들에게 나타나시며 우리 같은 사람들의 삶을 인도하고 계시기에, 우리는 그분의 부활을 믿는 것입니다. 만약 오늘날 우리가 그분의 영이신 성령께서 우리 가운데 역사하시는 것을 경험하지 못한다면 얼마나 마음이 흔들리겠습니까? 우리 가운데 역사하시는 하나님을 전혀 경험하지 못한다면 얼마나 두렵겠습니까? 그러나 분명히 우리의 삶 가운데 역사하시는 분이 계시기에, 어제도 오늘도 우리와 함께하신 그 생생한 흔적이 남아 있기에, 우리는 확신을 가지고 믿을 수 있습니다.

그리고 그 소망의 실체에 대한 설명이 4절에서 이어집니다. "썩지 않고 더럽지 않고 쇠하지 아니하는 유업을 잇게 하시나니 곧 너희를 위하여 하늘에 간직하신 것이라." 장차 우리는 "유업" 즉 유산을 얻게 되는데, 그것은 절대 썩지 않으며, 더러워지지 않고, 심지어 영원히 낡지도 않는다고 말합니다. 이것은 마치 시간이 지날수록 불꽃의 크기가 작아지는 촛불 같은 것이 아니라, 옛적부터 지금까지 변함없이 같은 빛을 내뿜고 있는 거대한 태양 같은 유업이라는 말입니다.

장차 우리에게 주어질 것은 이 세상의 것과 같지 않다는 사실에 주목해야 합니다. 이 세상의 모든 것은 결국 썩고, 시간이 지나면 더러워지고, 종국에는 낡아서 다 해지고 맙니다. 마치 우리의 육신처럼 말입니다. 그러나 우리가 육신의 죽음을 통과하는 그날, 우리의 영혼은 영원한 유업을 받게 되는데, 그 유업의 성격이 매우 다르다는 것입니다. 이것은 썩지도 않고, 더러워지지도 않으며, 심지어 낡지도 않는 그런 종류이기 때문입니다. (이 세상 어디서 우리가 그와 같은 것을 경험한 적이 있습니까?)

사실 우리는 그것이 정확하게 무엇을 말하는지 지금으로서는 다 알 수 없습니다. 그러나 우리가 지금까지 경험해 온 것과 완전히 다른 차원의 것이고, 우리의 상상을 뛰어넘는 것임은 분명합니다. 그러므로 그것을 우리에게 허락하신 선하신 하나님을 찬양하라는 것입니다. "우리 주 예수 그리스도의 아버지 하나님을 찬송하리로다"(3절).

우리의 창조주이신 하나님과 그분께서 내려주시는 찬란하고도 영원한 유업을 바라볼 때, 우리는 비로소 "산 소망"을 다시 품게 됩니다. 비록 아직은 어두운 세상이요, 아직은 슬픔이 있고, 아직은 이별이 있고, 아직은 눈물이 있고, 아직은 육신의 죽음이 있는 이 땅이지만, 그럼에도 우리의 선하신 하나님을 바라볼 때, 그분께서 우리에게 약속하신 영광스러운 유업을 바라볼 때, 우리에게도 소망이 생긴다는 것입니다.

사랑하는 우리 ○○○ 성도님 이제 육신의 죽음을 통과하셨는데, 이 죽음을 통과함으로써 하나님께서 약속하신 영광스러운 유업을 얻게 되신 줄 믿습니다. 영원히 썩지 않으며, 영원히 더러워지지 않고, 영원히 낡지 않는 영광스러운 유업을 받아, 한량없는 기쁨 가운데 계신 줄로 믿습니다. 우리도 언젠가 같은 곳에 도달해 같은 유업을 받아 누리게 될 텐데, 이것이 어찌 우리의 참된 소망, 즉 '산 소망'이 되지 않겠습니까? 이제 고인 되신 ○○○ 성도님을 영원하고도 복된 곳으로 인도하신 하나님을 진심으로 경배하며, 남은 생애를 참된 소망 가운데 살아가는 저와 여러분이 되기를 바랍니다.

고인의 자녀들이 믿지 않는 경우

하나님, 성도의 좋은 친구
_약 2:21-23

    기독교의 경전인 성경은 하나님이 어떤 신(神)인지 알려주는 책입니다. 성경은 하나님을 다양한 호칭으로 묘사합니다. 창조주, 구원자, 용사, 심판자, 전능자, 위로자 등으로 표현하고 있습니다. 성경에 기록된 많은 호칭 중에 친근한 것이 하나 있습니다. 바로 '벗'(친구)입니다. 흥미로운 것은 인간이 하나님을 가리켜 '벗'이라고 부른 것이 아니라, 하나님께서 먼저 인간을 '벗'이라 부르셨다는 것입니다. 다시 말해, 세상을 창조한 전능한 존재이면서도 기꺼이 연약한 인간의 벗이 되어주는 신, 그 신이 바로 그리스도인들이 믿는 하나님이며, 고인이 되신 ○○○ 성도님이 이 땅에서 믿고 의지한 하나님입니다.

    고 ○○○ 성도님은 신실한 하나님의 사람이었습니다. 늘 하나님을 향한 믿음 안에 거하며, 어디서 무엇을 하든 성도의 본분을 잊지 않았습니다. 저는 하나님께서 ○○○ 성도님의 좋은 친구가 되어주셨을 것이라 확신합니다. 저는 오늘 ○○○ 성도님이 인생의 길을 걷는 동안, 하나님께서 어떤 친구가 되어주셨는지에 관한 몇 가지 성경의 말씀을 전해 드리려고 합니다.

첫째, ○○○ 성도님이 하나님을 알기 전에 하나님은 이미 ○○○ 성도님을 친구로 선택하셨습니다. 성경에 이런 말씀이 있습니다. "곧 창세 전에 그리스도 안에서 우리를 택하사"(엡 1:4). 이 말씀은 하나님이 ○○○ 성도님을 아주 오래 전에 선택하셨고, 예수 안에서 구원받은 그리스도인이 되게 하셨다는 것을 의미합니다. 하나님의 선택은 마치 선물같이 ○○○ 성도님에게 값없이 주어졌습니다(엡 2:8). 그러므로 하나님께서 ○○○ 성도님을 선택하셨다는 것은, 하나님께서 ○○○ 성도님의 평생 친구가 되어주려고 작정하셨다는 말과 같습니다. ○○○ 성도님은 하나님의 복을 받은 사람이었습니다.

둘째, 하나님은 ○○○ 성도님 곁에서 늘 함께하신 친구입니다. 성경에 하나님께서 아브라함이라는 한 사람을 택하시고, 친구라 불러주셨다는 기록이 있습니다. 그런데 아브라함의 이야기를 잘 살펴보면, 아브라함이 어떻게 살았는지에 관한 이야기라기보다 하나님께서 어떻게 아브라함을 지키시고 보호하셨는지에 관한 이야기임을 알 수 있습니다. 아브라함이 고향을 떠나 새로운 곳에 정착하고, 큰 가문을 이루고, 죽음을 맞이하는 삶의 모든 순간에 하나님은 늘 아브라함의 편이 되어주셨습니다. 생명을 위협받는 상황에서 그를 구하기도 하셨고, 아브라함을 위해 그의 자손들에게도 복을 주셨습니다. 성경에 기록된 아브라함의 이야기는 단지 역사 속에 등장하는 한 사람의 이야기가 아니라, 오늘날 하나님을 믿는 그리스도인들의 이야기이며, 고인이 되신 ○○○ 성도님의 이야기이기도 합니다. ○○○ 성도님이 신앙생활을 시작한 그날부터 생을 마무리하는 순간까지 모든 삶의 여정에서 하나님은 ○○○ 성도님과 늘 함께 계셨습니다. 세상의 친구는 때로 배신하고, 상처를 주고, 실망을 안겨주었을지 모르지만, 하나님은 한결같이 ○○○ 성도님의 곁을 지키신 것입니다.

셋째 하나님은 ○○○ 성도님과 영원히 함께하실 친구입니다. 우리는 "한번 친구는 영원한 친구"라는 말을 자주 접합니다. 그러나 엄밀히 말하면, 영원한 친구가 되겠다는 약속을 지킬 수 있는 존재는 하나님 한 분밖에 없습니다. 이 땅에서 ○○○ 성도님의 친구가 되어주신 하나님께서는 ○○○ 성도님이 세상을 떠나는 순간 그의 손을 잡고 천국으로 인도하셨을 것입니다. 그리고 이 땅에서 누리던 하나님과 ○○○ 성도님의 사귐은 죽음을 끝으로 막을 내리는 것이 아니라, 죽음 이후에도 계속될 것입니다.

고 ○○○ 성도님은 이 땅에서 하나님의 신실한 벗으로 사셨고, 하나님의 보호와 인도하심 속에서 삶의 여정을 잘 마치셨습니다. 그것이 오늘 임종예배에 함께하신 유가족에게 위로가 되길 바랍니다. ○○○ 성도님이 살아가는 동안 믿고 의지한 그 하나님의 은혜와 섭리가, 이 자리에 모인 유가족에게 함께하시기를 간절히 소망합니다.

자녀가 부모보다 먼저 소천한 경우

이해할 수 없는 하나님의 이유

_왕하 14:23-29

어느 해인가 캄보디아 선교사 일가족의 교통사고 소식을 들었습니다. 인터서브코리아 파송선교사인 방효원, 김윤숙 선교사와 1남3녀를 태운 승용차가 마주오던 관광버스와 충돌한 사건입니다. 선교사 부부와 둘째(9세), 셋째(7세)는 사망했습니다. 첫째와 막내는 중태였습니다. 모든 적응훈련을 마치고 4년 준비 끝에 사역지를 향하다가 생긴 일이었습니다. 참으로 이해하기 어려운 일이었습니다. 몇 년 전 태풍 곤파스 때 지구촌교회 청년부를 맡고 있던 모 전도사님이 새벽에 신혼의 아내를 배웅하고 돌아오다 쓰러지는 나무에 맞아 사망한 일이 있었습니다. 참으로 성실하고 착한 사람이었다고 합니다. 역시 이해가 가지 않는 사건입니다.

우리 주변에는 이렇게 이해할 수 없는 많은 일이 발생합니다. 오늘 우리는 일찍 자녀를 떠나보내는 부모님과 임종예배를 드리고 있습니다. 참으로 기가 막히고 이해가 가지 않는 일입니다. 우리 삶 속에서 이런 이해할 수 없는 일을 만날 때 어떻게 생각해야 할까요? 말씀으로 생각해 봅니다.

첫째, 믿음과 세상의 형통이 반드시 일치하는 것은 아님을 먼저 기억해야 합니다. 믿음이 좋다고 세상에서 형통한 것은 아닙니다. 보통은 형통하지만 아닐 수도 있습니다. 믿음으로 착하고 의롭게 살아도 어려움은 있고, 반대로 악하게 살아도 세상에서 형통할 수 있습니다.

본문은 여로보암 2세 때를 기록합니다. 북쪽 이스라엘의 13대 왕입니다. 41년을 통치하며 북이스라엘의 최전성기를 이끈 왕입니다(25절). 그러나 그는 악한 왕이었습니다(24절). 그럼에도 복을 받고 번영을 이룹니다. 솔로몬 때의 북쪽 변경지역을 회복합니다. 이해가 가지 않습니다. 왜 이런 사람이 형통합니까? 일차적으로 성경은 믿음과 세상적 성공이 꼭 일치하지 않음을 보여줍니다. 하나님 없는 형통도 있습니다. 반대로 믿음이 있어도 세상에서 형통하지 않는 것처럼 보일 수도 있습니다. 요셉이 애굽에서 종으로, 죄인으로 전락한 것이 좋은 예입니다.

믿음은 세상적 성공과 부를 위한 수단이 아닙니다. 믿음의 용도는 영원하신 하나님을 믿고 섬기고 따르는 것입니다. 그뿐입니다. 믿음은 세상에서 잘되고 못되는 것과 결부시키면 안 됩니다. 자꾸 그러니 어려우면 하나님을 떠나는 것입니다. 신앙생활의 목적이 세상적인 형통을 위함이라면 낮은 수준의 신앙입니다. 내 욕심을 채우는 것이 믿음생활은 아닙니다. 우리가 어떤 형편에 있든지 영원하신 하나님을 섬기고, 그분 안에서 누리는 세상이 줄 수 없는 기쁨을 맛보는 것이 믿음입니다.

둘째, 우리가 이유를 알 수 없는 일도 하나님께서는 분명한 이유가 있습니다. 어떤 일에는 이해할 수 없는 하나님의 이유가 있습니다. 인간은 도저히 알 수 없지만, 하나님께서는 분명한 이유가 있기에 섭리하시고 통치하십니다. 악인이 형통하는 것 같지만 절대 오래가지 않습니다. 잠시뿐입니다. 바람에 나는 겨와 같습니다.

여로보암에게 왜 번영을 주셨습니까? 여로보암은 악하지만 이스라엘을 위해 그렇게 하신다고 본문은 밝힙니다(26-27절). 이스라엘을 도울 사람이 없습니다. 그리고 하나님은 이스라엘을 없애겠다고 하시지도 않았습니다. 그래서 여로보암의 손으로 구원하신 것입니다. 여로보암 2세를 위해서가 아닙니다. 이스라엘 백성 전체를 위해 그렇게 하신다고 합니다.

여기에 단서가 있습니다. 하나님은 크신 분이고 시공을 초월하십니다. 그래서 우리는 그분의 스케일을 다 이해할 수 없습니다. 우리가 도저히 이해할 수 없는 일도 하나님께는 분명한 이유가 있습니다. 하나님의 일하심은 우리 생각의 범주를 넘으십니다(사 55:8-9). 우리가 모를 뿐입니다.

오늘 본문은 더 많은 사람을 위해 악인에게 번영을 주신다고 합니다. 사실 우리 사회에 나쁜 사람들이 갑자기 다 망하면 좋은 사람들도 줄줄이 피해를 보게 됩니다. 악인이 망하면 선인도 피해를 봅니다. 하나님의 선하신 섭리를 믿어야 합니다.

어떤 사람은 도저히 이해가 안 가 성경의 하나님을 믿을 수 없답니다. 그러나 우리가 다 이해할 수 있는 분이면 하나님이 아닙니다. 오히려 내 머리로 다 이해할 수 없어서 그분이 하나님이심을 믿습니다. 일어난 일에는 하나님의 뜻이 있음을 믿고 힘들지만 위로를 받으시기 바랍니다.

3장

입관예배

일반적인 죽음의 경우

창조주를 기억하라, 기억하라

_전 12:1-7

성경은 사람의 인생에 대해 이렇게 말합니다. "우리의 연수가 칠십이요 강건하면 팔십이라도 그 연수의 자랑은 수고와 슬픔뿐이요 신속히 가니 우리가 날아가나이다"(시 90:10). 생명의 연수는 사람마다 차이가 있지만, 죽음은 누구에게나 공평하게 한 번 주어집니다. 이것은 하나님이 정해 놓으신 것이므로 인간이 바꿀 수 없습니다. 누군가의 '죽음' 앞에서 성도가 할 수 있는 것은 신앙의 눈으로 그것을 바라보고 인생의 교훈을 얻는 것 말고는 없을 것입니다. 전도서 기자는 말합니다. "초상집에 가는 것이 잔칫집에 가는 것보다 나으니 모든 사람의 끝이 이와 같이 됨이라 산 자는 이것을 그의 마음에 둘지어다"(전 7:2). 오늘 저는 '죽음'이라는 주제에 대한 성경의 가르침을 살펴보고, 죽음 앞에서 우리는 무엇을 깨닫고 어떤 마음가짐으로 살아가야 하는지 말씀드리려고 합니다.

첫째, 죽음 앞에서 우리는 자신에게 주어진 시간의 소중함을 마음에 되새겨야 합니다. 성경은 인간의 생명을 "잠깐 보이다가 없어지는 안개"(약 4:14)에 비유합니다. 우리 각자가 지나온 몇 년, 짧게는 몇 달을 뒤돌아보십시오. 정말 짧은 한순간처럼 느껴지지 않습니까? 기네스북의 최장수 기록을 가진 사람들의 수명이 120년 언저리이고, 보통의 경우 사람의 수명은 길어야 100년 미만입니다. 100년이라는 세월이 길게 느껴질 수도 있지만, 인생의 마지막 날이 오면 아마도 우리는 지난 세월을 돌아보며 이렇게 말할 것입니다. "그때 그날이 엊그제 같은데…." 우리에게 주어진 이 땅의 시간은 안개처럼 금방 사라질 것입니다. 그리고 언제 어느 순간에 죽음을 맞게 될지 알지 못하는 인간이기에, 자기에게 주어진 이 땅의 시간이 얼마나 남았는지 알 수 없습니다. 지금 죽어도 후회가 없을 만큼 주변 사람들을 사랑하고 챙겨주며 살아가시기 바랍니다.

둘째, 죽음 앞에서 우리는 타인을 향한 동병상련의 마음을 되새겨야 합니다. 인간 역사를 통틀어 사람들의 뼛속 깊이 새겨진 자연법칙은 '적자생존'(適者生存)과 '약육강식'(弱肉強食)입니다. 세상에서 '적자'와 '강자'로 살아남기 위해, 사람들은 더 많은 부와 지위를 얻을 방법을 찾는 데 몰두합니다. 그러나 성경은 말합니다. "지혜자도 우매자와 함께 영원하도록 기억함을 얻지 못하나니 후일에는 모두 다 잊어버린 지 오랠 것임이라 오호라 지혜자의 죽음이 우매자의 죽음과 일반이로다"(전 2:16). 이 구절에 언급된 "지혜자"는 이스라엘의 역대 왕 중에서 가장 큰 부와 명예와 지혜를 가진 솔로몬 왕입니다. 세상 부러울 것 없어 보이는 그가 후세에 남긴 지혜는 '죽음 앞에서는 모두 똑같다'입니다. 우리는 너나 할 것 없이 모두 한 줌 흙에서 와서 한 줌 흙으로 돌아갑니다. "외로운 사람끼리 사슴처럼 기대고 살자, 그리운 가슴끼리 모닥불 지피고 살자"라는 대중가요의 가사처럼, 죽음이라는 현실 앞에서 다를 것 없는 사람들끼리 서로 연대하며 더불어 살아가시기 바랍니다.

셋째, 죽음 앞에서 인간은 하나님을 기억하고 경외해야 합니다. 성경은 말합니다. "너는 청년의 때에 너의 창조주를 기억하라 곧 곤고한 날이 이르기 전에, 나는 아무 낙이 없다고 할 해들이 가깝기 전에 … 흙은 여전히 땅으로 돌아가고 영은 그것을 주신 하나님께로 돌아가기 전에 기억하라"(전 12:1, 7). 여기서 "청년의 때"라는 구절은 '늙기 전에'라는 의미로 볼 수 있습니다. 인간의 영은 죽음 이후에 하나님께 돌아갑니다. 그날에 어떤 모습으로 하나님 앞에 서겠습니까? 하나님을 기억하지 않고 허송세월하다가 불현듯 죽음의 순간이 찾아오면 그때는 이미 늦습니다. 지금 하나님께서 기회 주실 때 한 시라도 젊을 때, 하나님을 기억하고 경외하는 삶을 사시기 바랍니다.

오늘 저는 죽음 앞에서 우리가 생각하고 깨달아야 할 성경의 권면에 대해 몇 가지 말씀드렸습니다. 안개처럼 사라지는 짧은 인생임을 기억하여, 소중한 사람들을 더욱 사랑하고 이웃과 연대하며 살아가시기 바랍니다. 무엇보다 죽음 후에 우리는 영혼이 하나님께로 돌아가게 된다는 성경의 진리를 기억하고, 하나님을 경외하는 인생이 되시기를 기도합니다.

자녀가 부모보다 먼저 소천한 경우

차라리 내가 너를 대신하여 죽었더면

_삼하 18:31-33

몇 년 전에 있었던 일입니다. 제가 아는 어떤 분의 딸이 젊은 나이에 갑자기 생을 마감하게 되었습니다. 장례를 마치고 얼마간의 시간이 흐른 후, 지인들이 그분을 위로하는 자리를 마련했습니다. 대화가 오가던 중 한 분이 위로차 말했습니다. "시간이 지나면 잊힐 것입니다. 힘을 내십시오." 그러자 그분이 대답했습니다. "자식의 죽음을 어떻게 잊겠습니까? 조금씩 슬픔에 익숙해지는 것이지요." 저는 그분의 대답이 아직도 기억에 남습니다. 자식을 잃은 슬픔을 잊거나 극복할 방법은 없습니다. 부모는 그 슬픔을 평생 가슴에 안고 살아갈 것입니다. 세상 모든 부모의 마음은 같기에 "자식은 부모를 땅에 묻고, 부모는 자식을 가슴에 묻는다"는 말이 있는 것 같습니다.

오늘 읽은 성경 본문에는 자녀를 잃은 한 부모의 이야기가 소개됩니다. 이스라엘 왕 다윗의 이야기입니다. 다윗에게는 압살롬이라는 아들이 있었는데, 다윗에게 반역을 꾀하다가 비극적인 죽음을 맞이합니다. 그런데 다윗 왕은 자기에게 반역한 아들의 죽음 앞에서 목 놓아 울며 말합니다. "내 아들 압살롬아 내 아들 내 아들 압살롬아 차라리 내가 너를 대신하여 죽었더면"(33절). 비록 자신에게 반역했지만, 다윗 왕에게 압살롬은 반역자가 아니라 그저 귀하고 소중한 아들인 것입니다. 이것이 바로 부모의 마음입니다. 저는 오늘 고 ○○○ 성도님의 입관예배에 함께하신 부모님께 몇 가지 말씀을 드리려고 합니다.

첫째, 슬퍼하시되 자책하지는 마시기 바랍니다. 오늘 본문은 다윗이 '울부짖었다'고 말합니다. 이 표현은 큰 소리로 목 놓아 울었다는 의미입니다. 한 나라의 왕이지만, 다윗은 자식 잃은 슬픔을 있는 그대로 드러냈습니다. 슬픔을 솔직하게 직면하는 것은 꼭 필요합니다. 그러나 그 슬픔이 부모님 본인을 향한 자책이 되지 않도록 마음을 살피십시오. 자녀와 사별한 부모는 많은 경우에 '자식은 죽었는데 나만 살아있다'는 이유만으로 마음에 큰 죄책감을 느낀다고 합니다. 그러나 그 모든 일이 누구의 책임이 아닌 하나님의 섭리 가운데 있음을 기억하시기 바랍니다. 지금은 슬픔이 너무 커서 죄책감과 절망감까지 느낄 수 있지만, 시간이 지날수록 다스릴 수 있는 정도의 슬픔이 될 것입니다.

둘째, 고 ○○○ 성도님은 이제 세상의 모든 괴로움과 아픔에서 벗어나 영혼의 안식을 누리고 있음을 기억하시고 위로로 삼으시기 바랍니다. 물론 인생에 기쁘고 행복한 순간도 있지만, 뒤돌아보면 고달프고 염려하고 슬펐던 순간이 더 많았음을 우리는 경험으로 알 수 있습니다. 성경에 이런 말씀이 있습니다. "인생은 기껏해야 칠십 년, 근력이 좋아야 팔십 년, 그나마 거의가 고생과 슬픔에 젖은 것, 날아가듯 덧없이 사라지고 맙니다."(시 90:10, 공동번역). 이 땅의 모든 이들이 그러하듯, 고생과 슬픔 중에도 최선을 다해 열심히 사셨을 고인의 마지막 가는 길에 '참 수고 많았다'는 격려의 마음으로 함께해 주시기 바랍니다.

셋째, 고 ○○○ 성도님의 육신은 입관과 함께 흙으로 사라지지만, 가족과 지인들의 기억 속에 여전히 살아있을 것입니다. 인간의 몸은 죽음과 함께 사라지지만, 그가 살아온 존재의 흔적은 그를 기억해 주는 사람들이 있는 한 사라지지 않습니다. 고 ○○○ 성도님과 함께했던 기쁘고 즐거운 추억을 잊지 마시기 바랍니다. 남은 부모님과 가족의 대화 속에 ○○○ 성도님의 추억이 남아 있는 한, ○○○ 성도님은 여전히 여러분과 함께 있는 것입니다. 마치 액자에 담아놓은 유쾌하고 즐거운 가족사진처럼, 여러분의 마음속에 ○○○ 성도님의 추억을 잘 담아놓으시기 바랍니다.

마지막으로 고인의 부모님께 부탁의 말씀을 드립니다. 슬프고 허망한 부모의 마음은 세상 어떤 말로도 위로할 수 없을 것입니다. 그러나 고 ○○○ 성도님은 부모님이 건강하고 평안한 여생을 보내시기를 간절히 소원할 것입니다. ○○○ 성도님의 영혼이 하늘에서 걱정 없이 편안히 쉴 수 있도록, 부모님께서도 슬픔의 시간을 잘 이겨내시기 바랍니다.

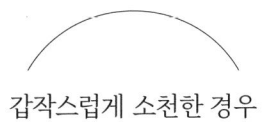

갑작스럽게 소천한 경우

이미 영생을 얻은 사람

_요 5:24-25

사람의 인생은 어떻게 보면 참 예측할 수 없는 것이기도 합니다. 우리가 전혀 예상하지 못한 시간, 예상하지 못한 장소에서 마지막 순간이 찾아오는 것을 종종 보기 때문입니다. 우리 유가족도 마음의 준비 없이 이 일을 당하셨으니 무척이나 당황스러우실 거라 생각합니다. 오늘 이 시간 사람을 긍휼히 여기시고 위로하시는 주님의 손길이 이 자리에 모인 모든 분에게 임하시기 바랍니다.

본문은 예수님이 직접 말씀하신 것으로, 영생과 심판 그리고 부활에 대한 내용입니다. 먼저 24절은 "내 말을 듣고 나 보내신 이를 믿는 자는 영생을 얻었고"라고 말합니다. 만약 누군가 진지하게 내 말을 듣고 나를 보내신 분을 믿었다고 하면, 그 사람은 '이미' 영생을 얻은 것입니다. 이미 영생을 얻었다는 말씀, 장차 얻게 되는 것이 아니라 믿는 지금 이 순간 '이미 그것을 소유하고 있다'는 그 말씀은 우리에게 얼마나 보배로운 말씀인지 모릅니다. 왜냐하면 그것이 한없이 뒤로 미뤄지기만 하면 우리는 늘 두려움 가운데 머물러 있을 수밖에 없기 때문입니다. 나중에 어떤 일이 일어날지 우리는 알 수 없으니까요.

그런데 우리 주님께서는 명백하게 과거 시제로 '이미 얻은 것'이라고 말씀하십니다. 우리는 예수님을 받아들여 믿음을 소유한 그 순간 이미 영생을 소유한 사람들입니다. 보이지 않지만 거룩한 영적 생명이 하나님의 성령을 통해 우리 안에 심겨 있습니다. 그로 인해 우리는 지금 영생을 받아 누리고 있는 사람들입니다.

사실 사람의 인생에는 변수가 많습니다. 삶의 궤적이 어떻게 그려질지 전혀 예측할 수 없는 경우가 많습니다. 분명 여기로 흐를 것 같았는데 저기로 흐르고, 저기로 흘러갈 것이라 예측했는데 여기로 흘러버립니다. 우리의 예상과 달리 때로는 이어지고 때로는 단절되고, 또 때로는 단절되었다가 이어지는 것이 사람의 인생입니다. 그러나 그런 가운데도 우리에게 굳건한 소망이 있는 것은, 본문 말씀대로 우리가 '영생을 이미 소유한 사람들'이기 때문입니다. 그러므로 우리는 믿지 않는 이들과는 (어떤 면에서는) 전혀 다른 관점에서, 우리 인생에 찾아오는 갑작스러운 일들을 맞이하게 되는 것 같습니다.

우리가 소유하게 된 이 영생은 인간 세상이 아니라 저 높고 거룩한 하늘에 감춰져 있는 보물입니다. 그래서 인간은 그것이 무엇인지 전혀 감을 잡을 수 없습니다. 그럼에도 계시를 따라, 우리는 그것을 분명히 소유한 사람들임을 알아야 합니다. 여기 하나님의 아들이신 예수님의 말씀을 들어보십시오. 거룩하신 성자 하나님께서 들려주시는 말씀을 들어보십시오. "내가 진실로 진실로 너희에게 이르노니 내 말을 듣고 또 나 보내신 이를 믿는 자는 영생을 얻었고 심판에 이르지 아니하나니 사망에서 생명으로 옮겼느니라." 사망에서 생명으로 이미 옮겨졌다고 합니다.

그 사람이 누구든지 간에 그렇다는 것입니다. 예수님을 믿고 그분을 보내신 성부 하나님을 믿는 자라면 누구나 그렇습니다. 그러므로 갑작스러운 어떤 일을 맞이하게 될 때, 우리는 언제나 이 말씀을 붙들어야 합니다. 우리는 이미 그 높고도 거룩한 영생을 소유한 사람이라는 사실을 말입니다. 성경이 말하는 영생은 무작정 시간이 길어지는 것이 아닙니다. 그것은 이 땅에 존재하는 모든 한계를 뛰어넘는 초월적인 생명입니다. 인간의 세상을 떠나 영원하신 하나님나라로 들어가는 것입니다. 그곳에는 슬픔도 없고 눈물도 없고 고통도 없습니다. 하나님과 어린양 예수께서 친히 등불이 되어 빛나시는 곳이기에, 심지어 해와 달도 필요 없는 곳이라고 성경은 말합니다(계 21:23).

이미 그곳에 사랑하는 우리 ○○○ 성도님이 도달해 계신 줄로 믿습니다. 영원히 빛나는 천국, 인간의 그 어떤 상상으로도 다 그려낼 수 없는 그 아름다운 곳에 이미 도달해 계신 줄로 믿습니다. 예수님을 믿는 믿음을 가진 분이기에, 예수님의 말씀을 따라 '이미' 영생을 소유한 분이기에 그렇습니다. 이 자리에 있는 우리도 그와 같은 것을 경험할 것입니다. 영원히 빛나는 곳에 들어가 그리웠던 얼굴을 마주 대하고 기쁨으로 다시 만날 것입니다. 이 시간 이 자리에 있는 모든 분들이 다시 한번 영생에 대한 소망을 붙드는 시간이 되시기 바랍니다.

투병하다 소천한 경우

진정한 안식

_마 11:28-30

인생의 짐은 가볍지 않습니다. 게다가 각자에게 주어진 짐은 다 차이가 있습니다. 그래서 어떤 사람의 인생은 더 힘든 것처럼 느껴집니다. 특히 인생의 마지막을 병상에 누워 힘들게 보내다가 돌아가시는 분들을 보면 더욱 안타까운 마음이 듭니다. 남들보다 더 힘든 모습으로 생을 마감하기에 유족의 마음은 더욱 미어집니다. 오늘 본문 말씀을 통해 하나님이 주시는 위로를 누리시기 바랍니다.

첫째, 주님은 우리 인생을 쉼과 안식으로 초대하십니다. 오늘 본문에서 주님은 수고하고 무거운 짐 진 자들을 초대하십니다. 그들에게 쉼을 주시기 위함입니다(28절). 당시 율법조항은 613개나 되었다고 합니다. "수고하고 무거운 짐 진 자"는 일차적으로 당시에 율법 선생이던 바리새인과 서기관들에 의해 율법의 의무를 강요당한 일반 백성입니다. 그러나 넓은 의미로는 인생에서 각종 힘든 삶의 무게를 지고 살아가는 모든 인생을 향한 말씀이기도 합니다.

예수님은 "내가" 너희를 쉬게 하겠다고 강조하심으로써, 사람에게 진정한 안식은 오직 주님으로만 가능함을 역설하십니다. 다른 성경에서도 주님은 "나의 평안을 너희에게 주노라"(요 14:27)고 말씀하셨습니다. 참된 평안은 세상에서 만들어지지 않습니다. 주님만이 주실 수 있습니다. 만약 세상에서 얻을 수 있는 것이라면 이어지는 말씀에서 "내가 너희에게 주는 것은 세상이 주는 것과 같지 아니하니라"고 말씀하시지 않았을 것입니다.

오늘 우리는 고인을 생각하며 힘들었던 투병생활을 기억합니다. 그러나 지금 고인에게는 주님이 주시는 참 평안이 주어졌음을 영의 눈으로 바라보시기 바랍니다. 이 땅에서는 힘든 시간을 보냈지만, 지금은 영원한 주님의 품안에 안겨 참 쉼과 안식을 누리고 계십니다.

기독교는 궁극적인 안식의 종교입니다. 성경은 우리에게 영원한 안식이 남아 있다고 말하며, 그곳에서는 하나님이 자기의 일을 쉬시는 것과 같이 우리도 쉼을 누린다고 말합니다(히 4:9-10). 오늘 입관하신 성도님은 이 땅의 모든 수고를 뒤로 하고 하나님과 함께 참 안식을 누리시고 계십니다.

둘째, 주님의 멍에와 짐은 쉽고 가볍다고 말씀하십니다. 예수님의 마음으로 예수님의 멍에를 메고 배우라고 하십니다(마 11:29). 그럴 때 인간은 쉼을 얻는다고 하십니다. 예수님은 힘들고 지친 영혼을 초대하셨으나, 본문 어디에도 짐을 줄여주시거나 대신 지겠다는 표현은 없습니다. 그보다는 주님의 멍에를 메고 배울 때 우리 영혼(마음)이 쉼을 얻는다고 말씀하십니다.

이어지는 말씀에서 주님의 멍에와 짐은 쉽고 가볍다고 하십니다. 29절에서는 "내 멍에를 메고 내게 배우라"고 말씀하셨습니다. 주님의 멍에는 무엇일까요? 그것은 주님의 가르침과 그에 따른 삶을 가리킵니다. 그것이 가벼운 이유는 주님과 주님의 가르침을 받아들이면 인간은 구원을 얻게 되며, 내적인 평안과 자유를 이 땅뿐 아니라 영원한 천국에서 영생토록 누리기 때문입니다. 오늘 입관하는 성도님은 바로 그런 가벼움과 쉼을 지금 주님과 함께 누리고 있습니다.

본문은 진리의 역설적인 면을 드러냅니다. 주님의 멍에를 멜수록 우리는 더 가벼운 인생이 된다는 것입니다. 구원 때문입니다. 지금 입관하신 성도님은 이 땅에서 주님의 구원을 받아들이고, 힘든 투병생활 가운데서도 주님의 자녀로서 본분을 끝까지 지켰습니다. 기독교는 역설적인 진리를 강조합니다. 이 땅에서 주님의 멍에를 멘 자는 그것이 가져다주는 진정한 가벼움과 행복을 경험하게 됩니다. 그러니 우리는 앞서 가신 성도님처럼 주님의 멍에를 더욱 메야 합니다. 주님의 가르침을 따를 때 우리는 영원한 천국의 쉼을 경험하게 됩니다.

세상 사람들은 신앙생활이 자신들을 얽맨다고 생각합니다. 그러나 우리는 압니다. 주님과 더 가까이 교제할수록 인생은 더 쉼을 얻는다는 것을요. 해본 사람은 압니다. 헌신하면 더 매이는 게 아니라 더 큰 자유를 누립니다. 우리도 앞서가신 성도님이 투병하며 보여주신 주님을 향한 사랑과 헌신을 따라가야 합니다.

어린 자녀만 남겨둔 경우

어린 요셉과 함께하신 분

_창 39:1-3

    지금 우리는 무척 애달프고 가슴 아픈 자리에 있습니다. 인간 세상에 일어나는 많은 일 중에는 참으로 감당하기 어려운 일이 있는데, 지금 우리가 마주하고 있는 일이 그런 게 아닌가 합니다. 이 시간 우리의 영원한 소망 되시는 주님께서 친히 찾아오셔서, 남아 있는 자녀들의 마음을 위로하시고, 평강의 은혜를 베풀어주시기를 바랍니다.

    요셉은 참으로 굴곡이 많은 인생을 산 사람입니다. 십 대에 형들에 의해 노예로 팔려가고, 거기서 다시 누명을 쓰고 감옥에 들어가고, 또 거기서 애굽의 총리가 되는 기가 막힌 인생을 산 사람입니다. 초기부터 요셉의 인생은 많은 아픔으로 시작합니다. 집에서 귀하게 대접받고 자랐으나 한순간 형들에 의해 노예로 팔렸으니 그 신세가 얼마나 절망스러웠을까요. 그러나 모든 것이 끝나버린 것 같고 인생이 송두리째 날아가버린 것 같은 상황에서도, 하나님은 요셉과 함께하셨습니다. 2절은 "여호와께서 요셉과 함께하시므로"라고 말합니다.

가족이나 의지할 사람이 없습니다. 이제 아는 사람 하나 없는 곳, 심지어 말도 통하지 않는 나라에 노예로 팔려 왔으니 누구를 의지하겠습니까. 그러나 사람은 함께하지 않을지라도, 거기에 가족은 없을지라도 함께하는 분이 있었으니, 바로 요셉이 섬기던 여호와 하나님이었습니다.

사람은 떠났어도 하나님은 떠나지 않으셨기에, 요셉은 거기서 새로운 삶을 살아가게 됩니다. 그리고 완전히 다른 사람으로 탈바꿈하는 경험을 합니다. 놀라운 점은 그렇게 하나님이 함께하셨기에 요셉에게는 어떤 징조가 항상 함께했다는 것입니다. (그것을 성경은 2절에서 "형통한 자가 되어"라고 표현합니다.) "형통한 자" 우리는 어쩌면 이 단어에서 화려한 모습을 떠올릴지 모르지만, 여기 나오는 이 '형통'이라는 것은 매우 비극적인 상황 가운데 있던 아이에게 주어진 각별한 은총이었습니다. 무척이나 가슴 아픈, 대체 이 아이가 앞으로 어떻게 살아갈지 매우 걱정되는 가운데, 하나님이 내려주신 은혜의 선물이 바로 형통이었습니다.

언제나 기억해야 할 것은, 우리가 섬기는 하나님은 자비로운 분이라는 것입니다. 사람이 겪는 어려움과 역경 가운데서도, 여전히 당신께서 택하신 사람을 지키시고 보호하시고, 그의 일생을 인도하시는 분이기 때문입니다. 하나님의 섭리 가운데는 때로 우리가 정말 이해할 수 없는 것들이 존재합니다. 왜 이런 일이 일어나는지, 왜 이런 일을 굳이 경험해야 하는지 알 수 없고, 어떤 때는 화가 나기도 합니다. 마치 요셉이 친형들에게 팔려가는 것을 경험한 것처럼 말입니다. 그러나 오랜 세월이 흐른 뒤, 우리가 알 수 없는 큰 뜻이 하나님께 있었음을 알게 되고, 우리는 그 높으신 섭리 앞에 겸손히 엎드리지 않을 수 없게 됩니다. 지금도 얼마나 마음 아픈 일을 우리가 마주하고 있는지, 우리가 얼마나 눈물 나는 상황을 마주하고 있는지, 뭐라 형언할 수 없을 정도로 마음 아픈 장례가 아닐 수 없습니다.

그러나 제가 아는 것 한 가지는, 어떤 지옥 같은 상황 가운데 있더라도 오로지 하나님만 붙들어야 한다는 것입니다. 온 마음으로 하나님을 붙잡고 그분을 향해 전심으로 매달릴 때 소망이 있습니다. 하나님이 어린 요셉을 버리지 않고 끝까지 붙들어주시며 '형통'이라는 축복의 문을 열어주신 것 같은 일이 일어나기를 바라면서 말입니다.

우리가 살아가는 이 세상에는 피할 수 없는 비극이 존재합니다. 그러나 그런 비극 가운데서도 우리는 모든 아픔을 가지고 하나님 앞에 나아가야 합니다. 그 앞에서 통곡하며 눈물과 근심과 분노의 보따리를 풀어 놓아야 합니다. 다른 데는 기댈 곳이 없습니다. 그리고 진지하고 간절하게 여쭈어야 합니다. 이제부터는 어떻게 해야 하는지 말입니다.

이 애달픈 장례 가운데서, 우리 모두 한마음으로 전능하신 하나님을 바라보기 원합니다. 이 아픈 현실 앞에서 남은 어린 자녀들과 우리는 어떻게 해야 할지 하나님께 묻고 함께 기도해야 합니다. 우리의 간절한 기도에 하나님은 분명 응답하실 것입니다. 우리가 섬기는 하나님은 과부의 남편이요, 고아들의 아버지이기에 분명 여기 남은 이 자녀들과 이 자녀들을 돕기 원하는 모든 분에게 응답하시고 함께해 주실 줄로 믿습니다.

복음을 위해 애쓰다 소천한 경우

모든 눈물을 그 눈에서 닦아주시니
_계 21:1-4

    기독교는 복음의 종교입니다. 복음(福音, 기쁜 소식)은 "하나님의 아들이신 예수께서 인간의 몸을 입고 그리스도(메시아)로 세상에 오셔서, 십자가의 죽음과 부활을 통해 죄인들을 구원하셨다"는 그리스도인들의 고백이자 선포입니다. 복음이 선포되고, 회심하고 구원받은 사람들이 늘어나고, 곳곳에 교회가 세워지던 이야기들이 바로 기독교의 역사입니다. 그리고 기독교 2천 년 역사가 존재할 수 있었던 이유 중 하나는, 수많은 믿음의 선배들이 복음을 위해 자신의 삶을 헌신하고 희생했기 때문일 것입니다. 며칠 전 하나님의 부르심을 받은 ○○○ 성도님은 복음을 위해 일생을 헌신하는 삶을 살았습니다. 우리는 지금 입관의식과 함께 ○○○ 성도님과의 마지막 순간을 마주하고 있습니다. 늘 복음 앞에서, 복음을 위해, 복음 때문에 울고 웃었을 사랑하는 고 ○○○ 성도님의 삶의 자취를 묵상하고 기억하는 시간이 되시기 바랍니다.

    첫째, 복음을 위해 애쓰는 삶을 살았다는 것은 ○○○ 성도님이 하나님께 큰 은혜를 받았음을 의미합니다. 세상의 모든 그리스도인이 하나님의 은혜를 경험한 사람들이지만, 자기의 삶을 온전히 헌신하는 것은 특별한 결단이 필요합니다. 복음에 헌신한 삶이란 세상의 부귀와 영화를 뒤로하고 낮은 자의 자리에서 섬기기를 자처한 삶이기 때문입니다. ○○○ 성도님은 하나님께 받은 큰 은혜에 보답하는 길로 헌신된 삶을 택했습니다. 바울은 복음의 사도로 부르심을 받은 후 복음전파를 위해 일생을 헌신하며 살다 순교로 삶을 마쳤습니다. 바울을 그러한 헌신의 삶으로 인도한 힘은 바로 '은혜'였습니다. 바울은 말합니다. "그러나 내가 나 된 것은 하나님의 은혜로 된 것이니 내게 주신 그의 은혜가 헛되지 아니하여 내가 모든 사도보다 더 많이 수고하였으나 내가 한 것이 아니요 오직 나와 함께 하신 하나님의 은혜로라"(고전 15:10).

둘째, 복음을 위해 애쓰는 삶을 살았다는 것은 ○○○ 성도님이 예수 그리스도를 위한 고난을 기꺼이 감내했음을 의미합니다. 하나님의 은혜를 받은 자는 복음을 위한 고난도 함께 받습니다. 은혜와 고난은 동전의 양면과도 같습니다. 성경은 말합니다. "그리스도를 위하여 너희에게 은혜를 주신 것은 다만 그를 믿을 뿐 아니라 또한 그를 위하여 고난도 받게 하려 하심이라"(빌 1:19). 세상은 예수 그리스도의 복음을 싫어하고 미워합니다(요 15:19 참고). 앞서간 수많은 믿음의 선배들은 복음을 위해 살다가 미움과 핍박을 받았습니다. 그리스도인들은 그것을 예수 그리스도를 위한 고난으로 여겼고, 담대히 그것을 마주했습니다. 고난 자체를 좋아하는 사람은 세상에 없습니다. 그러나 복음을 위해 받는 고난을 피하지 않은 많은 믿음의 사람들이 기독교의 역사에 존재했으며, ○○○ 성도님은 이제 그들 중 한 명으로 기억될 것입니다.

마지막으로, 복음을 위해 애쓰는 삶을 산 사람들은 천국에서 하나의 영원한 위로를 받게 될 것입니다. 그 약속이 우리가 오늘 함께 읽은 본문에 기록되어 있습니다. "내가 들으니 보좌에서 큰 음성이 나서 이르되 보라 하나님의 장막이 사람들과 함께 있으매 하나님이 그들과 함께 계시리니 그들은 하나님의 백성이 되고 하나님은 친히 그들과 함께 계셔서 모든 눈물을 그 눈에서 닦아 주시니 다시는 사망이 없고 애통하는 것이나 곡하는 것이나 아픈 것이 다시 있지 아니하리니 처음 것들이 다 지나갔음이러라"(계 21:3-4). 이 땅에서 복음을 위해 살면서 성도가 흘린 눈물과 수고는 절대 헛되지 않을 것입니다. 하나님께서 친히 그의 눈물을 닦아주실 것이기 때문입니다. 고 ○○○ 성도님 역시 아픔과 슬픔이 없는 천국에서 하나님의 위로를 받으며 지낼 것입니다. 할렐루야!

복음을 위해 애쓰고 헌신한 ○○○ 성도님의 삶은 은혜의 삶이었지만, 고난도 감내하는 삶이었을 것입니다. 그러나 ○○○ 성도님은 끝까지 복음을 위한 삶을 살아냈고, 하나님의 위로 가운데 자랑스럽게 생을 마쳤습니다. 고 ○○○ 성도님이 남긴 신앙의 발자취를 되새겨 보며, 여러분 각자의 마음속에 복음을 위해 살겠다는 결단이 있으시기를 예수 그리스도의 이름으로 부탁드립니다.

순직한 경우

충성한 종에게 주시는 상

_마 25:19-21

오늘 이 자리에 모인 모든 분에게, 하늘로부터 거룩한 은혜와 평강이 임하시기를 바랍니다. 그리고 말씀 가운데 역사하시는 성령께서 유가족의 마음을 위로하시고, 위로하기 위해 이 자리에 모인 모든 분의 마음에도 함께해 주시기를 바랍니다.

오늘 우리가 읽은 말씀은 달란트 비유입니다. 달란트 비유는 모든 하나님의 백성이 나름대로 은사를 받았고, 그 은사를 어떻게 사용했는지에 따라 자기의 상을 받게 된다는 말씀입니다. 오늘 이 말씀을 통해 우리에게 주시는 위로와 영적인 교훈을 찾아보고자 합니다.

먼저 주목할 것은, 우리에게 '주인이 계시다'는 것입니다. 19절은 "오랜 후에 그 종들의 주인이 돌아와 그들과 결산할새"라고 말합니다. 다시 말해, 우리 인생에는 주인이 있고, 시간이 흐른 뒤 그 주인이 오셔서 종들과 결산한다는 것입니다. 이것은 우리가 인생을 허투루 살 수 없으며, 항상 어떤 결산을 염두에 두고 살아야 함을 가르쳐줍니다. 만약 인생이 자기만의 것이라면 마음대로 살 수 있을지 모르겠습니다. 그러나 본문에 따르면, 이 삶은 주인께 잠시 빌려온 것이요 받은 모든 재능과 은사도 마찬가지여서, 결국 주인 앞에 다시 가져와 자기 삶을 결산해야 하는 것입니다.

자, 그러면 우리 주님께서 사람의 인생을 평가하실 때 보는 기준은 무엇일까요? 그것은 본문에 나온 것처럼, 그 사람이 얼마나 맡은 일에 충성했는가, 얼마나 자기의 일에 열과 성을 다했는가 하는 것입니다. 그래서 충성한 것에 따라 상이나 징계를 받는다는 것입니다. 그런 관점에서 보면, 고인이 되신 ○○○ 성도님은 얼마나 귀한 분입니까? 개인적인 일을 하다 가신 것이 아니라, 공적으로 자기에게 맡겨진 고귀한 임무를 끝까지 수행하다 떠나신 것이니 말입니다.

저는 사람의 죽음이 다 똑같다고 생각하지 않습니다. 보기에 민망할 정도로 허무한 죽음이 있는가 하면, 아주 영광스럽고 의미가 충만하며 우리의 마음을 뜨겁게 하는 죽음이 있기 때문입니다. 공무를 수행하는 사람이라면, 아마도 이런 자부심 있는 마지막을 꿈꾸지 않을까 싶기도 합니다. 정말 의미 있고 누구에게도 떳떳한 그런 죽음 말입니다. 그런 죽음은 이 땅의 죽음이 전부가 아니어서, 자신의 죽음을 주인이신 주님 앞으로 가지고 나아가 결산할 것입니다.

물론 태어날 때부터 죄인인 인간이 주님 앞에서 그리 떳떳할 수는 없겠지만, 적어도 자기의 마지막 순간에 대해서만큼은 떳떳하게 말씀드릴 수 있지 않을까요? "주님, 제가 부족하지만 그래도 주님께서 맡겨주신 일에 최선을 다하다 그곳에서 마지막 숨을 거두었습니다." 저는 주님께서 이런 사람들에게 들려주신 말씀이 참 울림이 있다고 생각합니다. "잘하였도다. 착하고 충성된 종아." 짧지만 얼마나 애정 담긴 말씀입니까.

잘했다는 것입니다. 정말 잘했다는 것입니다. 그리고 너는 정말 착한 사람이고 내게 충성스러운 사람이라는 뜻의 말씀이 아니겠습니까?

이 세상의 모든 것은 결국 다 지나갑니다. 영원한 것이 하나도 없습니다. 길든 짧든 모든 사람이 결국 자기의 인생을 마치게 되는데, 그 마지막을 영광스럽게 장식하고 그에 대해 주님께서 따뜻한 음성으로 맞아주신다면, 이 또한 얼마나 영광스럽고 감사한 일이겠습니까.

사랑하는 ○○○ 성도님은 이미 그렇게 주님께 칭찬받으시고, 주님의 영원한 품에 안겨 계시는 줄로 믿습니다. 이 땅보다 하늘에서 더욱 영광스럽게 빛나는 분이 되어 계실 줄로 믿습니다. 모쪼록 이 고귀한 죽음을 통해 주께서 영광 받으시고, 하늘에서 더욱 놀라운 영광과 복으로 ○○○ 성도님에게 상을 내려주시기를 축원합니다.

믿음 좋은 젊은 성도가 소천한 경우

의로운 자의 죽음

_사 57:1-2

오늘 우리는 가슴 아픈 성도의 죽음을 경험하고 있습니다. 인간적으로 생각할 때 매우 젊은 나이에 하나님의 부름을 받으셨기에 마음이 아픕니다. 돌아가신 성도님은 하나님을 잘 섬기는 분이었습니다. 그럼에도 하나님께서 이렇게 빨리 불러가시니 당황스럽습니다. 우리는 이 일을 어떻게 이해해야 할까요? 오늘 말씀을 통해 완전하지는 않겠지만 이런 일에 대한 하나님의 뜻을 살펴보겠습니다.

첫째, 의인의 죽음에는 뜻이 있습니다. 본문은 유다 말기의 상황을 기록한 것입니다. 남유다는 타락상이 극에 달했는데, 특히 지도자들의 타락이 심각했습니다(사 56:9-12). 영적 지도자인 선지자들조차도 제대로 말하지 못하는 상황이었습니다. 나라가 이 꼴이니 의인이 죽음을 당해도 아무도 관심을 갖지 않습니다(1절). 이런 상황을 말씀하시면서, 1절 마지막 부분에 의인들이 악한 자들 앞에서 불려감을 언급합니다. 왜 하나님은 악인들을 데려가시지 않고 의인들을 불러가실까요? 그 답이 2절에 있습니다. 그들이 평안에 들어갔다고 합니다. 바른 길로 가는 자들은 편히 쉰다고 하십니다.

이것은 악한 세상에서 의인들의 죽음에 대한 한줄기 빛을 보여주는 말씀입니다. 우리는 의로운 사람에게 인간적으로 이해하지 못하는 일이 발생하는 이유를 모릅니다. 하나님만 아십니다. 그런데 본문은 그중 한 가지를 언급합니다. 악한 세상 가운데서 그들에게 평안을 주시기 위함이라는 것입니다. 악한 세상에서 시달리고 환난당하기 전에 하나님께서 그들을 불러가신다고 합니다.

죽음이 꼭 저주는 아닙니다. 오늘 본문도 의인들의 죽음을 적극적으로 해석해, 이 땅에서 환난당하고 오염되기 전에 하나님의 안식에 불려가는 모습으로 기록하고 있기 때문입니다. 하나님은 사랑하는 자들을 때로는 일찍 불러 이 땅의 오염과 타락에 섞이지 않게 하십니다. 결국 중요한 것은 오래 사느냐 오래 살지 못하느냐가 아니라 하나님과 함께하느냐에 달린 것입니다. 악인이 오래 사는 것은 절대 축복이 될 수 없고, 의인이 짧게 사는 것도 저주가 아닙니다. 악인의 장수는 그만큼 죄를 쌓는 일이기 때문입니다.

오늘 우리가 맞이한 성도님의 죽음은 인간적인 생각으로는 도저히 이해할 수 없습니다. 그러나 우리가 알 수 없는 하나님의 뜻이 있기에 이 일을 허락하신 것입니다. 우리는 그것을 믿고 슬픔과 안타까움을 이겨내야 합니다.

둘째, 하나님의 뜻은 언제나 선하심을 믿어야 합니다. 의인의 죽음에는 하나님의 뜻이 있다고 했습니다. 성도가 이 땅에서 겪는 일은 우연이 아닙니다. 우리 생애에 벌어지는 일은 하나님의 뜻 안에서 이루어지는 것입니다. 그래서 오늘의 죽음이 어떤 면에서는 더 이해되지 않는 것입니다. 성도가 이 땅에서 살면서 겪는 모든 일의 원인을 다 파악할 수는 없습니다. 하나님께서 우리가 당하는 고난과 어려움의 원인을 알려주시기도 하지만 그렇지 않은 경우도 많기 때문입니다. 또 고난의 원인이 우리 죄 때문인 경우도 있지만 그렇지 않은 경우도 있습니다.

예수님은 나면서부터 보지 못하는 사람을 보시고, 그의 죄나 부모의 죄가 아닌 하나님의 뜻을 나타내기 위함이라고 말씀하셨습니다(요 9:3). 그러므로 우리는 죄가 있기에 고난당한다고 생각해서는 안 됩니다. 믿음이 좋다고 세상에서 꼭 성공하는 것도 아닙니다. 우리 눈에 보이는 성공 여부로 믿음을 판단해서는 안 됩니다. 사도행전 7장에는 스데반의 죽음이 기록되어 있습니다. 스데반은 누구보다 의로운 사람이지만 돌에 맞아 순교합니다. 인간적으로 보면 비참한 죽음입니다. 그러나 그것은 그의 죄 때문이 아닙니다. 믿음 있는 사람이 세상에서 반드시 잘되는 것은 아닙니다.

그러면 우리는 여기서 하나님의 뜻이 무엇인지 질문합니다. 하나님의 뜻에 따라 의인이 고통당하고 죽을 수도 있다면, 이것을 누가 받아들이겠냐고 말입니다. 우리는 앞에서 의인이 죽음당하는 원인 중 하나가, 하나님이 그들을 세상의 환난과 오염에서 보호하시려는 것임을 보았습니다. 우리가 하나님의 뜻을 다 알 수는 없지만 한 가지 확실한 것은, 하나님께서 하시는 일은 선하시다는 것입니다. 하나님이 비록 눈에 보이는 고통을 의인에게 주실지라도 거기에는 하나님의 선한 뜻이 있음을 믿어야 합니다. 하나님은 예레미야 선지자를 통해, 그 백성을 향하신 하나님의 뜻과 생각은 평안이요 재앙이 아니라고 하셨으며, 우리에게 미래와 희망을 주기 위한 것이라고 밝히셨습니다(렘 29:11).

우리는 하나님의 선하심을 믿어야 합니다. 오늘 성도님의 이른 부르심은 절대로 인간적으로 이해되기 어려운 사건입니다. 그러나 우리가 모르는 하나님의 선한 뜻이 있음을 믿으셔야 합니다. 하나님은 이 일을 통해서도 하나님의 영광을 나타내시고 유가족을 복되게 하실 것입니다.

믿음의 가정인 경우

성도의 죽음, 그 의미

_고전 13:12

　인간의 죽음과 그 의미에 대한 다양한 견해가 존재합니다. 어떤 이들은 인간에게 영혼은 존재하지 않으며, 영생은 죽음에 대한 인간의 두려움에서 비롯된 상상의 산물이라고 말합니다. 그러므로 죽음은 무(無)로 돌아가는 것이며, 죽기 전에 현재의 삶을 최대한 후회 없이 의미 있게 사는 것을 인생의 목표로 삼아야 한다고 합니다. 만약 그들의 말이 사실이라면, 영원한 생명을 사모하는 이 땅의 모든 성도는 세상에서 가장 불쌍한 사람들일 것입니다. 그러나 영생은 분명히 있습니다. 그리고 예수님이 세상을 심판하러 오실 그날에 가장 불쌍한 사람들은 예수 믿는 사람들이 아닌 영생을 무시하던 그들일 것입니다.

　성도는 영생을 소망하며 살아가는 사람입니다. 그러므로 그리스도 안에 있는 성도에게 죽음의 참된 의미는 오직 영생의 빛 아래서만 찾을 수 있습니다. 그렇다면 예수 그리스도 안에서 영생의 소망 가운데 생을 마친 죽음은 어떤 순간을 의미할까요?

첫째, 성도에게 죽음은 믿음의 경주가 끝나는 결승선입니다. 사도 바울은 믿음의 성도들을 "운동장에서 달음질하는 자들"에 비유하곤 했습니다(고전 9:24; 딤후 2:5). 트랙 위를 달리는 선수들의 모습을 상상해 보십시오. 그들이 온 힘을 다해 결승선까지 완주하는 이유는, 상을 얻기 위함입니다. 그와 마찬가지로, 성도에게 죽음은 마지막 결승선까지 완주했다는 뿌듯함의 자리이며, 동시에 하나님께서 주신 상을 얻는 자리입니다. 성도의 죽음은 남은 가족과 교우에게는 슬픔과 애도의 순간일 것입니다. 그러나 고인에게는 이 땅의 수고와 노력을 하나님께 인정받는 위로의 순간임을 기억하시기 바랍니다.

둘째, 성도에게 죽음은 새로운 삶의 출발점입니다. 예수님은 십자가에 달리셨을 때, 회개하고 예수님을 구주로 고백한 한쪽 편의 강도에게 말씀하셨습니다. "오늘 네가 나와 함께 낙원에 있으리라"(눅 23:43). 믿음 안에서 죽음을 맞이한 성도는 동시에 낙원(천국)에서 새로운 삶을 시작할 것입니다. 그곳에서 고 ○○○ 성도님은 예수님과 함께 있을 것입니다. 또 앞서간 수많은 믿음의 선배들에게 환영받을 것입니다. 성경은 말합니다. "이러므로 우리에게 구름 같이 둘러싼 허다한 증인들이 있으니"(히 12:1). 이 얼마나 감격스러운 순간입니까? 우리도 언젠가는 그 허다한 증인들의 무리에 함께 서게 될 것입니다. 그날의 감격을 소망하며 믿음의 삶을 살아가시기 바랍니다.

셋째, 성도에게 죽음은 하나님을 온전히 알게 되는 순간입니다. 사도 바울은 말합니다. "우리가 지금은 거울로 보는 것 같이 희미하나 그 때에는 얼굴과 얼굴을 대하여 볼 것이요 지금은 내가 부분적으로 아나 그 때에는 주께서 나를 아신 것 같이 내가 온전히 알리라"(고전 13:12). 성도의 신앙 여정은 어떤 의미에서 하나님을 더 알아가는 과정입니다. 인생의 길에서 겪는 기쁨, 슬픔, 고통, 아픔 등의 모든 상황 속에서 하나님의 뜻을 발견하고, 하나님이 어떤 분인지 경험으로 알게 되는 것이 신앙의 성숙이기 때문입니다. 육신의 몸을 입고 살아가는 동안 하나님을 온전히 아는 것은 불가능합니다. 우리 안에 죄성이 존재하기 때문입니다. 그러나 구원받은 하나님의 성도는 죽음 후에 마치 얼굴과 얼굴을 대하여 보듯 하나님을 온전히 알게 됩니다.

오늘 저는 세 가지를 말씀드렸습니다. 성도에게 죽음은 평생 달려온 믿음의 경주를 완주하는 결승선이며, 천국에서 시작될 영원한 삶의 출발선입니다. 그리고 평생 믿고 의지한 하나님을 얼굴과 얼굴을 대하여 보듯 분명히 뵙게 될 감격의 순간입니다. 고 ○○○ 성도님은 오늘 말씀드린 이 세 가지를 얻은 큰 복을 누린 사람임을 기억하시기 바랍니다. 우리도 언젠가는 죽음을 마주할 것입니다. 그날 성도다운 죽음의 순간을 맞이할 수 있도록 믿음 잃지 말고 살아가시기 바랍니다.

믿음 있는 부모님이 돌아가신 경우

부활과 산 소망

_벧전 1:3-5

오늘 우리는 믿음으로 한 평생 사신 부모님의 입관예배를 드리고 있습니다. 이 예배를 드리기 전 유가족은 입관식을 하고 오셨습니다. 이제 육체적으로는 돌아가신 분의 얼굴을 마지막으로 보셨고, 다가오는 하늘나라에서 부활하여 함께 만나게 될 것입니다. 성경은 이런 성도의 여정을 어떻게 말하고 있는지 이 시간 함께 나누겠습니다.

첫째, 부활이 가져온 산 소망입니다. 오늘 본문은 주님의 부활로 우리를 거듭나게 하사 성도에게 산 소망을 가져왔다고 기록합니다(3절). 본문의 분류를 따르면 소망에는 두 가지가 있습니다. 산 소망과 그 반대인 죽은 소망입니다. 죽은 소망은 확실하게 이루어질지 알 수 없는 소망을 말합니다. 막연한 소망입니다. 실현 가능성이 보장되어 있지 않고, 될 수도 있고 안 될 수도 있는 희망고문 같은 소망을 가리킵니다.

그러나 본문이 말하는 산 소망은 그런 소망이 아닙니다. 분명히 이루어질 확실한 소망입니다. 그래서 "산 소망"(living hope)이라고 표현했습니다. 그리스도의 부활은 우리에게 산 소망을 주었습니다. 반드시 이루어질 소망입니다. 주님의 부활을 분명히 경험한 베드로 사도가 당시 극심한 박해를 겪고 있던 성도들에게 확실하게 적고 있습니다.

우리가 믿음 안에서 가지고 있는 소망은 반드시 이루어집니다. 주님은 그것을 부활로 보증하셨습니다. 고린도전서 15장 14절에는 "그리스도께서 만일 다시 살아나지 못하셨으면 우리가 전파하는 것도 헛것이요 또 너희 믿음도 헛것이며"라고 기록되어 있습니다. 그리스도의 부활은 우리 신앙의 보증입니다. 그리스도의 부활이 있기에 우리의 수고가 헛되지 않은 것입니다(고전 15:58).

주님은 부활로 우리에게 산 소망을 주셨습니다. 우리가 신앙하는 모든 것이 진실이며 반드시 이루어질 것이라는 소망을 주신 것입니다. 이것은 반드시 이루어질 소망입니다. 비록 우리가 입관하며 돌아가신 분의 싸늘하게 식어버린 육신을 마지막으로 대했지만, 그 모습이 우리가 보는 그분의 마지막 모습이 아님을 기억하시기 바랍니다. 우리는 때가 되면 홀연히 다 변하여 영원한 천국을 함께 영위할 것입니다. 이 시간 이런 성경의 믿음이 유가족에게 위로가 되시기 바랍니다. 주님이 부활하신 것이 사실이듯 우리의 신앙은 반드시 이루어질 것을 믿으시기 바랍니다.

반드시 이루어질 산 소망이지만 이 땅에서 과정은 쉽지 않습니다. 어려움이 존재합니다. 그러나 이 어려움은 오히려 소망을 더욱 견고하게 만들어줄 것입니다(롬 5:4). 이 땅의 어려운 현실 속에서도 산 소망을 가지고 믿음을 지키는 성도가 되시기 바랍니다.

둘째, 하나님의 보호 약속입니다. 하나님은 부활로 우리에게 산 소망을 주셨고(3절), 썩지 않고 더럽지 않고 쇠하지 않는 유업을 잇게 하시려고 우리를 위해 하늘에 간직하셨다고 말합니다(4절). 그리고 그 구원을 성도들에게 주시기 위해 우리를 하나님의 능력으로 보호하신다고 말합니다(5절). 4절의 '간직한다'는 말과 5절의 '보호한다'는 말은(모두 분사) 의미적으로 일치하는 말입니다. 우리에게 산 소망의 유업을 주기 위해 간직하셨다면, 그것을 받을 성도들을 그때까지 지키고 보호하시는 것은 당연한 것입니다. 물려줄 유산은 있는데 정작 물려줄 자식이 없으면 되겠습니까? 하나님은 하늘의 산 소망과 함께 그것을 얻을 성도들을 이 땅에서 지키십니다. 여기 '보호하다'라는 말은 '방패'라는 의미입니다. 당시 사용하던 군사용어입니다. 요새에서 방패가 되어 우리를 보호하고 지켜주신다는 의미입니다. 군사용어는 그만큼 강력하고 확실한 보호를 의미합니다.

지금 이 엄숙한 입관예배의 시간에 하나님이 우리를 보호하시는 것이 절대적인 약속임을 믿으시기 바랍니다. 사랑하는 부모님에게 믿음을 주셨을 뿐 아니라 평생 지키고 보호하셔서 그 믿음을 지키며 살아가게 하시고, 어제 천국으로 불러가신 분은 하나님입니다. 어쩌다 지키고 어쩌다 놓치는 그런 하나님의 보호가 아닙니다. 산 소망처럼 살아있는 보호(living protect)입니다. 구원받고 그리스도의 유업을 받은 성도들은 반드시 보호받습니다. 하나님은 그것을 그리스도의 부활로 보여주셨습니다. 그리고 오늘 이 시간 믿음 있는 분의 삶을 마치고 불러가시는 모습을 통해 증명하고 계십니다. 사랑하는 고인을 지켜주셨듯, 하나님은 우리도 지켜주시고 반드시 그 유업을 잇게 하실 것입니다. 이것이 오늘 입관예배를 드리는 모든 성도의 신앙이 되시기를 주님의 이름으로 축원합니다.

믿지 않는 부모님이 돌아가신 경우

해 아래에서 무익한 것이로다

_전 2:11-15

오늘 이 자리에 모인 모든 분에게, 하나님의 사랑과 위로가 임하시길 바랍니다. 오늘 이 예배를 통해 우리 모두 인생의 허무함에 주목하고, 어찌 살아갈지 지혜를 얻는 시간이 되시기 바랍니다.

오늘 본문은 솔로몬이 썼다고 알려진 전도서입니다. 세상에서 가장 지혜롭고 가장 부유하게 살았던 사람이 자기의 생을 돌아보며 인생에 대해 살핀 내용이라고도 할 수 있습니다. 먼저 솔로몬은 자기가 살면서 한 일들을 돌아보니, 결국은 모두 허무할 뿐이라고 말합니다. 11절 "내가 생각해 본즉 … 다 헛되어 바람을 잡는 것이며 해 아래에서 무익한 것이로다." 이것은 참으로 뼈아픈 진실이라 하지 않을 수 없습니다. 사람 사는 것이 어떤 면에서는 이런 허무함을 피할 길이 없기 때문입니다. 아무리 화려해 보이는 삶을 사는 사람도, 어느 순간 문득 '이게 대체 무슨 의미가 있을까?' 하는 생각이 들 수밖에 없는 것이 인생입니다. 뭔가 대단한 성취를 이룬 것 같아도, 결국 모든 것을 두고 자신도 바람처럼 사라질 수밖에 없음을 떠올릴 때마다 마음이 괴롭고 힘들어지는 것이지요.

물론 솔로몬은 어떤 '긍정'도 합니다. 13절은 "내가 보니 지혜가 우매보다 뛰어남이 빛이 어둠보다 뛰어남 같도다"라고 말합니다. 그렇습니다. 지혜자가 되는 것은 어리석은 자가 되는 것보다 분명 월등하게 뛰어난 것입니다. 그러나 그럼에도 자기가 보기에는 어떤 비극적인 결과가 양쪽에서 동일하게 나오더라는 것입니다. 15절 "우매자가 당한 것을 나도 당하리니 내게 지혜가 있었다 한들 내게 무슨 유익이 있으리요"라는 말씀을 보면, 지혜자든 우매자든 성공한 사람이든 실패한 사람이든 모두 동일하게 육신의 죽음을 맞이한다는 점에서, 결국은 다 같은 사람일 뿐이라는 뼈아픈 깨달음을 얻은 것입니다.

죽음은 우리로 하여금 많은 것을 돌아보게 합니다. 사람으로 태어나서 한평생을 산다고 하는 것은 무엇일까? 나는 제대로 된 방향을 향해 가고 있는 걸까? 나는 지금 어떤 의미가 있는 일을 하고 있는 걸까? 이런 질문하게 만듭니다. 그러나 안타깝게도 이런 근본적인 질문은 인간이 영원하신 하나님을 마주하지 않는 한 답할 수 없습니다. 인간에게 죽음은 영원하신 하나님, 인간을 창조하신 분을 방정식의 상수로 생각하지 않고서는 결코 풀 수 없는 문제 같은 것이기 때문입니다. 하나님 없이는 결코 풀 수 없는 문제 말입니다.

사람의 인생은 어디서 와서 어디로 가는 것일까요? 결국 모든 사람이 영원하신 하나님으로부터 와서 영원하신 하나님께로 돌아간다는 것, 이것이 성경이 일관되게 유지하는 관점입니다. 그리고 하나님 앞으로 돌아가기 전, 우리가 어떤 삶을 살아야 할지 답을 주는 것이 바로 기독교라 할 수 있습니다. 사람은 모두 이 땅을 떠나게 되어 있습니다. 육신을 가지고 태어난 사람치고 이에 해당되지 않는 사람은 없습니다. 그리고 이 사실은 우리를 매우 겸손하게 만듭니다.

 유가족의 마음이 얼마나 아쉽고 안타까우시겠습니까. 다만 이 가운데서도 제가 아는 한 가지는, 이런 모든 아픈 이별 가운데서도 결국은 자비로운 하나님 아버지를 바라볼 수밖에 없다는 것입니다. 저 하늘에 계시는 하나님, 인간에 대해 항상 긍휼과 자비를 베푸시는 분 앞에 나아가 우리의 아픔과 슬픔을 토로하고, 그저 이 일에 대해 불쌍히 여겨 달라고 간구하는 것 외에 우리가 할 수 있는 일이 무엇이 있을까요. 이 시간 우리 모두 영원하신 하나님, 인간을 보내시고 살게 하시고 또 불러가시는 그분에 대해 깊이 생각하고, 그분 앞에 나아가 앞으로 어찌 살아야 할지 지혜를 간구하는 시간이 되었으면 합니다.

4장

발인예배

믿음의 가정인 경우 1

아름다운 퇴장

_딤후 4:7-8

디모데후서는 바울 서신 가운데 마지막에 쓴 것으로, 2차로 로마 감옥에 투옥되어 기록한 바울의 유언 같은 성격을 띱니다. 믿음의 아들인 디모데에게 써 보낸 글을 통해 성도의 아름다운 삶을 돌아볼 수 있습니다. 그래서 오늘 우리는 고인의 발인예배를 드리며 성도의 삶을 본문을 통해 돌아보려고 합니다. 평생을 믿음으로 사신 고인과 믿음의 가정을 위해 하나님께서 주신 말씀을 나누겠습니다.

첫째, 선한 싸움을 싸웠다고 말합니다. 인생은 치열한 전쟁터라는 말이 있습니다. 총, 칼만 들지 않았을 뿐 사람들은 치열하게 경쟁하며 자신의 자리를 지키려고 애씁니다. 약육강식은 동물 세계에만 있는 것이 아닙니다. 남을 밟고 일어서야 살 수 있는 세상입니다. 내가 살기 위해서는 남의 사정을 봐주면 안 된다고 가르치기도 합니다. 이것이 우리가 배운 삶의 철학입니다. 문제는 이것이 성도의 삶은 아니라는 것입니다. 인생은 전쟁 맞습니다. 그러나 선하게 싸워야 하는 전쟁입니다. 바울은 본문에서 선한 싸움을 사는 인생을 살았다고 말합니다. 인생이 선한 싸움이어야지 악한 싸움이 되면 안 됩니다. 성도는 믿음으로 악한 세상 속에서 선한 싸움을 싸우는 사람입니다.

고인은 믿음으로 그런 삶을 살았습니다. 늘 말씀을 따라 사셨습니다. 성경은 사람이 세상에서 선을 행할 줄 알고도 행하지 아니하면 죄라고 말합니다(약 4:17). 여기서 선은 주님의 말씀을 따라 사는 삶입니다. 우리도 바울과 고인의 뒤를 따라 선한 싸움을 싸우는 인생이 되어야 합니다.

둘째, 달려갈 길을 마쳤다고 말합니다. 바울은 자신의 사역과 생명이 거의 끝나감을 직감합니다. 달려갈 길을 마치는 것이 중요합니다. 시작만 하고 끝맺지 못하는 사람이 많습니다. 아무리 아름다운 결심이라도 끝까지 지키지 못하면 소용이 없습니다. 신앙도 열매를 맺는 데까지 가야 합니다. 그러려면 끝까지 나아가야 합니다. 이왕 믿을 거면 끝을 봐야 합니다. 매사 우유부단하면 안 됩니다. 바울은 달려갔다고 합니다. 그러나 열심만 있었던 것이 아니라 끝을 보았습니다. 좋은 생각을 가진 사람도 많고, 그것을 시도하는 사람도 많습니다. 그러나 씨 뿌리는 비유에서 보듯 인내로 결실하는 사람은 그렇게 많지 않습니다(눅 8:15). 전체가 네 개의 밭이니까 좋은 땅에서 결실하는 것은 전체의 1/4에 불과합니다.

바울은 자신의 사명을 마치기 위해 자신의 생명을 조금도 귀한 것으로 여기지 않는다고 말합니다(행 20:24). 마치기 위해서는 희생이 필요합니다. 대가를 지불해야 합니다. 우리도 고인처럼 열심을 다해 우리의 사명을 끝까지 마치는 인생을 살아야 합니다.

셋째, 믿음을 지켰다고 말합니다. 지키되 끝까지 지키는 가치가 있어야 합니다. 끝에 가서 남는 가치가 있어야 합니다. 바울은 믿음을 지켰다고 합니다. 선한 싸움도 중요하고 달려가듯 사명을 마치는 것도 중요하지만, 가장 중요한 것은 끝까지 믿음을 지키는 것입니다.

성경은 무릇 지킬 만한 모든 것 중에 마음을 지키라고 말합니다(잠 4:23). 마음속에 믿음을 간직해야 합니다. 바울은 디모데전서에서 교회의 집사 자격을 언급하며, 깨끗한 양심에 믿음의 비밀을 간직한 사람이어야 한다고 했습니다(딤전 3:9). 의리도 지켜야 하고 삶의 신조도 지켜야 합니다. 그러나 가장 중요한 것은 믿음을 지키는 것입니다. 최후에 여러분이 지켜야 하는 것이 믿음입니다. 자존심, 재산, 명예가 아닙니다. 믿음을 지키고 간직해야 합니다. 이것이 우리의 가치관입니다. 우리의 마지노선인 것입니다. 제1차 세계대전 후 프랑스가 만든 요새의 경계선이 마지노선입니다. 당시 육군 장관 마지노의 이름을 땄다고 합니다. 최후의 마지막 한계선을 뜻하는 말로 보통 쓰입니다. 기독교인의 자존심은 믿음을 지키는 것입니다. 이것이 우리의 마지노선입니다. 세상적인 것을 얻기 위해 믿음을 팔지 말아야 합니다. 믿음을 지키기 위해 세상 것을 포기할 수 있어야 합니다.

우리의 아름다운 퇴장 뒤에는 주께서 약속하신 의의 면류관이 있습니다. 이것은 주의 나타나심을 사모하는 자들에게 주어진다고 했습니다. 평생 성경대로 사신 고인의 뒤를 따라, 우리도 본문이 말하는 삶을 살기를 권면합니다.

믿음의 가정인 경우 2

생명수의 강가에서

_계 22:1-2

이 시간 우리는 고인을 천국으로 떠나보내는 자리에 모여 있습니다. 우리 그리스도인들에게 육신의 죽음은 끝이 아니라 시작이며, 천국에서 새로운 삶을 의미하는 것이기에 이 자리가 더욱 의미 있는 자리라 생각합니다. 주님께서 이 시간 우리의 영적인 눈을 열어주시고, 천국에 대한 소망으로 채워주시기를 바랍니다.

오늘 본문은 사도 요한이 거룩한 천국을 보게 된 장면입니다. "또 그가 수정 같이 맑은 생명수의 강을 내게 보이니 하나님과 및 어린양의 보좌로부터 나와서 길 가운데로 흐르더라." 여기서 주목하고 싶은 것은 "생명수의 강"이 보였는데, 그것이 하나님과 어린양의 보좌에서 나와 흐르더라는 것입니다. 다시 말해, 이 천국이 생명으로 가득한 이유는 생명을 주는 생명수가 거대한 강처럼 흐르기 때문이요, 또 그 물이 하나님과 어린양의 보좌에서 흘러나오기 때문입니다. 영원하신 하나님과 영원하신 어린양 예수 그리스도로부터 만물을 살려내는 생명의 강이 쏟아져 나오기에, 거기가 만물이 영원히 사는 곳이라는 말입니다.

우리가 살아가는 이 세상에는 얼마나 많은 결핍이 있습니까? 우리의 육체에도 한계가 있어 늙고 병들고 죽을 수밖에 없는데, 이 또한 생각해 보면 어떤 생명력의 결핍인 것입니다. 이 땅에 사는 한 우리는 결핍을 경험할 수밖에 없습니다. 그러나 우리가 장차 들어갈 천국은 다릅니다. 그곳에 결핍은 존재하지 않습니다. 이 땅에서는 어딜 가든 어떤 종류로든 결핍을 경험하지만, 천국에서는 하나님과 어린양으로부터 모든 것이 무한하게 공급되기에 결핍 자체가 존재하지 않습니다.

그러므로 인간이 천국에 들어간다고 하는 것은, 모든 결핍의 문제를 해결하는 영원한 공급자께 연결되는 것이라 할 수 있습니다. 결핍으로 고통받던 모든 것에서 해방되고, 영원한 풍요로움 속에 살게 되는 것입니다. 우리가 장차 들어갈 천국은 상상할수록 우리의 가슴을 뛰게 합니다. 성경이 말하는 천국은 이 세상의 모든 결핍을 해결할 뿐 아니라 모든 면에서 이 세상의 것을 뛰어넘는 곳입니다.

요한계시록에 등장하는 '열두 진주 문'이나 '맑은 유리 같은 정금으로 만들어진 길'(계 21:21)은 실제 진주로 만들어진 문이나 황금으로 만들어진 물리적인 길로 보기는 어렵습니다. 이것은 오히려 우리가 지금 경험하고 있는 인간계를 완전히 뛰어넘는 곳을 묘사하는 내용으로 보아야 합니다. 다시 말해, 진주나 황금 혹은 보석 같은 인간계의 진귀한 것 말고는 묘사가 불가능한 놀라운 차원의 세계가 존재한다는 것을 알려주는 것입니다.

우리가 지금 다루고 있는 천국은 과학이나 철학의 영역이 아니라 종교의 영역입니다. 인간이 이성의 능력으로는 도무지 접근할 수 없는 곳, 높고도 높은 신비의 영역, 계시의 영역이 천국입니다. 이렇게 인간의 이

성이 도달하기에는 너무 높고 거룩한 곳이기에 그곳이 우리에게 소망이 될 수 있으며, 날마다 그곳을 바라보며 기뻐하고 심지어 육신의 죽음마저도 달게 받아들일 수 있는 것입니다. 사도 바울도 "만일 그리스도 안에서 우리가 바라는 것이 다만 이 세상의 삶뿐이면 모든 사람 가운데 우리가 더욱 불쌍한 자이리라"(고전 15:19)고 말했습니다. 우리는 단지 이 세상의 삶만을 바라보는 사람이 아닙니다. 우리는 우리를 위해 준비된 영원한 천국을 바라보는 사람들입니다. 영광스러운 천국, 영원한 생명의 거대한 강이 넘쳐흐르는 곳 말입니다.

사랑하는 고 ○○○ 성도님은 이미 그곳에 이르러 계신 줄 믿습니다. 저는 천국이야말로 그리스도인의 진정한 소망이라 생각합니다. 지금은 이렇게 고인과 아쉬운 이별을 하지만, 언젠가 아름답고 찬란한 천국에서 다시 만날 날을 기대하기에 우리에게는 빛나는 소망이 있습니다. 모쪼록 우리 모두 한 사람도 빠짐없이 생명수의 강이 흐르는 곳, 하나님과 어린 양의 보좌로부터 흘러나오는 생명수의 강가에서 다시 만나게 되기를 바랍니다.

믿음의 가정인 경우 3

예수 인도하셨네

_고전 15:9-10

미국의 존 피터슨(John W. Peterson)이 쓴 〈Jesus led me all the way〉라는 곡은 한국에서 〈예수 인도하셨네〉라는 찬양곡으로 번역되었습니다. 원곡의 가사는 이렇습니다. "내 인생의 여정이 끝나는 날 나는 저 멀리 강가에 도착할 것입니다/ 나는 찬양하며 천국으로 들어갈 것입니다/ 그리고 성도들과 천사들에게 말할 것입니다/ 예수님이 처음부터 끝까지 인도해 주셨다고 말입니다/ 만약 천국에서 하나님이 내 지나온 인생의 굽이굽이를 보게 해주신다면/ 그때는 더 확실해질 것입니다/ 예수님이 처음부터 끝까지 인도해 주셨다는 것이 말입니다"

우리 인생의 여정이 끝나는 날, 여러분은 천국 문 앞에서 어떤 고백을 하시겠습니까? 천국에 들어가서 먼저 온 성도, 천사들과 어떤 이야기를 나누시겠습니까? 앞서 읽어드린 찬양의 가사는 인생의 마지막 순간에, 성도가 어떤 고백을 하고 어떤 간증을 해야 하는지 알려줍니다. 성도의 삶은 예수님과 함께 시작하고 예수님과 함께 끝납니다. 그러므로 '예수님이 처음부터 끝까지 인도해 주셨다'는 가사는 모든 성도의 고백이 되어야 할 것입니다. 저는 오늘 성도들이 인생의 시작과 끝을 왜 예수님과 함께해야 하는지에 대해 몇 가지 말씀드리려고 합니다.

첫째, 예수님이 성도라는 신분을 우리에게 주셨기 때문입니다. '성도'(헬. 하기오스)는 '거룩한 자'라는 의미이며 그리스도인을 가리킵니다. 성도의 신분은 예수 그리스도를 구주로 믿고 고백하는 순간 주어집니다. 성도는 하나님의 자녀이며, 하나님의 통치 아래 살아가는 사람입니다. 그러므로 예수 안에서 성도가 되었다는 것은 하나님나라에서 귀한 존재가 되었음을 의미합니다. 그런데 한 가지 기억해야 할 것은, 자신이 성도가 될 만한 자격이 있어서가 아니라 오직 하나님의 은혜로 예수 그리스도 안에서 성도가 되었다는 사실입니다. 다시 말해, 성도라는 이름으로 살아가는 인생은 예수님 없이는 절대 시작될 수 없습니다.

둘째, 예수님은 성도에게 믿음으로 살아갈 힘을 주시는 분이기 때문입니다. 악한 세상에서 거룩한 성도로 살아가기는 쉽지 않습니다. 그러나 예수님은 성도에게 세상을 이길 힘을 주십니다. 예수님은 말씀하셨습니다. "이것을 너희에게 이르는 것은 너희로 내 안에서 평안을 누리게 하려 함이라 세상에서는 너희가 환난을 당하나 담대하라 내가 세상을 이기었노라"(요 16:33). 사도 바울도 말했습니다. "내게 능력 주시는 자 안에서 내가 모든 것을 할 수 있느니라"(빌 4:13). 예수 안에 있는 성도는 예수님이 이기셨듯 세상을 이깁니다. 세상을 이기신 예수님의 능력이 함께하기 때문입니다. 그러므로 성도가 세상에서 마주하는 어려움을 능히 이기고 끝까지 믿음을 지킬 수 있는 것은 다 예수님이 함께해 주신 덕분입니다.

셋째, 예수님은 성도를 천국으로 이끌어 가실 분이기 때문입니다. 예수님은 생전에 제자들에게 말씀하셨습니다. "내가 너희를 위하여 거처를 예비하러 가노니 가서 너희를 위하여 거처를 예비하면 내가 다시 와서 너희를 내게로 영접하여 나 있는 곳에 너희도 있게 하리라"(요 14:2-3). 예수님은 성도 된 우리를 천국에서 영접해 주겠다고 약속하셨습니다. 하나님의 아들이신 예수님이 한낱 인간에 불과한 나를 구원하시고 성도가 되게 하신 것도 감사한데, 천국까지 데리고 가겠고 약속해 주셨으니 얼마나 감사합니까? 이 땅에서 성도라는 이름에 걸맞은 삶을 살아낸 자들은 예수님의 영접을 받으며 천국에 들어갈 것입니다.

예수님은 성도 된 우리 인생의 시작과 끝을 함께하신 분입니다. 그러므로 인생의 여정을 마치는 순간 성도가 마땅히 해야 할 말은 '예수님이 처음부터 끝까지 인도해 주셨다'는 감격의 고백이어야 합니다.

고 ○○○ 성도님은 예수님과 함께 신앙의 여정을 시작하고, 함께 그 길을 걸었고, 예수님의 손에 이끌려 천국으로 들어가셨습니다. 그러나 고인의 육신은 아직 이 땅에 남았고, 오늘 가족과 친지들의 배웅을 받으며 장지(葬地)로 가게 될 것입니다. 유가족에게 오늘은 고인과 함께하는 마지막 시간이며, 슬픔과 안타까움의 시간일 것입니다. 그러나 이 땅에서 '성도'라는 자랑스러운 이름으로 살고 죽은 ○○○ 성도의 마지막 발걸음이 더 당당하고 자랑스러울 수 있도록 뜨거운 격려의 마음으로 동행해 주시기를 예수님의 이름으로 부탁드립니다.

불신자 가족이 있는 경우 1

여호와는 나의 목자시니

_시 23:1-6

오늘 우리가 함께 읽은 성경 말씀은 이스라엘의 왕 다윗이 지은 시입니다. 다윗 왕은 이미 수천 년 전에 죽었지만, 오늘날까지도 이스라엘 사람들은 성군(聖君) 혹은 이스라엘 역사에 존재하는 위대한 왕 중 한 명으로 기억합니다. 그 사실 하나만으로도 한 나라의 왕으로서 다윗이 얼마나 형통한 인생을 살았는지 충분히 짐작할 수 있습니다. 그런데 참 흥미로운 것은 성경에 기록된 다윗이야기를 자세히 살펴보면, 겉으로 드러난 형통함의 이면에 힘들고 고달픈 순간이 참 많았다는 것입니다. 그중 몇 가지만 말씀드리겠습니다.

첫째, 다윗은 8형제 중 막내로 태어났습니다. 다윗의 아버지는 형들보다 작고 아담한 체구의 다윗이 왕이 될 재목이라 생각하지 않았습니다. 그래서 왕을 선출하기 위해 자기 아들들이 초대받았을 때도 다윗을 제외한 7명만 참석시켰습니다. 그러나 하나님은 그때 밖에서 양을 치고 있던 다윗을 불러들였고, 기름 부어 왕으로 세우셨습니다. 그곳에 모인 사람

모두 다윗을 무시했지만, 하나님은 다윗의 편이 되어주셨습니다. 둘째, 블레셋의 용사 골리앗을 물리치고 전투를 승리로 이끌었지만, 당시 이스라엘 왕 사울의 질투심으로 다윗은 수년간 도망자 신세로 살아야 했습니다. 여러 차례 목숨의 위협을 받았고, 심지어 적군의 나라 블레셋으로 도망했을 때는 살아남기 위해 미친 사람 흉내를 내기까지 했습니다. 왕이 된 후 평안한 시기를 보내기는 했지만, 노년에는 아들 압살롬의 반란으로 왕궁에서 도망쳐야 했습니다. 또 압살롬은 아버지 다윗의 후궁을 대낮에 온 백성이 보는 앞에서 욕보였습니다. 결국 반란은 진압되고 압살롬은 비참한 죽음을 맞이합니다. 아버지로서 다윗의 마음이 얼마나 힘들고 비참했겠습니까?

험난한 인생의 굴곡을 겪었지만, 오늘 우리가 함께 읽은 말씀처럼 다윗은 자신의 삶에 부족함이 없었다고 고백합니다. "여호와는 나의 목자시니 내게 부족함이 없으리로다 … 내가 사망의 음침한 골짜기를 다닐지라도 해를 두려워하지 않을 것은 주께서 나와 함께 하심이라"(1, 4절). 다윗의 삶은 힘들고 고단했을 수 있지만, 그의 삶에 부족함은 없었습니다. 전능하신 창조주 하나님께서 다윗의 목자가 되셔서, 안전한 길로 인도하시고 늘 함께해 주셨기 때문입니다. 다시 말해, 다윗은 '목자 되신 하나님'과 함께하는 삶의 여정 가운데 참된 만족을 누린 것입니다.

인생의 굴곡을 경험하지 않은 사람은 없고, 늘 형통하기만 한 사람도 없습니다. 그러나 험난한 삶의 길 위에서 힘들어할 때마다 옆에서 든든히 힘이 되어주고 갈 길을 인도해 주는 '목자' 같은 존재가 있다면, 아무리 힘들고 어려워도 한번 살아볼 만하지 않겠습니까? 그리스도인들에게 하나님이 바로 그런 목자 같은 존재입니다. 그러므로 "여호와는 나의 목자시니 내게 부족함이 없으리로다"라는 다윗의 고백은, 이 땅의 모든 그리스도인의 고백이 될 수 있을 것입니다.

　감사한 것은, 다윗과 함께하신 바로 그 하나님께서 고 ○○○ 성도님의 목자가 되셔서 삶의 모든 순간에 함께해 주셨다는 것입니다. 그뿐 아니라 하나님께서 고 ○○○ 성도님을 천국의 푸른 들판과 쉴 만한 물가로 인도해 주셨을 것을 확신합니다. 저는 오늘 ○○○ 성도님을 떠나보내며 슬퍼하는 유가족에게 한 가지 위로의 말을 전해 드리려고 합니다. 고 ○○○ 성도님은 목자 되신 하나님과 평생을 함께하며 참된 만족과 안식을 누렸습니다. 또 ○○○ 성도님의 이 땅에서 삶의 여정은 죽음으로 끝나지만, 천국에서 영원한 삶은 다시 시작될 것이며, 그곳에서 목자 되신 하나님의 영광 아래서 영원한 만족과 안식을 누리게 될 것입니다.

　그러한 소망은 비단 ○○○ 성도님만의 것이 아니라 이 땅의 모든 기독교인의 소망이기에, 이 자리에 함께한 저와 교우들은 장차 ○○○ 성도님과 천국에서 기쁘게 재회할 그날을 기대할 수 있습니다. 자비로우신 하나님께서 오늘 이 자리에 함께한 유가족의 마음속에도 고 ○○○ 성도님이 품었던 천국의 소망을 허락해 주시길 간절히 기원합니다.

불신자 가족이 있는 경우 2

죽음에 대한 해답

_고후 5:1

이 시간은 삶과 죽음이 교차하는 시간입니다. '오늘은 내 인생의 마지막 날'이라는 말이 있습니다. 오늘은 다시는 돌아오지 않지요. 그러니 우리는 날마다 마지막을 살고 있는 존재라고 해도 과언은 아닙니다. 날마다 마지막을 살다가 때가 되면 이번에는 내 존재가 마지막을 맞는 것이 인생입니다. 그러니 날마다 마지막을 사는 것은 죽음의 연습이요, 죽음은 그만큼 우리에게 가깝습니다.

죽음을 연구하는 사람들이 있습니다. 그들에 따르면 죽음에는 네 가지 특성이 있다고 합니다. 불가피성, 평등성, 보편성 그리고 불가역성입니다. 죽음은 누구도 피할 수 없으며 평등합니다. 또 인류 모두에게 일어나며 한 번 죽으면 돌이킬 수 없습니다. 그러나 성경은 죽음을 끝이라고 말하지 않습니다. 죽음 후의 삶을 말합니다.

오늘 본문의 내용이 그것입니다. 그래서 기독교는 죽음에 진정한 해답을 전하는 종교입니다. 기독교는 죽은 후 부활을 말합니다. 이것은 사실 유일한 것입니다. 고대 종교 사상 가운데 육신의 부활까지 언급한 종교는 없습니다. 기독교가 유일합니다. 죽은 사람의 부활에 대한 기대는 구약성경에 나타나 있고, 신약에 와서는 예수님이 친히 부활하셨습니다. 부활에 대한 기대는 기독교 발생 이전에는 어떤 종교에서도 찾아볼 수 없다고 학자들은 말합니다. 부활신앙은 성경에만 기록된 것입니다. 이것이 이슬람교로 확대되고 고대 근동의 신화로 확대된 것입니다. '예수는 신화'라는 주장이 있습니다. 예수님이야기가 신화 속 이야기를 모방했다는 것입니다. 그런데 연구해 보니 오히려 그 반대입니다. 부활신앙이 고대 근동 신화에 영향을 준 것입니다.

인생에는 참으로 변수가 많습니다. 그래서 인생을 가리키는 'life'에 'if'라는 가능성과 변수를 가리키는 말이 들어 있다고 혹자는 말합니다. 죽음도 변수가 많게 찾아옵니다. 에베레스트에서 기적 생환한 미국 여자 산악인 샬럿 폭스는 당시 61세로 10명 중 8명이 숨지는 등반에서 살아남았습니다. 8천 미터 고산을 세 개 이상 등정한 베테랑 여자 산악인입니다. 그랬던 그녀는 몇 년 후 집안 계단에서 떨어져 사망했습니다. 죽음은 이처럼 갑작스럽고 허망하게 찾아옵니다. 우리는 언제 어떻게 죽을지 아무도 모릅니다. 그러나 중요한 것은 반드시 죽는다는 것입니다. 죽음과 삶은 서로 연결되어 있기에 죽음을 예비할 수 있습니다.

먼저 죽음은 삶을 결정합니다. 어떤 목사님이 알고 있는 집사님 한 분이 몸에 이상을 느껴 병원에서 검사를 받았습니다. 병실에 누워 있는데 밖에서 가족의 대화가 들렸답니다. 암인데 몇 달 못산다는…. 놀랐지만 신앙인이기에 담담하게 받아들이고 그때부터 삶을 정리했습니다. 못 만났던 사람을 만나고, 해결할 문제를 해결했습니다. 용서를 구할 사람에게 용서를 구하고, 심지어는 전 재산을 털어 불우한 이웃에게 나눠주고 유서까지 작성했습니다. 그런데 암 선고를 받고 6개월이 지나도 멀쩡하더라는 것입니다. 너무 이상해 다른 큰 병원에 가서 다시 검사했더니 오진이었던 것입니다. 얼마나 당황스러웠을까요? 주변 사람들은 오진인 줄도 모르고 전 재산을 써버린 것을 안타까워하며 집사님의 심정을 물었다고 합니다. 그런데 집사님은 이렇게 고백했답니다. "6개월 간의 시한부 인생이 제 삶에서 가장 진지하고 보람 있게 산 시간이었습니다." 이처럼 죽음은 인간의 삶을 결정합니다. 그래서 중요합니다.

그 반대도 성립합니다. 삶은 죽음을 결정합니다. 제대로 살아야 제대로 죽을 수 있습니다. 아툴 가완디(Atul Gawande)가 쓴 『어떻게 죽을 것인가』라는 책이 있습니다. 외과의사인 저자가 환자들을 만나며 의미 있는 마지막 순간에 대한 생각을 담은 책입니다. 제대로 죽음을 준비하자는 취지의 책입니다. 이 책에 보면 독립, 무너짐, 의존, 도움, 더 나은 삶, 내려놓기, 용기 등으로 죽음에 이르는 과정을 정리했습니다. 죽음은 갑자기 찾아오는 경우도 있지만 대부분 서서히 찾아옵니다. 독립적인 삶이 불가능해지고, 삶에 대한 주도권을 잃어버리고, 도움이 필요한 시기가 오는데, 그때조차도 가치 있는 삶을 살고 마지막을 받아들여야 할 용기가 필요하다고 합니다.

그러나 이 모든 것은 결국 부분적인 준비에 불과합니다. 근본적인 죽음의 준비는 아닙니다. 죽음을 가장 제대로 준비하는 것은 죽음 너머에 대한 유일한 가르침과 본을 보여주신 예수 그리스도를 받아들이는 것입니다. 이것만이 참 죽음을 준비하는 유일한 해결책입니다. 앞에서 말한 다른 것들은 보조적인 생각일 뿐입니다. 예수 그리스도를 받아들이고 믿는 것이 제대로 죽음을 준비하는 것입니다. 죽음은 삶을 결정하고 삶은 죽음을 결정합니다. 죽음이 있음을 알면 오늘을 겸손히 살아야 합니다. 가장 겸손한 삶은 우리를 지으신 주님을 받아들이고 말씀에 순종하는 것입니다. 그럴 때 우리는 가장 온전한 죽음을 준비할 수 있습니다.

불신자 가족이 있는 경우 3

그리스도 안에서 자는 자가 되어

_살전 4:13-14

먼저 이 자리에 계신 모든 분에게 예수 그리스도의 은혜와 평강이 풍성하시기를 바랍니다. 주님께서 성령으로 친히 이 자리에 찾아오셔서 영광받으시고, 주님의 백성을 위로하시는 깊은 은혜 베풀어주시기를 바라고 소원합니다.

오늘 본문은 그리스도인들이 가지고 있는 장래의 소망에 대해 사도 바울이 말하는 내용입니다. 우리 모두 예수님이 이 땅에 다시 오시는 그날을 진심으로 사모하며 살아가는 사람들이지만, 그 전에 먼저 세상을 떠나게 된 성도들에 대해 알아둘 내용을 말합니다.

먼저 13절을 보면 "형제들아 자는 자들에 관하여는"으로 말씀을 시작합니다. 이것은 믿는 사람들이 죽음을 어떻게 생각해야 하는지 가르쳐줍니다. 성경은 죽음을 잠시 잠드는 것이라 말합니다. 인간에게 잠은 어떤 것입니까? 잠시 쉬는 것입니다. 영원히 자는 것이 아닙니다. 잠시 눈을 감고 쉰 후에 다시 일어납니다. 우리 그리스도인들에게 죽음이 그런 것입니다. 육신의 죽음은 영원한 것이 아니고 잠깐 잠드는 것이요, 예수님이 이 땅에 오시는 날 다시 일어나는 것입니다.

14절을 보십시오. "우리가 예수께서 죽으셨다가 다시 살아나심을 믿을진대 이와 같이 예수 안에서 자는 자들도 하나님이 그와 함께 데리고 오시리라." 즉, 하나님께서 2천 년 전 예수님을 죽음에서 다시 일으키신 것처럼, 언젠가 백성 된 사람들도 육신을 다시 일으켜 세우시고, 하늘로부터 그 영혼을 데리고 오신다는 말씀입니다.

그러나 이 귀한 약속이 모든 인간에게 해당되는 것은 아닙니다. 오직 믿는 자들, 즉 예수 그리스도를 마음에 영접하고 성령을 받아 예수님과 하나가 된 사람들에게만 주어지는 약속입니다. 오늘 이 말씀은 그 신앙의 대열에 동참한 모든 이에게 동일한 약속을 주시어, 남아 있는 사람들로 하여금 지나치게 슬퍼하지 않게 하신다는 내용의 말씀입니다. "소망 없는 다른 이와 같이 슬퍼하지 않게 하려 함이라."

만약 우리에게 부활에 대한 소망, 인간이 다시 사는 것에 대한 소망이 없다면, 죽음은 매우 슬픈 것으로 끝나고 맙니다. 사랑하는 사람을 다시 볼 수 없는 영원한 이별로 끝나는 것이니 말입니다. 그러나 그리스도인들에게는 부활에 대한 소망, 하나님께서 그 백성들을 다시 데리고 오시는 데 대한 소망이 있기에, 우리는 소망 없는 이들같이 슬퍼하지 않습니다.

고인이 되신 ○○○ 성도님도 이런 부활에 대한 영광스러운 소망 가운데 있는 분입니다. 그 영혼은 천국에 들어가 있으며, 언젠가 그 육신마저 '그리스도 안에서 자는 자'로서 그리스도 안에서 다시 일어나게 될 것입니다. 우리가 ○○○ 성도님을 다시 만나는 길은 한 가지뿐입니다. 같은 영광스러운 부활의 소망을 가지고 사는 것, 그래서 하나님이 ○○○ 성도님을 데리고 오실 때 다시 만나는 방법 외에 다른 길은 없습니다. 고인께서는 이러한 소망을 가지고 '그리스도 안에서 자는 자'의 대열에 들어가신 것이라 생각합니다.

우리 모두 고인같이 참으로 '그리스도 안에서 자는 자'가 될 때, 사도 바울의 말처럼 하나님께서 우리의 영혼을 데리고 이 땅에 다시 오시는 그날 복되고 아름다운 모습, 영원한 생명으로 충만한 모습으로 육신까지 일어나 다시 만나게 될 줄 믿습니다. 모쪼록 여기 계신 분 모두 그리스도 안에서 자는 자가 되어, 그 복된 다시 만남의 복을 누리시기 바랍니다.

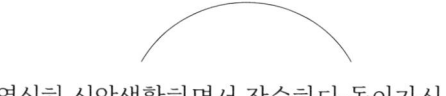

열심히 신앙생활하면서 장수하다 돌아가신 경우

면류관을 바라보는 경주자

_딤후 4:6-8

우리는 지금 사랑하는 분을 천국으로 환송하는 자리에 모였습니다. 이 자리에 주님께서 친히 찾아와주시고 거룩한 천국의 기쁨과 환희를, 유가족에게는 평안과 위로를 주시기 바랍니다.

오늘 본문은 노년에 이른 사도 바울의 고백이라 볼 수 있습니다. 모든 사역을 마치고 자기의 삶이 얼마나 남지 않았음을 직감한 바울이, 자기 생애를 돌아보는 회고의 말을 디모데에게 전합니다. 6절에서 "전제와 같이 내가 벌써 부어지고"라고 말합니다. 여기서 '전제'는 액체를 부어드리는 제사를 의미하는데, 마치 자기의 삶이 전제와 같이 남김없이 부어졌음을 의미합니다. 사람의 삶은 어쩌면 모두 부어지는 삶이라 할 수 있습니다. 원하든 원하지 않든 자기의 시간과 물질과 생명을 어딘가 쏟아부으며 살 수밖에 없기 때문입니다. 어떤 사람은 부를 위해, 어떤 사람은 명예를 위해, 또 어떤 사람은 자아성취를 위해 모든 것을 쏟아부으며 살아갑니다. 그러나 그리스도인들은 다릅니다. 우리의 주인 되시는 예수 그리스도께 우리의 삶을 전부 부어드리는 사람들이기 때문입니다. 만약 어딘가에 쏟아붓는 것이 우리의 삶이라면, 영원히 살아계시는 분, 우리와 천국에서 영원히 함께하실 분을 위해 쏟아붓는 것이 지극히 합당하고 영광스러운 일입니다.

일평생 주님을 사랑하고 주님을 섬기는 데 온 정성을 다한 분들이 하시는 말씀이 있습니다. 바로 그렇게 살아온 것 자체가 자기에게 영광이었다는 것입니다. 본인이 그렇게 살 수 있었던 것 자체가 어떤 고생이나 힘든 일이 아니었고 도리어 영광이었으며, 그런 영적인 기쁨 가운데서 힘을 얻었노라 간증하는 것입니다. 이것은 2천 년 기독교 역사에서 검증된 삶의 과정입니다. 그렇게 살아온 사람이라면 한결같이 그런 종류의 간증을 하기 때문입니다. 저는 고인이 되신 ○○○ 성도님도 같은 종류의 삶을 사신 분이라 생각합니다. 주님을 사랑하고, 주님과 동행하는 일에 힘쓰고, 주님을 섬기며 사셨으니 말입니다.

사도 바울은 그런 일생을 산 자신을 위해 준비된 것이 있다고 말합니다. 8절은 "이제 후로는 나를 위하여 의의 면류관이 예비되었으므로 … 그날에 내게 주실 것이며 내게만 아니라 주의 나타나심을 사모하는 모든 자에게도니라"고 말합니다. 이제는 자기를 위한 의의 면류관이 보인다는 것입니다. 마라톤 경주자에게 저 멀리 자기가 받을 승리의 면류관이 보일 때 얼마나 기쁠까요. 숨이 가쁘고 다리가 터질 것처럼 고통스러워도, 그 면류관을 바라보는 순간은 환희로 가득할 것입니다. 그 같은 환희가 지금 이 고백을 하는 사도 바울에게도 가득했던 것입니다. 우리는 모두 하나님나라의 경주자입니다. 모두 천국에서 승리의 면류관을 받기 위해 달려가는 경주자 같은 사람입니다. 그래서 자기 삶 전부를 주님을 따르는 일에 쏟아붓는 것입니다. 그리고 하늘에서 받게 될 그 영광스러운 면류관을 기대하며 기쁨으로 살아가는 것입니다.

주님을 따르는 일, 주님을 사랑하고 주님과 동행하며 주님을 섬기는 일은 우리에게 고된 것이 아닙니다. 온갖 고초를 다 겪은 사도 바울이지만, 그가 자기 인생에 대해 푸념하는 장면이 있습니까? 겉으로 볼 때는 고생스러웠지만, 정작 그 길을 걸어간 사람은 마음속에 넘치는 영적 기쁨과 소망이 있습니다. 오늘 이 고백도 마찬가지입니다. 저는 이 부분이 사도 바울이 남긴 글 가운데 가장 빛나는 고백 중 하나가 아닌가 싶습니다. 이제 모든 것을 다 마치고 마지막 결승점을 향해 달려가고 있다는 이 노(老) 사도의 고백 말입니다.

사랑하는 고 ○○○ 성도님은 충분히 이런 고백을 하실 수 있는 분이었다고 생각합니다. 이제는 승리자에게 씌워주는 의의 면류관을 쓰고 영광 가운데서 기뻐하고 계실 것입니다. 우리도 자기 삶의 경주를 마치고 천국에 들어갈 텐데, 사도 바울처럼 그리고 우리 ○○○ 성도님처럼 의의 면류관을 머리에 쓰고 승리의 영광을 얻게 되기를 바랍니다.

믿음 좋은 젊은 성도가 소천한 경우

주신 이도 여호와, 거두신 이도 여호와

_욥 1:21

우리가 살면서 마주하는 가족과 친지의 죽음은 언제나 슬프고 안타깝지만, 고 ○○○ 성도님의 죽음 앞에서 그 슬픔과 안타까움이 더욱 크게 느껴지는 이유는, 우리 마음속에 있는 하나님을 향한 한 가지 질문 때문일 것입니다. "하나님, 이렇게 신앙이 좋고 앞날이 창창한 성도를 좀 더 세상에 두시지 왜 이리도 서둘러 생명을 거두어가십니까?"

"하나님, 왜(why)?"라는 질문은 인간의 상식과 이해를 넘어선 사건을 겪을 때 우리가 종종 하나님께 하는 질문입니다. 기독교 역사 속에서 수많은 믿음의 선배와 신학자들도 던진 질문이지만, 지금까지 누구도 하나님이 왜 종종 인간이 이해할 수 없는 방식으로 일하시는지 명확하게 설명하지 못했습니다. 하나님께서 직접 그 이유를 설명해 주시지 않는 한, 앞으로도 우리는 그 이유를 밝혀낼 수 없을 것입니다. 피조물인 인간은 창조주 하나님께서 보여주시는 만큼만 볼 수 있고, 알려주시는 만큼만 알 수 있는 존재이기 때문입니다. 이에 관해 성경은 말합니다. "이는 하늘이 땅보다 높음 같이 내 길은 너희의 길보다 높으며 내 생각은 너희의 생각보다 높음이니라"(사 55:9).

오늘 우리가 함께 읽은 성경 말씀은 욥의 고백입니다. 욥은 "온전하고 정직하여 하나님을 경외하며 악에서 떠난 자"였습니다(욥 1:1). 그런데 하루아침에 자신의 모든 재산과 자녀를 잃었습니다. 욥의 심정이 얼마나 참담하고 슬펐을까요? 그는 비통한 마음으로 겉옷을 찢고 머리털을 밀고 땅에 엎드립니다. 그리고 하나님께 고백합니다. "주신 이도 여호와시요 거두신 이도 여호와시오니 여호와의 이름이 찬송을 받으실지니이다"(욥 1:21). 욥의 고백은 하나님의 뜻 앞에서 할 수 있는 것이 아무것도 없는 인간 존재의 한계를 보여줌과 동시에, 인간인 우리가 하나님 앞에서 어떤 모습으로 살아야 하는지를 알려줍니다. 인간의 생사화복(生死禍福)은 하나님의 주권 아래 있습니다. 하나님의 주권을 인정하고 받아들이는 것이 ○○○ 성도님의 죽음 앞에서 우리가 가져야 할 근본이 되는 믿음이요 신앙일 것입니다.

젊은 나이에 하나님의 부르심을 받고 먼저 천국에 입성한 ○○○ 성도님을 향한 아쉬움과 안타까움이 못내 남습니다. 그러나 "주신 이도 여호와시요 거두신 이도 여호와시오니"라는 욥의 고백을 기억하고, ○○○ 성도님의 삶은 물론이고 그의 죽음에도 하나님의 뜻과 섭리가 있음을 믿고 받아들이시기를 예수님의 이름으로 권면합니다.

그렇다면 가족으로서, 친구로서, 교우로서 고 ○○○ 성도님의 죽음을 대하는 우리가 할 수 있는 것은 무엇일까요? 그것은 바로 ○○○ 성도님의 신앙, 그와 함께했던 좋은 추억, 그가 남긴 삶의 자취가 우리 마음속에 던져주는 의미가 무엇인지 되새기고 기억하는 것입니다. 그 과정을 통해 비록 이 땅에서 남들보다 길지 않은 삶을 살았어도, 고 ○○○ 성도님이 생전에 남긴 신앙의 유산은 그를 기억하는 사람들에게 오래도록 기억될 것입니다.

여기 모인 우리가 모두 잘 알고 있듯이 고 ○○○ 성도님은 참 '신앙 좋은 성도'였습니다. 하나님나라를 위한 그의 열정과 헌신을 떠올리는 것만으로도 신앙의 도전이 되고, 그가 생전에 보여준 따뜻한 언행은 아직도 우리의 마음을 훈훈하게 합니다. 저는 하나님께서 고 ○○○ 성도님의 수고와 착한 행실을 모두 기억하시고 천국에서 그를 환대하시며 이렇게 말씀하실 거라 확신합니다. "잘하였도다 착하고 충성된 종아 네가 적은 일에 충성하였으매 내가 많은 것을 네게 맡기리니 네 주인의 즐거움에 참여할지어다"(마 25:21). 할렐루야!

고 ○○○ 성도님의 발인예배에 함께하는 유가족과 성도님들의 마음에 하나님의 위로하심이 함께하기를 간절히 소망합니다.

젊은 성도가 투병하다 소천한 경우

여기와 거기

_막 16:1-8

부활은 기독교 신앙의 절정입니다. 하나님의 아들인 예수님은 이 땅에 오셔서 우리를 위해 십자가에서 죽으시고 부활하여, 자신의 모든 말과 행동이 사실임을 입증하셨습니다. 부활은 기독교 신앙을 있게 만든 핵심입니다. 오늘 우리는 안타까운 성도의 죽음 앞에 있습니다. 그러나 본문 말씀을 통해 부활의 소망으로 죽음을 극복하는 시간이 되시기를 바랍니다.

첫째, 천사는 주님이 "여기" 계시지 않다고 말합니다(6절). 안식 후 첫날 여자들이 예수님의 시신에 향품을 바르러 갔습니다. 무덤 문을 막고 있는 엄청난 돌을 어떻게 굴릴지 염려하면서 갔는데, 돌은 이미 치워져 있고 그곳에서 천사를 만납니다. 천사가 그들에게 예수님이 살아나셨고 여기 계시지 않다고 말하는 내용입니다.

본문이 말하는 "여기"는 무덤입니다. 그러나 단지 장소만을 의미한다고 생각하지 않습니다. 모든 것을 함축하는 말입니다. 죽음과 무덤이 주는 슬픔과 비통과 절망을 상징합니다. 주님이 죽으셨고 제자들은 실의에 빠졌습니다. 갈 길을 잃고 절망에 빠졌습니다. 주께서 살아계실 때 여러 차례 죽음과 부활을 말씀하셨지만, 제자들 중 그것을 기대하는 사람은 없었습니다. 그들은 주님이 죽으시자 혼돈과 절망에 빠져 흩어졌습니다.

주님은 바로 더는 그런 곳에 계시지 않는다는 의미입니다. 인간적인 절망의 장소에 계시지 않습니다. 죽음이 원인이 되는 절망의 자리에 계시지 않습니다. 그것을 보여주는 것이 주님의 부활입니다. 천사는 그 증거로 시체가 놓여 있던 곳을 보라고 합니다. 이제 주님은 시체가 아니라는 말입니다. 주님의 부활로 제자들은 더는 절망의 자리에 머무를 필요가 없어졌습니다.

인생의 가장 슬픈 시간인 죽음과 절망의 자리에 주님은 계시지 않습니다. 살아나셨고 동일한 믿음을 갖는 모든 성도의 첫 열매가 되셨습니다. 주님의 부활은 이처럼 성도들에게 소망과 희망을 줍니다. 주님은 인류의 참 소망이십니다. 주님의 부활은 인류에게 가장 큰 희망의 선물인 것입니다. 우리는 이제 그 어떤 절망의 자리도 두려워 할 필요가 없습니다. 죽음의 자리라도 말입니다. 주님이 그곳을 극복하셨기 때문입니다.

주님의 무덤은 열려 있었습니다. 주님이 나가시려고 열어 놓은 것이 아닙니다. 주님은 무덤 문이 닫힌 채로도 나가실 수 있기 때문입니다(참고. 요 20:19, 26). 여자들과 제자들이 무덤 안으로 들어갈 수 있게 열어 놓으신 것입니다. 들어가서 절망의 자리가 더는 절망의 자리가 아님을 확인하라는 것입니다.

부활은 절망의 자리가 희망의 자리로 바뀐 사건입니다. 주님은 빈 무덤을 통해 이것을 말씀하셨습니다. 안타깝게도 젊은 성도가 돌아가셨습니다. 그러나 고인은 절망과 죽음의 공포에 거하지 않습니다. 지금 주님과 함께계십니다.

둘째, 천사는 주님을 "거기"서 뵈올 것이라고 말합니다(7절). 주님은 부활하여 제자들보다 먼저 갈릴리로 가 그곳에서 제자들을 모으겠다고 말씀하셨습니다(막 14:28). "거기" 곧 갈릴리에서 볼 거라는 것은 주님의 약속이었습니다. 앞서 살펴본 "여기"가 현실이라면 "거기"는 약속의 장소입니다. 약속한 시점은 죽음 이전이고, 약속의 내용은 죽음 이후에 대한 약속입니다. 그 약속을 이제 그대로 이루십니다. 이것을 우리는 영적으로 해석해야 합니다. 우리도 때가 되면 그분을 뵐 것입니다. 주님이 약속하신 장소 바로 천국에서 말입니다.

요한계시록 1장 7절에 "볼지어다 그가 구름을 타고 오시리라 각 사람의 눈이 그를 보겠고 그를 찌른 자들도 볼 것이요 땅에 있는 모든 족속이 그로 말미암아 애곡하리니 그러하리라 아멘"이라고 기록되어 있습니다. 죽음을 통한 개인적 종말이든 주님을 통한 우주적 종말이든, 누구도 주님을 피해갈 수 없다는 말입니다. 모든 인류가 주님을 보게 될 것입니다.

누가 죽음 이후의 약속을 지킬 수 있겠습니까? 아무리 대단한 사람도 죽으면 그만입니다. 오직 주님만이 우리가 죽어도 따라야 하는 분입니다. 주님의 약속만이 우리가 믿고 따를 유일한 약속입니다. 죽으면 끝나는 사람들의 말은 중요하지 않습니다.

살펴본 대로 거기는 약속의 장소입니다. 갈릴리는 단지 장소만을 의미하지 않고 주님이 부활하신 후의 약속 장소라는 영적 의미를 갖고 있습니다. 제자들이 주님을 부활 후 약속의 장소에서 만났다면, 우리도 천국에서 주님을 만나게 될 것입니다. 주님이 약속하신 곳에서 만날 것입니다.

주님의 약속은 이루어집니다. 그러니 주님의 약속이 있는 곳에 우리 마음과 신앙도 있어야 합니다. 성도가 세상 사람과 가장 다른 점이 무엇입니까? 내세에 대한 소망입니다. 이 세상의 시간은 그리 길지 않습니다. 젊음도 인생도 길지 않습니다. 이 땅의 일이 우리 관심사의 전부가 되어서는 안 됩니다. "거기"가 기다립니다. "거기"서 주님을 만날 것을 생각하며 살아가는 것이 신앙입니다. 오늘 헤어지는 성도님을 반드시 "거기"서 다시 보게 될 줄로 믿습니다.

오랫동안 투병하다 돌아가신 경우

눈물과 아픔이 사라지는 곳에서

_계 21:3-4

오늘 이 자리에 주 예수님이 성령으로 찾아오셔서, 여기 모인 모든 분의 마음을 위로하시고, 은혜와 평강 주시기를 간절히 바랍니다.

오늘 본문은 사도 요한이 세상의 종말에 어떤 일이 벌어지는지를 확인하는 데 있어서 그 마지막에 해당하는 장면입니다. 드디어 새 하늘과 새 땅이 나타나고, 거룩한 새예루살렘 성이 하늘에서 내려오는 것을 보게 되는 장면이지요. 그런데 그 순간 보좌에서 큰 음성이 들렸다고 합니다. 3절에 "보좌에서 큰 음성이 나서 이르되 보라 하나님의 장막이 사람과 함께 있으매 하나님이 그들과 함께 계시리니." 하나님이 인간과 함께 계시는 것, 따로 저 높은 하늘에 계신 것이 아니라 인간들이 거하는 곳에 친히 내려오셔서 함께 거하시는 것, 여기서 우리와 함께 살아주시는 것, 그것이 우리가 최종적으로 경험하게 되는 천국의 복된 모습이라는 말입니다.

그리고 그로 인해 놀라운 복이 주어지는데, 4절에 나와 있습니다. "모든 눈물을 그 눈에서 닦아 주시니." 사람이 살아가면서 눈물 한 방울 흘리지 않을 수 있을까요? 아무리 화려한 인생을 산 사람이라도 살면서 눈물 한 번 흘려보지 않은 사람은 없을 것입니다. 사람으로 태어나 눈물 흘리면서 사는 것은 지극히 자연스러운 현상입니다. 그러나 장차 우리가 들어갈 천국에는 없는 것이 있는데 바로 눈물입니다. 이것은 우리가 경험하게 될 천국이 이 세상과는 전혀 다른 곳임을 보여주는 것입니다. 비록 지금 이 땅에서는 눈물을 흘리지 않을 수 없는 삶을 살지만, 장차 들어가게 될 그 거룩한 곳에서는 우리의 아프고 슬픈 눈물이 다 사라진다는 것입니다.

그런데 눈물이 사라지는 이유가 무엇입니까? 하나님께서 '닦아주시기' 때문입니다. "그 눈에서 닦아주시니." 아, 얼마나 다정한 말씀입니까? 얼마나 살가운 표현입니까? 마치 사랑 많은 부모가 울고 있는 어린 자녀에게 다가와 눈물을 닦아주듯, 우리 하나님이 이 땅에서 많은 눈물을 흘리며 살아온 우리에게 다가와 눈물을 닦아주신답니다.

또 하나 복된 표현이 나오는데 "아픈 것이 다시 있지 아니하리니"라는 표현입니다. 사람의 몸에 더는 아픔이 있지 않을 것이라고 말씀하십니다. 사람이 병으로 고생할 때 그 고통이 얼마나 극심합니까? 그 고통으로 삶을 저주하고, 차라리 이 땅을 빨리 떠나고 싶어하는 경우가 또 얼마나 많습니까? 사람이 질병으로 고생하는 것도 이 세상살이의 큰 비극 중 하나일 것입니다.

그런데 감사하게도 장차 들어갈 천국에는 아픈 것이 없다고 합니다. 육신이 아파서 고생하고, 고통에 눈물 흘리고 괴로워하는 일이 없다는 것입니다. 얼마나 자유롭고 행복할까요? 육신을 괴롭히던 통증이 떠나갔다는 사실 하나만으로도 말입니다.

고인이 되신 우리 ○○○ 성도님도 살아생전에 병으로 많이 고생하셨지만, 이제는 고통에서 놓여 하나님 안에서 완전한 자유와 평안을 누리실 줄 믿습니다. 천국은 이렇게 복된 곳입니다. 그래서 우리 그리스도인들은 천국에 빨리 들어가고 싶어하는 사람들이라고도 할 수 있습니다. 그곳이 복된 곳임을 알기 때문입니다. 천국에 대한 소망은 죽음이 임박한 분들에게만 은혜가 되는 게 아닙니다. 이 땅에서 비극적인 일을 실제로 부딪히며 살아가는 모든 이에게 지극히 복된 말씀입니다.

저는 그리스도인을 위한 천국이 마련되어 있다는 사실이 얼마나 감사한지 모릅니다. 그리고 그곳에 들어가기에는 매우 부족하지만, 예수님의 무한하신 은혜로 우리가 그곳에 들어갈 수 있게 되었으니 얼마나 감사한 일인가요. 오늘 말씀에서 보듯 천국은 고통에서 자유합니다. 자기의 몸을 괴롭히고 마음을 괴롭히던 모든 것에서 풀려나 영원하신 하나님과 행복하게 살아가는 것이 바로 천국의 삶이기 때문입니다. 사랑하는 ○○○ 성도님이 이미 그곳에 이르러 계실 텐데, 지금 이 자리에 모여 있는 우리도 예수님 안에서 같은 종류의 그 위대한 복을 누리게 될 줄로 믿습니다.

믿음 있는 유족인 경우

부활의 기쁨

_요 16:20-24

부활은 기쁨을 의미합니다. 본문에도 주님께서 제자들에게 그들이 애통하겠으나 근심이 기쁨이 될 것이라고 말씀하셨습니다. 죽음은 모든 이를 슬프게 합니다. 그러나 부활은 소망을 줍니다. 기쁨을 가져다줍니다. 주님의 부활로 제자들의 기쁨이 충만하게 될 것이라 말씀하셨습니다(24절). 지금 우리는 사랑하는 성도의 발인예배를 드리고 있습니다. 믿음의 가정의 장례를 치르고 있습니다. 그러나 죽음은 슬픔이 아니라 기쁨이 되어야 합니다. 예수님이 본문에 언급하신 기쁨이 무엇인지 나누어보겠습니다.

첫째, 진리를 아는 사람이 갖는 기쁨입니다. 진정한 기쁨은 단순히 즐거운 상태가 지속되는 것을 의미하지 않습니다. 인간이 진정한 기쁨을 누리는 순간은 불확실함이 제거되고 안전함을 느낄 때입니다. 변하지 않는 진리가 무엇인지 깨닫는 순간입니다. 그러므로 진정한 진리이신 예수 그리스도에 대해 이해하는 순간, 인생은 불확실함이 제거되고 진정한 기쁨을 누리게 됩니다.

　주님은 죽으심과 부활이 가져올 결과를 말씀하십니다(20절). 주님의 죽음을 기뻐하던 세상은 슬퍼하게 되고, 슬퍼하던 제자들은 기쁨이 넘칠 것이라고 하십니다. 이번에는 출산의 과정에 비유하여, 여인이 출산의 고통을 두려워하고 근심하지만, 아이를 낳으면 사람 난 기쁨으로 그 고통을 다시 기억하지 않는다고 말씀하십니다(21절). 부활은 사람 난 기쁨에 죽음은 출산의 고통에 비유하십니다. 출산의 고통(십자가의 죽음)은 아이의 탄생(부활)으로 잊게 될 거라 말씀하십니다. 제자들이 부활한 주님을 보면 기뻐할 것입니다(22절).

　제자들에게 진정한 기쁨은 주님의 부활이 가져다주는 기쁨입니다. 인간에게 죽음이 끝인 줄 알았는데, 부활이 있음을 목격하고 깨달은 후 갖는 진정한 기쁨입니다. 전혀 예상치 못한 사실을 깨닫게 되고 부활의 진리를 알게 되었을 때, 진정한 기쁨이 제자들에게 있었습니다. 인생의 불확실함이 제거되고 참 진리를 아는 기쁨입니다.

　이것이 우리가 부활절에 느끼는 진정한 기쁨입니다. 인간의 슬픔과 기쁨은 주님의 죽으심과 부활을 아는지의 여부로 나뉩니다. 부활의 진리를 아는 자는 기쁨을 누리고 모르는 자에게는 슬픔뿐입니다. 주님을 알지 못하면 다른 많은 것이 있어도 인생의 근본적인 기쁨을 맛볼 수 없습니다. 인생의 근본적인 죽음과 허무의 문제가 해결되지 않았기 때문입니다.

　진정한 기쁨은 이처럼 진리를 아는 순간 생깁니다. 이것이 제자들이 가졌던 기쁨이요 우리가 가진 기쁨입니다. 성경이 그토록 항상 기뻐하라고 하는 이유가 무엇일까요? 우리는 세상이 모르는 진정한 진리를 알고 있기 때문입니다. 아직도 어떤 이유 때문에 기뻐하지 못하고 있다면 진리를 깨달은 진정한 성도인지 생각해 보아야 합니다.

여러분에게는 이런 기쁨이 있습니까? 진리를 알기에 죽음까지도 넘어선 기쁨이 있습니까? 우리는 진리를 압니다. 인생의 의미를 압니다. 그래서 어떤 상황에도 마음속에 기쁨과 평안이 있습니다. 그리스도인들은 이런 기쁨을 소유한 사람들입니다.

둘째, 빼앗을 수 없는 기쁨입니다. 진정한 기쁨은 어떤 경우에도 빼앗기지 않는 특징이 있습니다(22절). 이런 기쁨은 세상이 빼앗아 갈 수 없습니다. 배가 고파도 몸이 아파도 돈이 없어도 빼앗기지 않는 기쁨입니다. 부활을 경험한 예수님의 제자들은 이런 기쁨을 누렸습니다.

사도행전에 보면, 제자들이 예수님을 죽인 종교지도자들에게 협박받을 때 주님을 위해 능욕받는 일에 쓰임을 기뻐하면서, 자신들을 위협하는 공회 앞을 떠났다고 기록합니다(행 5:41). 제자들의 기쁨은 세상의 기쁨과 차원이 다릅니다. 외부의 핍박이 있는데도 기뻐합니다. 부활로 말미암는 구원의 감격과 기쁨을 체험한 성도는 세상을 이깁니다.

이런 기쁨을 소유한 사람은 세상 앞에 비굴하거나 열등감을 갖지 않습니다. 언제나 당당합니다. 가장 훌륭한 것을 지닌 사람이 조금 덜한 것을 못 가졌다고 초라해하지 않는 이유와 같습니다. 지식이 없어도 명예가 없어도 주님을 소유한 사람은 당당합니다. 주님이 가장 값진 분이기 때문입니다. 그분이 주신 가장 값진 부활과 구원을 받았기 때문입니다.

그러나 사탄은 할 수 있는 모든 방법을 동원해 이런 기쁨을 빼앗아가려 합니다. 욥의 경우도 그랬습니다. 사탄은 하나님이 그에게 주신 것이 모두 없어지면 하나님을 섬기지 않을 거라 말했습니다. 사탄은 세상의 것을 이용해 성도를 눈멀게 하고 참 기쁨을 빼앗으려 합니다.

성도는 그 어떤 것도 빼앗기지 않고 어떤 상황에서도 변치 않는 믿음이 있는 사람입니다. 마치 밭에서 보화를 발견한 사람이 자신의 소유를 다 팔아 그 밭을 사는 것과 같습니다. 가장 값진 것을 만나고 경험한 사람은 그것보다 못한 것에 마음이 현혹되지 않습니다. 여러분에게 이런 기쁨이 있으십니까? 이런 기쁨이 있는 사람은 오늘 같은 죽음의 시간에 부활의 기쁨을 누립니다.

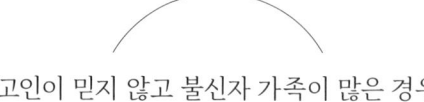

고인이 믿지 않고 불신자 가족이 많은 경우

하나님이 세상을 이처럼 사랑하사

_요 3:16

　기독교의 오랜 난제(難題) 중 하나는 이것입니다. "예수 그리스도가 세상에 오시기 전에 죽은 사람은 천국에 갈 수 있는가(혹은 지옥에 가는가)?" "예수 그리스도가 오신 후에 죽었지만, 예수의 가르침과 복음을 들을 기회를 얻지 못한 사람은 천국에 갈 수 있는가(혹은 지옥에 가는가)?" 기독교 역사 속에 이 문제와 관련한 수많은 신학적 담론이 있지만, 인간 중 누구도 그 문제에 관해 단정적으로 말할 수 없습니다. 그 문제와 관련해 성경의 구체적인 대답이 없을 뿐더러, 인간을 만드신 창조주 하나님만이 영혼의 구원 여부를 결정할 수 있기 때문입니다.

　고인이 되신 ○○○ 님은 하나님을 믿지 않는 분이었고, 유가족 중에도 비신자들이 많은 것으로 알고 있습니다. 비신자의 삶을 사신 개인적인 이유와 사정이 있을 것이기에, 저는 오늘 고 ○○○ 님의 구원 여부에 관한 신학적 언급은 하지 않겠습니다. 그 대신 고 ○○○ 님의 죽음 앞에서 유가족과 친지들이 기억해야 할 것 몇 가지를 권면해 드리고자 합니다. 하나님의 특별한 긍휼과 은혜가 소천하신 ○○○ 님과 유가족, 친지들에게 함께하시기를 간절히 소망합니다.

  첫째, 한 인간의 생애는 성패와 상관없이 그 자체로 존중받아야 합니다. 성경은 인간의 생애를 "수고와 슬픔"(시 90:10)이라는 말로 묘사합니다. 세상을 살아가면서 우리는 수많은 선택의 순간을 마주하며, 주어진 상황에서 최선의 선택을 했음에도 때로는 쓰라린 실패를 경험하기도 합니다. 고 ○○○ 님 역시 누군가의 자녀로 태어나 성장하고 직장을 다니고 결혼하고 자녀를 양육하는 등 인생의 여러 과업을 수행하며 수많은 선택을 했을 것이고, 그 선택에 따른 결과를 오롯이 감내하며 삶의 자리를 꿋꿋이 지키셨을 것입니다. 그러므로 고 ○○○ 님을 떠나보내는 가족과 친지분들이 가장 먼저 해야 할 이별의 인사말은 '그동안 참 수고 많으셨습니다'라는 위로와 격려의 말일 것입니다. 고인이 되신 ○○○ 님이 이제 생의 모든 수고와 슬픔을 내려놓고 편히 안식하실 수 있기를 기도합니다.

  둘째, 유가족들은 고인과 생전에 함께한 시간을 추억하고 깊이 감사하시기 바랍니다. 우리나라 속담에 "든 자리는 몰라도 난 자리는 안다"는 말이 있습니다. 우리는 누군가가 내 곁에 늘 있을 때는 미처 깨닫지 못하다가, 그가 떠난 후에야 얼마나 소중한 존재였는지 실감합니다. 인간은 관계의 존재이며, 관계에서 얻은 경험을 통해 성숙하고 철이 듭니다. 인간이 겪는 수많은 관계 중에서 가족관계는 가장 비중이 크고 중요한 관계입니다. 한 가족의 구성원으로서 고 ○○○ 님이 가족에게 베푼 사랑과 헌신을 기억하십시오. 고 ○○○ 님이 여러분의 가족으로 있었기에 함께 울고 웃을 수 있었던 순간에 감사하시기 바랍니다. 혹시라도 고 ○○○ 님을 향한 불편함과 서운함이 마음에 남아 있다면, 너그러움으로 고 ○○○ 님의 이 땅에서 마지막 여정을 함께해 주시기 바랍니다.

마지막으로, 이 자리에 함께한 유가족 중에는 기독교 신앙을 가진 분들이 계십니다. 그분들에게 고 ○○○ 님의 죽음은 더욱 안타까움으로 남을 것입니다. 여러분이 의지하고 믿는 하나님은 사랑의 하나님입니다. 성경 말씀을 기억하십시오. "하나님이 세상을 이처럼 사랑하사 독생자를 주셨으니 이는 그를 믿는 자마다 멸망치 않고 영생을 얻게 하려 하심이라"(요 3:16). 먼저 구원받은 하나님의 백성으로서 가족을 위한 기도와 섬김의 삶을 끝까지 잘 살아내시길 간절히 권면합니다.

이 예배가 끝나면 고 ○○○ 님의 육신은 장지(葬地)로 향합니다. 고 ○○○ 님의 이 땅에서 마지막 발걸음이 유가족과 친지들의 격려, 감사, 사랑의 기도로 가득하기를 예수 그리스도의 이름으로 간절히 소망합니다.

5장

하관예배

믿음의 가정인 경우 1

나그네 인생

_벧전 2:11-12

어느 해인가 민족 고유의 명절 추석에 3천만 명이 대이동했다는 기사를 읽었습니다. 고향을 떠나 사는 나그네가 많다는 것입니다. 성도는 이 땅에서 나그네(헬. 파로이코이)로 불립니다(11절). 이 단어의 의미는 이방인, 외국인이라는 의미로 아예 국적이 다른 이방인을 말합니다. 이 세상의 관점에서 보면 완전히 정체성이 다른 존재입니다. 1장 1절에서도 "흩어진 나그네"라고 말합니다. 나그네는 성도와 교회의 정체성입니다. 성도는 이 세상을 살아가는 영적인 나그네입니다. 오늘 하관하는 성도님도 영적인 나그네의 삶을 마치고, 마침내 본향인 천국으로 가신 것입니다. 오늘 하관예배를 드리며 우리가 영적 나그네로서 어떤 삶을 살아야 하는지 살펴보겠습니다.

첫째, 본문은 영적 나그네에게 육체의 정욕을 제어하라고 말합니다(11절). 여기서 육체의 정욕은 '탐욕과 죄'를 총칭합니다. 나그네로 잠깐 사는 세상이니 세상 것에 지나치게 욕심 부리지 말아야 한다는 것입니다. 나그네로 잠시 있을 사람이 영원히 살 것처럼 행동하면 나그네라는 것이 거짓말이 됩니다. 세상 사람들처럼 세상 것이 전부인 양 지나치게 집착하면 나그네가 아닙니다. 세상 것에 욕심 내지 않고 그에 매이지 않음은 우리가 나그네임을 증명하는 것입니다.

성경은 우리가 이 세상에 아무것도 가지고 오지 않았기에 아무것도 가지고 가지 못한다고 말합니다. 그러면서 이 세상에 사는 동안 먹을 것과 입을 것이 있은즉 족한 줄로 여기라고 권면합니다(딤전 6:7-10). 이 세상에 지나치게 욕심내지 말아야 합니다.

예전에 들었던 어떤 선교사님의 간증이 기억납니다. 선교답사를 떠나면 보통 한 달 치 양식을 준비한답니다. 그런데 한 달을 먹어야 하니까 아껴 먹다보면 꼭 끝에 가면 남는다고 합니다. 그러면 '이럴 줄 알았으면 더 먹을 걸' 하는 생각이 든답니다. 결국은 늘 남아서 주변에 나눠주고 돌아온답니다. 우리 인생이 이렇습니다. 하나님이 주신 것은 생각하는 것보다 부족하지 않습니다. 지나치게 욕심부리지 맙시다. 세상 것에 집착하면 하나님 앞에 온전한 영혼이 될 수 없습니다. 하나님과 제물을 겸하여 섬길 수 없기 때문입니다(마 6:24). 어느 한쪽에 사로잡힐 수밖에 없습니다.

고인은 이 땅에서 육체의 정욕을 제어하는 삶을 사셨습니다. 지나치게 세상 것을 추구하지 않고 주님이 원하시는 삶을 사셨습니다. 우리도 그 길을 가야 합니다. 이 땅에서는 완전한 외국인인 것처럼 살아야 합니다. 오늘 장례를 통해 그러한 성경의 교훈이 우리의 삶이 되기를 바랍니다.

둘째, 영적 나그네인 성도는 이 땅에서 선을 행하며 살아야 합니다(12절). 첫 번째 권면이 부정적 권면이라면, 두 번째 권면은 더 적극적이고 긍정적인 권면입니다. 성도는 행실을 선하게 하여 사람들이 그 선한 일을 보고 하나님께 영광을 돌리게 해야 합니다. 선한 것은 마음속에만 있어서는 안 됩니다. 구체적으로 발현되어 나타나야 합니다. 세상에는 좋은 의도를 가졌지만 결국에는 나쁜 일을 하는 사람도 많습니다. 좋은 생각이나 좋은 말을 한다고 선한 사람이 아닙니다. 선한 행동으로 나타나야 합니다.

특히 기독교인은 세상에서 다른 사람의 모델이 됩니다. 말로 죄를 지적하고 공격하기보다는 무엇이 선한 것인지 삶으로 보여주어야 합니다. 베드로전서에는 비기독교인처럼 행동하지 말라는 직접적인 명령이 없습니다. 불신자들에 대한 직접 공격이 없습니다. 대신 12절에 두 번 언급한 것처럼 선하게 살라고 합니다. 부정적인 방법이 아니라 긍정적인 방법으로 기독교를 보여주어야 합니다.

1907년 평양대부흥운동 후에 평양의 기생들은 생계위협에 시달렸다고 합니다. 그래서 평양 기생들이 두 목사를 넘어뜨리려고 계략을 꾸몄답니다. 유혹 작전입니다. 목사님들이 직접적으로 기생집에 가지 말라고 했겠습니까? 단지 그 영향력이 너무 대단해서 사람들이 술집에 가지 않으니 기생들이 그렇게까지 계획을 세운 것입니다. 이 정도 영향력이 있어야 합니다. 말이 아니라 살아있는 운동력이 있어야 합니다.

우리는 나그네입니다. 이 땅에서 선한 영향력을 끼쳐야 하는 나그네입니다. 오늘 하관하는 고인은 그런 삶을 살다 가셨습니다. 우리도 함께 선한 영향력을 끼치며 살다가 주님을 만나야 합니다. 이제 사람들은 웬만한 것에는 충격도 받지 않습니다. 우리가 정말로 달라져야 할 때입니다.

믿음의 가정인 경우 2

보라 나는 오늘 온 세상이 가는 길로 가려니와

_수 23:14-16

오늘 우리가 함께 읽은 성경 본문은 여호수아의 고별설교입니다. 여호수아의 마지막 유언과도 같은 고별설교를 오늘 여러분과 함께 살펴보는 이유는, 고 ○○○ 성도님의 신앙 여정이 여호수아를 떠오르게 할 만큼 하나님 앞에서 신실하고 올곧았기 때문입니다. 함께 말씀을 나누는 동안, 고 ○○○ 성도님과 함께했던 귀한 시간을 추억해 보시기 바랍니다.

여호수아는 출애굽 이후 이스라엘 백성이 가나안 땅을 정복하는 모든 과정을 진두지휘한, 이스라엘 역사상 가장 위대한 장군이자 지도자입니다. 그는 이스라엘 백성의 출애굽, 광야생활, 가나안 정복에 걸친 100년이 넘는 역사의 중심에 있었고, 하나님께서 얼마나 큰 능력으로 자기 백성을 지키고 인도하셨는지를 직접 목격한 산 증인입니다. 그뿐 아니라 자기의 모든 삶을 바쳐 하나님의 명령을 수행한 신실한 하나님의 사람입니다. 오늘 본문에서 여호수아는 "보라 나는 오늘 온 세상이 가는 길로 가려니와"라는 말로 고별사를 시작합니다. "온 세상이 가는 길"은 죽음을 가리킵니다. 이 땅에 존재하는 사람들의 모습은 천태만상이지만, 그들이 삶의 마지막 순간에 가야 할 길은 하나입니다. 바로 죽음의 길입니다. 죽음은 하나님이 정해 놓은 인간의 운명이며, 죽음 후에는 하나님의 심판이 있습니다(히 9:27). 그러므로 죽음 이후에 하나님 앞에 서게 될 자신의 모습을 준비하는 삶이 세상을 살아가는 성도의 지혜일 것입니다. 그런 의미에서 고 ○○○ 성도님은 참 지혜로운 분이었습니다. 늘 천국 소망을 품고 살았으며, 어떤 상황에서도 한결같은 모습으로 신앙의 절개를 지켰습니다. 고 ○○○ 성도님의 신앙을 본받아 여기 모인 우리도 하나님 앞에 서게 될 그날을 잘 준비하는 지혜로운 성도가 되기를 소망합니다.

여호수아는 계속해서 이스라엘 백성에게 권면의 말을 남깁니다. 15절에서 말합니다. "너희의 하나님 여호와께서 너희에게 말씀하신 모든 선한 말씀이 너희에게 임한 것 같이 여호와께서 모든 불길한 말씀도 너희에게 임하게 하사…" 여기서 언급된 "선한 말씀"은 하나님의 축복을, "불길한 말씀"은 하나님의 저주와 진노를 의미합니다. 이것은 여호수아가 후대의 백성을 위해 매우 엄중한 권면을 하고 있음을 나타냅니다. 당시 이스라엘 백성은 정복 전쟁에서 승리하고 가나안 땅의 대부분을 정복한 상태였지만, 그들 앞에는 이전과는 전혀 다른 형태의 전투가 아직 남아 있었습니다. 바로 이방 신을 섬기는 문화와 관습이 만연한 땅에서 하나님을 섬기는 백성으로서 정체성을 지켜내는 전투였습니다. 그것이 바로 여호수아가 백성에게 축복과 저주의 갈림길에서 반드시 축복의 길을 선택할 것을 엄중히 당부한 이유였습니다.

저는 이스라엘 백성을 향한 여호수아의 그 마음이 고인이 되신 ○○○ 성도님의 마음이었을 것이라 믿습니다. 세대가 지날수록 더 악해져가는 세상에서 성도의 신앙을 지키며 구별된 삶을 사는 것은 쉬운 일이 아닙니다. 고 ○○○ 성도님은 세상의 유혹에 흔들리지 않고 하나님의 백성답게 늘 축복의 길을 택했습니다. 그 과정에서 때로는 고난과 어려움이 있었겠지만, 고 ○○○ 성도님은 이 땅에서 사명을 잘 완수하셨습니다. 저는 고 ○○○ 성도님이 앞서간 믿음의 선배들의 박수갈채를 받으며 천국에서 영생의 안식을 누리고 계실 것을 확신합니다. 이제는 남은 유가족 차례입니다. 오늘 이 시간에 고 ○○○ 성도님의 뒤를 따라 악한 세상에서 늘 축복의 길을 택하고 흔들림 없이 믿음을 지키며 살아가겠다는 신앙의 결단이, 유가족의 마음속에 굳건하게 서기를 간절히 소원합니다.

저는 오늘 이 자리에 함께한 분들에게 두 가지 권면의 말씀을 드렸습니다. 첫째로 죽음을 준비하는 것이 세상을 살아가는 성도의 지혜임을, 둘째로 인생 여정에서 저주의 길이 아니라 축복의 길을 선택하며 살아야 함을 늘 기억하십시오. 여호수아와 그 가문에 함께했던 하나님의 보호와 인도하심이 고 ○○○ 성도님과 유가족의 생애에 늘 함께하시길 예수 그리스도의 이름으로 간절히 축복합니다.

고인이 믿음의 본이 되는 경우

육신의 장막이 무너질 때

_고후 5:1-4

우리는 지금 고인의 육신을 떠나보내는 마지막 순간에 있습니다. 고인의 시신을 떠나보내는 이 순간에, 모두 평안케 하시는 성령 하나님의 놀라운 기름 부으심이 임하시기를 바랍니다.

오늘 본문은 우리의 육신을 가리켜 "장막"이라고 표현합니다. 1절에 "만일 땅에 있는 우리의 장막집이 무너지면." 우리 육신의 죽음이 '장막으로 만들어진 집이 무너지는 것'과 같다는 말씀입니다. 그러나 더 중요한 것은 바로 그 뒤에 이어지는 말씀입니다. "하나님께서 지으신 집 곧 손으로 지은 것이 아니요 하늘에 있는 영원한 집이 우리에게 있는 줄 아느니라." 비록 이 땅에서는 육신의 장막이 다 무너지지만, 우리가 장차 들어가게 될 하늘에서는 하나님께서 지으신 영원한 집이 있어 그리로 들어가게 된다는 말씀입니다.

사람의 육신이 살아 있는 동안에는 얼마나 육신을 중심으로 살아가는지 모릅니다. 아프면 아픈 대로 편하면 편한 대로, 육신이 어떤 상태에 있는지에 따라 많은 부분에서 희비가 엇갈리는 것을 봅니다. 그리고 안타깝지만 누구도 이 육신의 장막이 무너지는 것을 피할 수는 없습니다. 그러나 이 육신의 장막이 무너질 때도 그리스도인에게는 희망이 있습니다. 우리의 장막이 무너져 그 영혼이 빠져나오는 순간, 우리에게는 지극히 영광스러운 장면이 펼쳐지기 때문입니다. 우리의 장막이 무너지는 그 순간, 우리는 하나님께서 직접 준비하신 찬란하고도 영원한 집으로 옮겨집니다. 이것은 어떤 면에서 볼 때, 이 땅에서 우리가 종종 경험하는 이사 같은 것이라고도 할 수 있습니다. 초라한 육신 안에 있던 영혼이 어느 순간 무너지는 육신에서 완전히 빠져나와 하늘에 있는 영원한 집으로 들어가는 것이니 말입니다. 길모퉁이에 초라하게 텐트를 치고 살던 사람이 갑자기 대저택에 들어가 살게 되었다고 생각해 보십시오. 얼마나 기쁘겠습니까? 정말 굉장한 일이 아닐까요? 저는 그것이 모든 그리스도인의 죽음 뒤에 기다리고 있는 큰 축복이라고 생각합니다.

만약 고인이 예수님 안에 살던 분이 아니라든지 좀 부끄러운 삶을 사셨다면, 우리가 이런 희망찬 기대를 갖는 것이 무리일지도 모릅니다. 그러나 그렇게 사신 분이 아니기에, 신실하게 온 마음과 정성을 다해 주님을 사랑하고 섬기신 분이기에, 그분의 삶에서 예수님의 향기가 흘러나왔다는 것을 우리가 알기에, 우리에게 충분한 믿음의 본이 되어주신 분이기에, 이런 거룩한 약속이 반드시 지켜졌으리라 믿을 수 있습니다.

우리는 아직도 이 땅에서 육신의 눈을 가지고 살아가는 사람들입니다. 그렇기에 이 육신의 눈으로 보지 못하는 것에 대해서는 쉽게 확신하지 못하고 믿기 힘들어하는 것이 사실입니다. 그러나 우리는 이것을 '믿음'으로 아는 사람들입니다. 보이지 않는 세계를 꿰뚫어보는 영적인 눈으로 그것을 아는 사람들입니다. 오직 믿음의 눈으로 말입니다. 믿음은 영적인 세계를 알게 하는 감각기관 같은 것입니다. 그래서 믿음을 가진 사람에게는 그것이 보이고 믿어지고 분명하게 그 개념이 포착되는 것입니다.

중요한 것은 영혼입니다. 육신의 장막은 누구나 무너지기 때문입니다. 저와 이 자리에 있는 모든 분의 육신도 마찬가지입니다. 성경의 표현대로 장막처럼 무너질 것입니다. 그러나 그리스도인에게는 여전히 빛나는 소망이 있습니다. 우리 육신의 장막이 무너지는 순간, 거룩한 천국의 영원한 집으로 즉시 이사하게 되는 은혜가 주어질 것입니다. 자신의 힘으로 가는 것이 아닙니다. 오직 우리의 영혼을 그곳으로 옮겨주시는 분의 '은혜'로 그렇게 되는 것입니다.

사랑하는 ○○○ 성도님의 영혼도 이미 무너진 육신의 장막을 떠나 하나님께서 친히 지으신 영원한 집으로 들어가신 줄 믿습니다. 그리고 언젠가 우리도 육신의 장막이 무너지는 날, 같은 곳으로 들어가 먼저 가신 ○○○ 성도님과 환희의 재회를 하게 될 줄 믿습니다. 항상 이러한 믿음 가운데 거하는 저와 여러분이 되기를 축원합니다.

고인이 믿지 않는 경우

이 땅의 나그네

_히 11:8-16

보통 인생을 '나그네 세월'이라고 말합니다. 예수를 믿지 않는 사람도 인생의 덧없음과 허무함을 일컬을 때 흔히 쓰는 말입니다. 지금은 작고한 원로가수가 "하숙생"이라는 노래에서 "인생은 나그네길 어디서 왔다가 어디로 가는가 인생은 벌거숭이 빈손으로 왔다가 빈손으로 가는가"라고 노래했지요. 천상병 시인의 말처럼, 우리는 이 땅에 잠시 소풍 온 나그네 인생에 불과합니다. 성경도 인생을 나그네로 표현합니다. 인생은 어떤 의미에서 나그네인지 성경을 통해 살펴보겠습니다.

첫째, 나그네는 임시의 삶을 사는 사람을 의미합니다. 현재의 삶은 임시의 삶입니다. 원래 나그네는 여행 중에 있는 사람을 뜻합니다. 자신이 현재 하는 일이나 거주하는 곳이 궁극적인 일이나 목적지가 아닙니다. 단지 임시로 하는 일이고 지나가는 장소일 뿐입니다. 본문에 등장하는 아브라함도 그런 삶을 살았습니다. 그는 하나님께서 부르신 장래의 기업을 향해 나아갈 때 갈 바를 알지 못하고 나아갔다고 말합니다(8절). 말 그

대로 정처 없는 나그네 길입니다. 창세기에 보면, 하나님께서 아브라함을 부르셔서 가나안으로 인도하십니다. 그러나 아브라함은 자신이 도착할 땅이 가나안인지 모른 채 하나님을 의지하고 따라나섭니다. 그래서 아브라함의 가나안 생활은 정착이 아니라 방황이었습니다. 하나님이 이끄시는 대로 이리저리 돌아다닙니다. 나그네 생활입니다. 9절에 나오는 약속의 땅에 거류한다는 말은 나그네처럼 임시로 거주한다는 것을 의미합니다. 그는 그의 자손들과 함께 장막(텐트)에 거합니다.

나그네 인생의 가장 큰 특징이 무엇입니까? 임시적인 생활입니다. 나그네가 머무는 곳은 영원한 곳이 아닙니다. 나그네는 떠도는 과정일 뿐입니다. 그러니 자신이 지금 거주하는 곳이 궁극적인 거주지가 아닙니다. 물론 아브라함은 믿음의 사람입니다. 그가 바라보는 것은 하나님의 영원한 도성인 천국이었습니다(10절). 그러기에 이 땅에서는 나그네로 산 것이라고 성경은 말합니다.

오늘 우리는 고인의 죽음 앞에서 인생이 나그네임을 다시 한번 기억해야 합니다. 우리는 이 땅의 나그네일 뿐입니다. 이 땅에 속한 그 무엇도 영구적으로 내 것이 될 수 없습니다. 고인이 입는 수의에는 주머니가 없습니다. 죽음 앞에서 아무것도 가져갈 수 없음을 보여주는 것입니다. 이 땅의 것에 너무 욕심내지 않는 삶을 살아야 합니다.

미국인 몇 명이 폴란드 여행을 즐기고 있었습니다. 어느 마을을 지나다가 거룩한 랍비의 이야기를 듣게 되었습니다. 이 거룩한 사람을 보려고 그의 집을 찾아간 그들은 집에 들어서면서 깜짝 놀랐습니다. 살림살이가 거의 없이 집안이 썰렁했기 때문입니다. 랍비가 앉아서 성경을 공부하는 의자와 책상, 그리고 간단한 침대가 눈에 띄는 가구의 전부였다고 합니다. 손님들이 가구가 어디 있는지 묻자 랍비는 잠시 책에서 눈을 때 이들을 올려다보면서 되물었다고 합니다. "그러는 여러분의 가구는 어디 있습니까?" "우리의 가구요? 왜 우리가 가구를 들고 다닙니까? 우리는 잠시 지나가는 길입니다." 이렇게 대답하자 랍비가 말했답니다. "나도 똑같습니다." 나그네는 이 땅의 것에 집착하지 않는 삶을 살아야 합니다.

둘째, 나그네의 삶은 끝이 있습니다. 종착지가 있다는 말입니다. 그 과정을 살고 있기에 나그네입니다. 여행하는 나그네는 결국 집으로 돌아갑니다. 영원히 여행하지 않습니다. 아브라함은 장래의 기업으로 나아갈 땅, 곧 가나안으로 갈 때 갈 바를 알지 못하고 나아갔습니다. 그리고 자식들과도 나그네로 방황하며 살았습니다. 그러나 그는 분명한 목적의식이 있었습니다. 그가 이 땅에서 나그네의 삶을 기꺼이 산 이유는, 하나님이 계획하시고 지으실 터가 있는 성을 바랐기 때문입니다(10절). 성경이 보여주는 나그네의 삶은 분명 종착지가 있습니다. 바로 영원한 천국입니다.

이태리의 밀라노 대성당에는 세 가지 아치로 된 문이 있습니다. 첫째 문에는 장미꽃이 새겨져 있는데 "모든 즐거움은 잠깐이다"라는 글귀가 써 있습니다. 둘째 문에는 십자가가 새겨졌는데 "모든 고통도 잠깐이다"라고 써 있습니다. 셋째 문에는 "오직 중요한 것은 영원한 것이다"라고 써 있다고 합니다. 즐거움이나 고통도 잠시뿐 오직 중요한 것은 영원합니다.

아브라함도 영원한 것을 바라보고 살았기에 이 땅에서 나그네처럼 산 것입니다. 충분히 부하게 살 수 있었지만, 이 땅에 소망을 두지 않고 살았습니다.

오늘 우리는 고인의 죽음 앞에서 다시금 우리 삶을 돌아보아야 합니다. 인간의 삶은 나그네의 삶이고, 그 삶은 반드시 끝이 있습니다. 죽음이 끝 같지만 사실 죽음은 영원한 나라의 시작이라고 성경은 말합니다. 누구나 하나님을 만나야 합니다. 오늘 고인의 엄숙한 장례를 치르면서 우리 모두 결국에는 죽음을 맞이할 것이고 끝이 있음을 기억하고, 현재의 삶 속에서 믿음으로 영원한 세계를 준비하시기 바랍니다.

유가족의 믿음이 신실하지 못한 경우 1

죽지 않는 생명

_요 11:17-35

우리는 세월호 사건을 기억합니다. 당시 수학여행을 가던 꽃다운 학생 325명 중 75명만이 구조되었습니다. 어린 학생들의 죽음이기에 더욱 안타까웠습니다. 희생 뒤에 이어진 가족들의 말이 가슴을 파고듭니다. "우리 애가 추운데 양말까지 젖었네요. 맨발 되게 양말 좀 벗겨주세요." "○○야, 잘 잤어? 친구들 만나 얘기하느라 못잤으려나? 늘 그랬듯 밝고 힘차게 지내야해 ^-^ ♡ Mom." "○○야, 눈 떠. 수학여행 갔다 오면 영화 보러 가기로 했잖아."

삶과 죽음이 종이 한 장 차이라고 느낍니다. 그래서 더 허망하고 황망합니다. 더 안타깝습니다. 손을 뻗으면 닿을 것 같은데요. 실상은 삶과 죽음 사이가 참 멉니다. 오늘 본문을 통해 죽음을 이기신 예수님을 만나시기 바랍니다.

첫째, 주님은 부활이요 생명이십니다. 죽음 앞에서는 모든 것이 무력해집니다. 아무것도 의미가 없습니다. 아무것도 할 수가 없습니다. 진시

황도 영생불사를 원하고 사방으로 약을 구했지만 실패했습니다. 그런데 오늘 본문의 주님은 25-26절처럼 말씀하십니다. 그리고 나사로를 살리심으로 그 말을 친히 증명하셨습니다. 역사 가운데 이런 사건은 없었습니다. 죽은 지 나흘이 지난 사람을 살리셨습니다. 죽음 앞에서 무력화 되지 않으며 죽음을 넘어서는 것은 주님밖에 없습니다.

왜 이런 일을 행하셨을까요? 예수님은 자신도 죽고 사흘 만에 살아날 것을 종종 말씀하셨습니다. 그런 주님이 여기서는 죽은 지 나흘이 지난 나사로를 살리십니다. 죽은 지 나흘이 지난 사람을 살리시는 분이 자신은 사흘 만에 살아날 것이라고 말씀하신 것입니다. 진정으로 주님이 부활하실 것이며 생명의 주인이심을 십자가를 지시기 전에 이미 증명하신 사건이 본문의 사건입니다.

예수님은 죽어 장사 지낸 후 부활하셨고, 유월절부터 50일이 지난 오순절에 성령이 강림하시고 제자들이 주님의 부활을 알리자, 수천 명의 유대인이 기독교인이 되었습니다. 만약 당시에 부활이 사실이 아니었다면 절대로 불가능한 일입니다. 예수님을 죽인 유대인들이 무덤을 지켰으나 무덤은 비어 있었습니다. 무덤은 예루살렘에서 매우 가까웠습니다. 지켜보는 유대인들이 있었기에 예수님이 살아나신 사건은 인간적인 자작극으로 절대 통할 수 없었습니다. 게다가 당시에 주님이 살아나시고 기독교가 무섭게 일어난 것을 볼 때, 주님의 부활은 당시 사람들이 생생하게 받아들인 사건이었음을 알 수 있습니다.

주님은 죽음을 이기신 유일한 분입니다. 우연히 살아나신 분이 아닙니다. 죽은 지 사흘 만에 살아나셔서 죽음과 부활이 확실한 것임을 보이셨습니다. 아니 주님 자신의 부활이 있기 전에 이미 죽은 지 나흘 된 나사로를 살리심으로 주님이 죽음 위에 계시는 참 하나님임을 나타내셨습니다. 오늘 장례를 치르시는 유가족도 이 믿음을 받아들이시기 바랍니다. 주님만이 죽음에 대한 유일한 해답임을 믿으시기 바랍니다.

둘째, 부활을 믿는 믿음이 참 믿음입니다. 주님은 나사로가 다시 살아날 것이라고 말씀하셨습니다. 이것은 인간으로서는 참 믿기 힘든 일입니다. 그래서 마르다가 마지막 날 부활 때 그가 살아날 것이라고 말한 것입니다(24절). 지금 당장은 그런 일이 있을 수 없다고…. 주님은 그런 마르다에게 주님이 부활이요 생명임을 말씀하시고 재차 믿음을 요구하셨습니다(26절). 이 믿음은 우리가 반드시 가져야 하는 믿음입니다. 그래서 주님이 재차 물으신 것입니다.

사실 주님이 마르다에게 요구하시는 믿음은 인간의 경험으로는 도저히 믿을 수 없는 믿음입니다. 여기에 믿음의 특성이 있습니다. 성경이 말하는 진짜 믿음은 이 땅에서 믿을 수 없는 것을 믿는 믿음입니다. 사실 자기 생각으로 다 이해되고 확인이 가능한 것을 믿는 것은 믿음이 아닙니다. 참 믿음은 믿음의 대상이 되는 분의 말을 믿고 그분이 행하시는 일을 믿는 믿음입니다. 이 세상에도 우리의 생각으로 이해되지 않는 일이 무척이나 많습니다. 그러니 하나님께서 하시는 일 가운데 이해되지 않는 일이 많은 것은 당연합니다.

부활과 생명에 대해 참 믿음을 가진 사람들의 삶은 이 땅에서 어떻게 나타날까요? 고린도전서 15장 58절에 보면 "흔들리지 말고 항상 주의 일에 더욱 힘쓰는 자들이 되라"고 말씀하십니다. 고린도전서 15장은 부활에 관한 말씀으로 유명합니다. 기독교의 부활에 대해 이야기한 후 마지막 결론을 말씀하신 것이 58절입니다. 부활을 믿는 참 믿음을 소유한 사람은 세상일에 흔들리지 않고 주님의 일에 전념합니다. 인간의 죽음 같은 가장 중요한 문제가 해결된 사람은 이 땅의 작은 것에 흔들리지 않습니다. 그래서 부활을 믿고 죽음을 해결한 믿음이 참 믿음인 것입니다.

오늘 장례를 치르시는 유가족도 이런 참 믿음을 소유하시기 바랍니다. 죽음을 초월한 믿음을 가지면 그보다 못한 어떤 세상적 어려움도 이겨낼 수 있습니다. 그 어떤 어려움도 죽음보다 크지 않기 때문입니다. 이 땅을 살며 인간이 직면한 가장 중요한 문제인 이 죽음의 문제를 해결할 때, 우리는 비로소 이 땅에서 의미 있는 삶을 살 수 있습니다. 오늘의 장례가 이런 믿음을 가족에게 선물하는 시간이 되기 바랍니다.

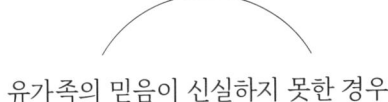

유가족의 믿음이 신실하지 못한 경우 2

포기하지 아니하면 때가 이르매 거두리라

_갈 6:8-9

존 번연의 책 『천로역정』은 기독교 고전 중 하나입니다. 책의 원제목인 *Pilgrim's Progress*에서 짐작할 수 있듯, 그리스도인의 신앙 여정을 우화적으로 그려낸 작품입니다. 작품 속의 주인공 크리스천(Christian)은 멸망의 도성을 떠나 하늘의 도성(천국)을 향한 순례의 여정을 시작합니다. 그 과정에서 수많은 유혹, 핍박, 고달픔, 절망을 경험하지만, 그는 믿음과 소망을 붙잡고 하늘 도성을 향한 여정을 꿋꿋이 완수합니다. 책에 쓰인 일련의 이야기에 그리스도인 독자들이 깊이 공감하는 이유는 주인공 크리스천의 모습에서 '성도'라는 이름으로 험한 세상을 살아가고 있는 자신의 모습을 보기 때문일 것입니다.

이 땅의 모든 성도는 천국을 향해 가는 순례자입니다. 고 ○○○ 성도님 역시 생전에 순례의 길을 걸어가셨고, 그 여정을 완수하기 위해 눈물과 수고의 씨를 뿌렸습니다. 그리고 지금은 하늘의 도성, 천국에서 그 수고의 열매로 기쁨과 평안을 거두셨을 것입니다. 그러므로 오늘 고 ○○

○ 성도님의 하관예배는 고인의 죽음을 애도하고 유가족의 슬픔을 위로하는 자리이기도 하지만, 이 땅에서 순례를 마치고 천국에 입성한 고 ○○○ 성도님을 기억하는 자리이기도 합니다. 또 유가족과 교우들이 고 ○○○ 성도님의 뒤를 따라, 각자 삶의 자리에서 순례자로서 사명을 완수할 것을 결단하는 자리가 되어야 할 것입니다.

오늘 우리가 함께 읽은 본문은 바울이 갈라디아 성도들에게 보내는 편지의 일부인데, 이 땅에서 순례자로 살아가는 성도가 꼭 기억해야 할 권면이 담겨 있습니다. 먼저 바울은 심은 대로 거둔다는 성경의 진리를 언급합니다. "자기의 육체를 위하여 심는 자는 육체로부터 썩어질 것을 거두고 성령을 위하여 심는 자는 성령으로부터 영생을 거두리라"(8절). 천국의 순례자는 성령을 위하여 심는 자입니다. 성령으로 심는다는 것은 성령이 원하시는 삶의 방식으로 살아간다는 것을 의미하는데, 그러한 삶의 결과는 바로 영생입니다. 성도의 순례 여정을 마치는 그날 우리는 모두 영생을 얻을 것입니다. 그것을 소망하며 끝까지 순례의 길에서 낙오하지 않기를 간절히 부탁드립니다.

뒤따르는 구절에서 권면의 말을 이어가며 바울은 말합니다. "우리가 선을 행하되 낙심하지 말지니 포기하지 아니하면 때가 이르매 거두리라"(9절). 선을 행하는 성도에게 낙심의 순간이 찾아올 수 있습니다. 그러나 낙심이 찾아올 때 포기하는 사람은 아무것도 거두지 못할 것입니다. 천국을 향해 전진하는 길 위에서 우리는 종종 낙심합니다. 그만큼 세상의 삶은 고되고 힘듭니다. 앞서 말씀드린 『천로역정』의 주인공 크리스천도 순례 여정의 막바지에서 절망의 거인(Giant Despair)을 만나고, 의심의 성(Doubting Castle)에 갇혀 고문을 당합니다. 절망의 거인은 크리스천이 스스로 목숨 끊기를 원합니다. 그러나 크리스천은 이미 자신이 약속(Promise)이라는 열쇠를 가지고 있음을 깨닫고 의심의 성의 문을 열고 탈출합니다. 마찬가지입니다. 천국을 향한 순례자의 길을 가는 동안 수많은 유형의 절망 거인이 우리를 힘들게 할 것입니다. 그러나 그때마다 하나님의 약속, 영생의 약속을 기억하시기 바랍니다. 그리고 낙심의 자리를 박차고 일어나시기 바랍니다. 할렐루야!

고 ○○○ 성도님은 천국을 향한 순례자의 생애를 잘 마치고 영원한 안식으로 들어가셨습니다. 이제는 유가족 차례입니다. 어떤 상황에서도 영생의 약속을 굳게 붙잡고 끝까지 순례의 길을 걸어가시기 바랍니다. 그 길 끝에서 여러분이 사랑한 고 ○○○ 성도님과 기쁘게 다시 만날 수 있을 것입니다.

마지막으로 "순례자의 노래"로 잘 알려진 찬양의 가사 일부를 소개해 드리는 것으로 오늘 설교를 마치려고 합니다. "저 멀리 뵈는 나의 시온성 오 거룩한 곳 아버지 집/ 내 사모하는 집에 가고자 한 밤을 세웠네/ 아득한 나의 갈 길 다 가고 저 동산에서 편히 쉴 때/ 내 고생하는 모든 일들을 주께서 아시리/ 빈들이나 사막에서 이 몸이 상할지라도/ 오 내 주 예수 날 사랑하사 날 지켜주시리" 하나님의 은혜와 인도하심이 이 자리에 모인 모든 분에게 함께하시길 간절히 소망합니다.

유가족이 불신자일 경우 1

이 세상도 그 정욕도 지나가되

_요일 2:17

남녀노소 빈부귀천에 상관없이 인간은 누구나 한 번의 죽음을 겪습니다. 모두 똑같이 겪는 죽음이지만, 그것을 준비하는 사람의 삶의 태도는 천차만별입니다. 죽음 이후에 일어날 일에 대해 각기 다르게 생각하기 때문입니다. 죽음 이후의 삶이 존재하지 않는다고 여기는 사람은 이 땅에서 누리는 부, 명예, 쾌락, 안락함, 자아실현 등을 인생의 목표로 삼고 살아갑니다. 그러나 죽음 이후의 삶이 존재한다고 믿는 사람은 삶의 목표를 정할 때 죽음 이후의 삶까지도 염두에 둡니다. 그리스도인은 후자에 속하는 사람입니다. "죽음은 무엇이고, 죽음 이후에는 어떤 일이 일어나는가?" 저는 이 질문과 관련한 성경의 가르침에 관해 말씀드리려고 합니다.

성경은 인간을 '흙에서 와서 흙으로 돌아가는 존재'로 규정합니다(창 3:19). 흙으로 돌아가는 것은 죽음을 의미합니다. 그런데 흥미로운 것은, 성경은 죽은 자를 가리켜 "잠자는 자" 혹은 "자는 자"로 묘사한다는 것입니다(고전 15:18; 살전 4:14). 잠자는 자는 언젠가 다시 깨어납니다. 깨어난다는 것은 다시 살아난다는 것을 의미하는데, 이는 죽은 자를 잠자는 자에 비유한 성경 말씀이 죽음 이후의 삶을 전제로 하고 있음을 알려줍니다.

그런데 성경에 언급된 더 중요한 사실은, 죽음 이후의 삶이 죽음 이전에 어떤 삶을 살았는지에 따라 결정된다는 것입니다. 성경은 말합니다. "하나님께서 각 사람에게 그 행한 대로 보응하시되 참고 선을 행하여 영광과 존귀와 썩지 아니함을 구하는 자에게는 영생으로 하시고"(롬 2:6-7). 하나님의 엄중한 이 말씀 덕분에, 그리스도인은 이 땅에 사는 동안 최선을 다해 믿음을 지키고 하나님의 뜻을 행하려고 애쓰며 살아갑니다. 그 과정에서 때로 핍박 받기도 하고, 사회적으로 부당한 대우를 받기도 했지만 신앙을 절대 포기하지 않았습니다. 죽음 이후의 삶에 소망을 두었기 때문입니다. 그리스도인에게 약속된 죽음 이후의 삶은 '영생'이라는 말로 표현할 수 있습니다. 성경은 말합니다. "그가 우리에게 약속하신 것은 이것이니 곧 영원한 생명이니라"(요일 2:25).

영생은 예수 믿고 구원받은 자들이, 하나님이 의로 통치하시는 천국에서 하나님과 영원하고 친밀한 교제를 누리는 것을 의미합니다. "보라 하나님의 장막이 사람들과 함께 있으매 하나님이 그들과 함께 계시리니 그들은 하나님의 백성이 되고 하나님은 친히 그들과 함께 계셔서"(계 21:3). 그뿐 아니라 예수 그리스도 안에서 세상을 떠난 사람들과 천국에서 반갑게 재회할 것입니다. 이 땅에서 내가 사랑한 가족과 친지들을 천국에서 다시 만나는 장면을 떠올려 보십시오. 얼마나 기쁘고 반갑겠습니까? 사도 바울은 말합니다. "우리 주 예수의 날에는 너희가 우리의 자랑이 되고 우리가 너희의 자랑이 되는 그것이라"(고후 1:14). 그러므로 그리스도인이 고대하는 영생은 단지 불로불사(不老不死)의 삶이 아니라 의로움, 기쁨, 만족 등의 단어로 표현할 수 있는 삶의 내용에 관한 소망인 것입니다.

공수레공수거(空手來空手去), 성경의 표현을 빌리자면 '맨몸으로 왔다가 맨몸으로 가는 것'이 인생입니다(욥 1:21 참고). 부유한 자도 가난한 자도, 유명한 자도 무명한 자도, 강한 자도 약한 자도 세상을 떠날 때는 아무것도 가지고 갈 수 없습니다. 죽음을 맞이하는 사람은 모두 똑같이 빈손일 것입니다. 그러나 영생의 약속이 있는 자들은 '빈손으로 다시 시작하는 사람'이 될 것이고, 그렇지 못한 자들은 '빈손으로 끝나는 사람'이 될 것입니다. 여러분은 어떤 마음으로 죽음의 순간을 맞이하시겠습니까? 하나님께서 ○○○ 성도님의 하관예배에 참석하신 모든 이에게 죽음 이후의 삶을 준비하는 마음과 예수 안에 있는 영생의 소망을 허락해 주시기를 간절히 소원합니다.

고 ○○○ 성도님은 영생의 소망을 품고 사셨습니다. 육신은 비록 빈손으로 땅에 묻히지만, 성경의 약속대로 하나님께서 ○○○ 성도님의 빈손을 영원한 천국의 삶으로 채워주실 것입니다. 오늘 설교 본문 말씀을 읽어 드리는 것으로 설교를 마무리하겠습니다. "이 세상도, 그 정욕도 지나가되 오직 하나님의 뜻을 행하는 자는 영원히 거하느니라"(요일 2:17).

유가족이 불신자일 경우 2

비밀을 말하노니

_고전 15:51-53

이제 우리는 고인을 떠나보내는 마지막 시간을 맞이하고 있습니다. 주님께서 이 하관예배에 함께하시고, 주의 거룩한 음성으로 위로의 말씀을 우리에게 내려주시기를 바랍니다.

우리가 읽은 이 본문은, 마지막 날에 일어나는 일에 대해 사도 바울이 기록한 내용입니다. 먼저 51절에 "내가 너희에게 비밀을 말하노니"라고 기록되어 있습니다. 여기서 "비밀"은 인간의 이성으로 접근할 수 있는 문제가 아니며, 지극히 거룩하고 신비로운 영역의 일임을 말합니다. 우리는 이성적 사고에 익숙한 사람들이기에, 이런 신비에 속한 말씀을 들으면 당황하게 됩니다. 그러나 생각해 보십시오. 우리가 어떻게 이 세상에 태어나게 됐는지 말입니다. 누가 감히 자기의 의지로 세상에 태어났다고 말하겠습니까? 우리 모두 어느 순간 정신 차려보니 '세상에서 살고 있는 것 아니겠습니까? 이미 우리 자신의 존재 자체가 어떤 면에서는 도무지 이해하기 어려운 신비에 둘러싸여 있는 것입니다. 그리고 이러한 가운데서 사도 바울이 말하는 신비 혹은 비밀에 대해 생각해야 합니다.

또 "우리가 다 잠잘 것이 아니요 마지막 나팔에 순식간에 홀연히 변화되리니"라고 말합니다. 이 땅에 하나님의 천사들의 나팔소리가 들려올 날이 다가오고 있는데, 그 마지막 때 마지막 나팔이 울리는 순간 우리에게 엄청난 변화가 일어나게 된다는 것입니다. 그것이 무엇입니까? 52절은 "죽은 자들이 썩지 아니할 것으로 다시 살아나고 우리도 변화되리라"고 말합니다. '다시 살아나는 것'은 죽어서 땅에 묻혔던 육신에 완전한 변화가 일어난다는 것입니다. 죽는 순간 인간의 육신은 땅에 묻히고 결국 흙으로 변하게 됩니다. 그러나 이 육신이 영원히 흙으로 남는 것이 아니라, 우리 주 예수 그리스도께서 이 땅에 다시 오시는 그날 다시 살아나 일어나게 될 것을 말하는 것입니다. 아마도 이런 이야기를 들으면 그런 일이 가능할까 싶은 생각이 들 수도 있습니다. 자연적인 이성의 관점에서 볼 때 이해하기가 어려운 말씀이기 때문입니다.

그럼에도 우리가 이것이 가능하다고 믿는 이유는, 인간의 이성과 사고의 한계를 뛰어넘으시는 하나님의 권능이 존재하기 때문입니다. 우리를 이 땅에 태어나게 하신 분, 그리고 지금도 이 우주를 지탱하며 우리로 살아 움직이게 하시는 분, 장차 영혼을 들어 올려 천국에 들어가게 하시는 그분의 무한한 신적 권능 말입니다. 이 우주는 대체 어떻게 생겨났을까요? 무려 시속 1300킬로미터로 자전하고 있다는 이 지구 위에서, 우리는 어떻게 현기증을 느끼지 않고 살아가는 것일까요? 지구가 속해 있는 은하의 지름이 10만 광년이라고 하는데, 그리고 이 우주 안에는 그런 은하의 수가 적게는 1,200억 개, 많게는 2조 개에 이르는 것으로 보는 학설도 있다는데, 우리가 살고 있는 이 거대한 우주를 우리가 어떻게 설명해야 할까요?

여기가 바로 하나님을 생각해야 할 지점입니다. 도무지 인간의 능력으로는 설명할 수 없고 심지어 그 수를 헤아릴 수조차 없는 곳, 인간의 이성이 광대한 스케일 앞에 작동을 멈출 것만 같은 그곳에서, 우리는 신이신 하나님을 떠올리고 그분을 생각할 수밖에 없는 것입니다. 그리고 여기에 하나님이 당신을 믿는 당신의 백성들을 위해 걸어두신 약속이 계시됩니다. 우리의 육신이 다시 살아나는 것, 인간의 능력이 아니라 전능하신 하나님의 능력으로 다시 살아나는 것 말입니다.

지금 한 사람이 생애를 마치고 그 육신을 이 땅에 묻는 마지막 시점에 도달해 있습니다. 우리는 이곳에서 영원하고 전능하신 하나님이 우리에게 약속하신 것을 떠올리며, 굳은 믿음으로 그것을 붙잡아야 합니다. 육신의 죽음은 끝이 아니며, 언젠가 우리 모두 영광스러운 하나님의 능력으로 새로운 부활을 경험하게 될 것이라는 사실을 말입니다.

그리스도인에게는 부활이 있습니다. 그래서 예수님은 "나를 믿는 자는 죽어도 살겠고"(요 11:25)라고 말씀하셨습니다. 혹시 이 자리에서 영원한 부활을 자기의 것으로 삼기 바라는 분이 있다면, 마음으로 이 시간 진실하게 기도하시기 바랍니다. 그 영원한 부활의 복을 받기 원한다고 말입니다. 만약 그것이 마음에 진실한 고백으로 드려지는 기도라면, 영생의 주인이요 부활을 가능하게 하시는 하나님께서 들으시고 소원대로 영원한 생명과 부활의 복을 안겨주실 줄로 믿습니다.

배우자가 소천한 경우

너희는 마음에 근심하지 말라

_요 14:1-3

고인을 떠나보내는 이 마지막 자리에, 평강의 왕이신 주님께서 모든 이들의 마음을 위로하시고, 거룩한 평안의 은혜 내려주시기를 바랍니다. 오늘 본문은 요한복음에서 예수님이 마지막으로 제자들에게 남기신 말씀 중 하나입니다. 그리고 장차 어떤 일이 벌어질지 두려워하던 제자들을 위로하시고, 어떻게 해야 하는지를 가르쳐주시는 말씀입니다.

먼저 예수님은 1절에 "너희는 마음에 근심하지 말라"고 말씀하십니다. 사람이 살아가면서 근심을 피할 길은 없습니다. 이러저러한 일로 늘 마음 상하고, 또 미래의 일로 걱정이 끊이지 않지요. 그러나 그럴 때도 주님은 말씀하십니다. "너희는 마음에 근심하지 말라."

우리가 근심하지 않아도 되는 이유, 근심하지 말아야 할 이유 역시 1절에 나와 있습니다. "하나님을 믿으니 또 나를 믿으라." 누구를 믿으라고 하십니까? '하나님'을 믿고 '나'를 믿으라고 하십니다. 아버지 하나님, 창조주 하나님, 지금도 돌보시는 하나님, 구원자이고 십자가에서 몸

바쳐 피 흘리고, 사랑으로 구속하고, 사망에서 건져줄 하나님을 믿으라는 것입니다. 우리는 두려울 때마다, 앞으로 살아갈 것에 대한 걱정으로 마음이 짓눌릴 때마다 이 말씀을 기억해야 합니다. 그리고 자신의 영혼에 이것을 말해 주어야 합니다. 근심하지 말라고 말입니다. 오직 네 하나님과 주 예수님을 굳건하게 믿으라고 말입니다. 우리는 위기 가운데서도 근심과 걱정이 태산같이 쌓이는 상황에서도, 믿음을 지키기 위한 싸움, 믿음이 쓰러지지 않도록 노력해야 하는 싸움을 해야 합니다. 그리고 지금 주님께서는 제자들에게 같은 종류의 노력을 요구하고 계십니다.

예수님은 내 아버지 집에 거할 곳이 많다고 제자들에게 말씀하셨습니다. 그래서 내가 지금 너희를 떠나지만 그것은 그냥 떠나는 것이 아니라 거처를 예비하기 위해 떠나는 것이고, 반드시 다시 오겠다고 그리고 다시 올 때는 너희를 영접하여 나 있는 곳에 함께 있도록 하겠다고 말입니다. "너희를 내게로 영접하여 나 있는 곳에 너희도 있게 하리라"(요14:3).

우리는 예수님을 믿어야 합니다. 그분께서 하신 말씀을 믿어야 합니다. 하늘에 친히 우리의 처소를 마련해 두셨다는 사실, 그리고 우리 육신의 생명이 다하는 날 영광스럽게 그곳에 들어가게 될 것이라는 사실을 말입니다. 이것은 그리스도인들의 빛나는 소망입니다. 세상 어디서도 이러한 영생과 천국과 부활의 소망에 대해 들을 수 없기 때문입니다. 우리의 영혼을 위해 거룩한 천국이 준비되어 있다는 사실, 그래서 그곳을 마련해 두신 예수님이 우리를 친히 영접하실 것이며, 지금 고인이 되신 ○○○ 성도님 역시 이미 예수님과 함께 그곳에 있다는 사실을 우리는 믿는 것입니다.

우리는 그 사실을 진실로 믿는 사람들이기에 지나치게 슬퍼하지 않습니다. 비록 지금 이 순간 육신의 이별이 몹시 아쉽고 슬프기는 하지만, 우리에게는 분명히 이루어질 복된 소망이 남아 있기 때문입니다. 언제가 우리의 육신이 죽음을 맞이하는 날, 예수님이 친히 오셔서 우리의 손을 잡고, 우리를 위해 준비한 영원한 곳으로 우리를 들이실 것이기 때문입니다.

우리는 그날을 사모하는 사람들입니다. 그 사모함 가운데 일생을 살고 마침내 이 땅을 떠나는 그 순간, 영광스러운 환희 가운데 거룩한 천국으로 올라갈 사람들입니다. 그날은 반드시 우리를 찾아올 것입니다. 그리고 이 땅에서 아쉽게 작별한 사람들을 그곳에서 다시 만나 감격스러운 재회를 하게 될 것입니다. 우리를 위해 처소를 예비해 주신 예수님의 은혜에 감사하며 그 은혜를 사모하고, 천국에 마련된 우리의 영원한 처소에 대한 소망을 품고 살아가시기 바랍니다.

6장

화장예배

유가족이 믿지 않는 경우 1

심은 대로 거두는 인생

_갈 6:6-10

오늘 우리는 사랑하는 고인의 화장예배를 드립니다. 다 아시겠지만 인생은 시작과 처음이 같습니다. 인생이 시작된 곳으로 돌아갑니다. 빈손으로 이 땅에 왔기에 우리는 빈손으로 돌아갑니다. 오늘 화장을 통해 흙에서 온 우리 몸은 흙으로 돌아갑니다.

왔던 곳으로 돌아가는 죽음이라면, 삶은 심은 대로 거두는 것이라고 성경은 말씀합니다. 세상일을 심으면 세상일을 거두고, 성령으로 심고 믿음으로 심으면 영생을 거둡니다. 선을 행하면 반드시 선을 거둔다고 합니다. 그런데 심은 대로 거두는 것이나 돌아온 곳으로 돌아간다는 것은 사실 비슷한 원리입니다. 같은 것으로 거둔다는 의미이기 때문입니다. 이런 의미에서 죽음과 삶은 같은 원리로 진행된다고 말할 수 있습니다. 본문이 말하는 내용을 살펴봅니다.

첫째, 인생은 심은 대로 거둡니다. 말씀드린 대로 삶의 중요한 원리로 성경이 제시하는 것입니다. 사람은 무엇을 하든지 심은 대로 거둡니다.

성공하는 사람을 보면 성공할 수밖에 없는 내용이 그의 삶에 있습니다. 그 방면에 남다른 뭔가가 있습니다. 아무것도 없이 우연히 성공한 사람은 없습니다. 유엔 사무총장을 지낸 반기문 총장의 이야기를 읽은 적이 있습니다. 그는 어려서 미군부대에서 놀았다고 합니다. 그것이 어린 나이에 영어를 접하는 계기가 되었고, 나중에 유엔 사무총장까지 가는 계기가 됩니다.

우리 주변에서 하나님의 복을 받은 사람을 보면 복 받을 행동을 합니다. 안 되는 사람을 보면 안 될 행동을 스스로 합니다. 하나님께 순종하지 않습니다. 이런 의미에서 인생은 전적으로 자기 책임입니다. 심은 대로 거두는 것입니다. 심은 대로 거두는 원리는 영적인 일에도 마찬가지입니다. 무조건 하나님이 다 해주시는 것이 신앙이 아닙니다. 가만히 있어도 다 해주시지 않습니다. 심어야 합니다. 하나님을 믿고 말씀에 순종해야 합니다. 그래야 결과가 있습니다. 심지 않는 사람은 거둘 수 없습니다. 고인의 삶은 믿음을 따라 심는 삶이었습니다. 분명 천국에서 영생을 누리실 것입니다.

성경에 달란트 비유라는 것이 나옵니다. 한 달란트 받은 종은 자신이 적게 받았다고 원망하며 아무 일도 하지 않았습니다. 결국 주인의 책망을 받고 쫓겨납니다. 아무것도 하지 않고 가만히 있은 것이 문제인 것입니다. 뭐라도 했어야 했습니다. 주인을 위해 최선을 다하다 실패해도 괜찮았을 것입니다.

성경은 우연이나 재수를 가르치지 않습니다. 흔히 교회 다니는 사람들이 하나님을 믿는다고 하면, 믿지 않는 사람들은 그들이 무슨 요행을 바란다고 생각합니다. 아닙니다. 신앙생활을 하는 사람들은 이 땅에서 더 선한 삶을 살고자 애씁니다. 고인의 삶이 그런 삶이었습니다. 믿지 않는 가족들 속에서, 고인은 평생 가족의 믿음과 신앙을 위해 기도하는 삶을 살았습니다. 그것은 반드시 열매를 맺을 것이라고 생각합니다.

둘째, 심고 거두는 데는 인내가 필요합니다. 심고 거두는 것은 쉬운 일이 아닙니다. 농부가 농사를 지어 뭔가를 얻으려 해도 1년 내내 혹은 많은 시간과 노력이 필요합니다. 마찬가지로 선한 일, 영적인 일을 심고 거두는 것은 생각만큼 쉬운 일이 아닙니다. 낙심되는 일입니다. 포기하고 싶은 일입니다. 심고 거두는 것은 시간이 걸리는 일입니다. 특히 인생에서 의미 있고 보람 있는 일은 시간이 걸립니다. 그러나 중요한 것은 반드시 거둔다는 것입니다. 때가 되면 거둡니다. 하나님이 거두게 하신다는 약속의 말씀을 주셨습니다. 이 땅에서 거두고 영원한 하늘에서도 거둡니다.

오늘 고인은 가족의 구원을 보지 못하고 돌아가셨지만, 영원한 천국에서 영생을 거두셨습니다. 그리고 가족의 믿음과 구원을 위해 평생 간구하셨기에 반드시 그 열매를 맺으실 거라 생각합니다.

조지 뮬러라는 사람의 이야기를 하겠습니다. 그는 영국 브리스톨에서 고아원을 운영하며 고아의 아버지로 불렸습니다. 고아원을 운영하며 많은 어려움이 있었지만, 5만 번이 넘는 기도응답을 받으며 고아들을 키워냈습니다. 그의 기도응답 이야기를 읽어보면 참으로 놀라운 것이 많습니다. 그러나 이렇게 기도응답을 많이 받은 조지 뮬러도 평생 기도한 것이 있습니다. 52년 동안 두 사람의 구원을 위해 기도했습니다. 한 사람은 조지 뮬러가 죽기 직전 회심했고, 나머지 한 사람은 조지 뮬러가 죽은 후 구원받았다고 합니다. 다시 말해, 조지 뮬러는 자신의 기도응답을 사후에 받은 것입니다.

심고 거두는 것은 인내가 필요합니다. 고인은 평생 기도했고 기다리셨습니다. 저는 믿습니다. 오늘 비록 고인은 흙으로 돌아가지만, 그가 드린 기도는 반드시 응답받을 줄 믿습니다.

유가족이 믿지 않는 경우 2

잠자는 자들의 첫 열매, 예수 그리스도

_고전 15:12-20

　기독교는 '부활의 종교'라 불립니다. 그 이유는 기독교가 태동했던 1세기의 교회가 예수 그리스도의 죽음과 부활을 중심으로 신앙을 전파했고, 그 신앙이 2천 년이 넘는 시간 동안 기독교인의 삶과 신앙에 굳건한 기초가 되었기 때문입니다. 따라서 '그리스도인'이라는 호칭에는 '나는 예수 그리스도의 부활을 믿는 신앙을 가진 사람입니다'라는 고백이 함축되어 있습니다. 고 ○○○ 성도님은 그리스도인이었습니다. 다시 말해, 고 ○○○ 성도님은 예수 그리스도의 부활을 믿는 신앙을 가지고 세상을 살아가신 분이었습니다.

　오늘 이 자리에 함께하신 고인의 유가족은 비기독교인인 것으로 알고 있습니다. 아마도 고인이 가진 신앙의 내용에 생소함이 적지 않을 것입니다. 그래서 저는 오늘 고 ○○○ 성도님이 가졌던 '예수 그리스도의 부활을 믿는 신앙'에 대한 몇 가지 중요한 내용을 말씀드리려고 합니다. 고 ○○○ 성도님이 가진 신앙의 내용이 무엇인지 아는 것이 고인의 생애를 이해하는 중요한 기초가 되기 때문입니다. 또 고 ○○○ 성도님의 생전 신앙이 그에게 약속하는 죽음 이후의 삶이 어떤 것인지 알려드리고, 유가족의 슬픔을 위로하기 위함입니다. 고인이 생전에 가진 신앙에 대한 존중하는 마음과 열린 마음으로 함께해 주시기를 부탁드립니다.

고 ○○○ 성도님은 예수 그리스도께서 잠자는 자들의 첫 열매가 되셨다는 성경의 진리를 믿는 분이었습니다. 오늘 함께 읽은 성경 본문에 이런 구절이 있습니다. "그리스도께서 죽은 자 가운데서 다시 살아나사 잠자는 자들의 첫 열매가 되셨도다"(고전 15:20). 여기서 "잠자는 자"는 세상을 떠난 성도를 가리키며, "첫 열매가 되셨도다"라는 구절은 예수 그리스도께서 죽음의 권세를 이기고 부활하셨듯 예수를 믿는 성도 역시 마지막 날에 다시 살아날 것을 의미합니다. 기독교가 시작된 1세기부터 지금까지 예수의 부활에 관한 논쟁은 여전히 진행 중입니다. 죽은 자가 다시 살아날 수 있다는 개념이 1세기 당시의 세계관으로 이해하기 어려웠을 뿐 아니라, 오늘날의 과학으로도 설명할 수 없기 때문입니다. 그러나 다른 한편으로 생각해 보면, 인간의 이성과 과학으로 설명할 수 있다면 그것은 신앙의 대상이 될 수 없을 것입니다.

만약 고 ○○○ 성도님에게 부활의 소망이 없었다면, 죽음 이후에 그에게 남는 것은 겨우 한 줌의 재뿐입니다. 그리고 그마저도 시간이 지나면서 언젠가는 소멸할 것입니다. 또 그가 생전에 쏟은 종교적 수고는 인간의 헛된 노력으로 간주될 것입니다. 얼마나 허무하고 허망한 삶이겠습니까? 그러나 기독교 신앙을 전파하고 설교하는 목사로서 제가 알고 확신하는 한 가지는 바로 이것입니다. 고 ○○○ 성도님은 부활의 신앙을 품고 살았고, 그 신앙 안에서 생을 마쳤으며, 그가 생전에 붙들었던 신앙대로 마지막 날 부활하여 예수 그리스도 안에 있는 영원한 생명을 누리게 될 것입니다. 할렐루야!

고인의 화장 절차를 마치면 유가족 여러분은 남겨진 그 한 줌의 재 앞에서 안타까움, 슬픔, 인생무상의 감정을 느낄지도 모릅니다. 그러나 유가족 여러분이 그토록 사랑하고 아끼던 고 ○○○ 성도님에게 지금 이 순간은, 어쩌면 자신의 온 생애를 바쳐 자랑스럽게 지켜온 신앙이 헛되지 않았음을 확인하는 순간일 것입니다. 고 ○○○ 성도님의 삶이 단지 한 줌의 재로 끝나지 않고, 영원한 천국에서 기쁨과 안식의 삶으로 이어질 수 있기를 바라는 마음으로, 그의 마지막 가는 길을 함께해 주시기를 부탁드립니다.

마지막으로, 부활의 소망에 관한 성경 말씀을 한 구절 소개해 드리고 설교를 마치겠습니다. "보라 내가 너희에게 비밀을 말하노니 우리가 다 잠잘 것이 아니요 마지막 나팔에 순식간에 홀연히 다 변화되리니 나팔 소리가 나매 죽은 자들이 썩지 아니할 것으로 다시 살아나고 우리도 변화되리라"(고전 15:51-52). 하나님께서 고 ○○○ 성도님과 유가족에게 긍휼과 은혜를 넘치게 부어주시기를 예수님의 이름으로 간절히 소망합니다.

믿음의 가정인 경우1

하나님의 소유가 되었기에 안전합니다
_사 43:1-3

언제나 사람들에게 사랑과 자비를 베푸시는 주님의 은혜와 평강이 오늘 이 자리에 가득하기를 바랍니다.

오늘 본문은 유명한 본문이어서 우리가 익숙하게 잘 알고 있습니다. 1절에 "야곱아 너를 창조하신 여호와께서 지금 말씀하시느니라"고 기록되어 있습니다. 지금 말씀하시는 분이 '너를 창조하신 분'이라고 합니다. 우리는 저절로 태어나지 않았습니다. 우리는 모두 하나님의 특별한 선택과 지명 가운데 이 땅에 태어났습니다. 그래서 우리는 태어날 때부터 우리 자신의 것이 아니며 하나님의 것입니다. 만약 인간 중심으로만 생각한다면, 우리가 하나님의 은혜로 창조된 존재요 날 때부터 그분의 소유된 사람들이라고 하는 것이 그다지 유쾌하지 않을 수도 있습니다. 왜냐하면 인간은 너무도 자기중심적인 존재이기에, 자기가 누군가를 절대적으로 의지해야 하는 존재이며, 그분의 소유가 된다는 사실을 받아들이고 싶어하지 않는 것입니다.

그런데 이런 생각은 가끔 변하기도 합니다. 자신이 어떻게 해볼 수 없는 상황, 특히 자신의 죽음을 목전에 둔 상황이라면 그 생각이 많이 달라집니다. 왜냐하면 앞으로 벌어지는 모든 상황이 자기에게 달렸고, 자기가 누구의 소유도 아니라는 사실처럼 두렵게 만드는 것도 없기 때문입니다. 그야말로 죽음 앞에서 완전히 혼자가 되는 것입니다.

그러나 우리에게는 하나님이 계십니다. 우리를 창조하시고 영원히 당신의 소유로 삼아주신 분이 계십니다. "너는 두려워하지 말라 내가 너를 구속하였고 내가 너를 지명하여 불렀나니 너는 내것이라." 하나님께서 우리를 창조하셨을 뿐 아니라, 죄에서 우리를 건지시고 지명하여 부르셨다는 그 사실, 그래서 우리는 완전히 그분의 소유가 되었다는 사실이 중요합니다. 그로 인해 우리는 죽음에 대한 두려움과 공포에서 해방되기 때문입니다.

2절은 "네가 물 가운데로 지날 때에 내가 너와 함께 할 것이라 강을 건널 때에 물이 너를 침몰하지 못할 것이며 네가 불 가운데로 지날 때에 타지도 아니할 것이요 불꽃이 너를 사르지도 못하리니"라고 말합니다. 이 얼마나 놀라운 말씀입니까? 이 얼마나 놀라운 은혜입니까? 우리는 하나님의 것이 된 사람들이기에, 그분의 거룩한 소유가 되어 성령으로 인친 사람들이기에 모든 두려운 상황에서 건지신다는 것입니다. 여기서 물을 지난다는 것은 사람이 물로 인해 죽을 수 있는 상황을 가리킵니다. 불로 지난다는 것은 사람이 불로 인해 죽을 수 있는 상황을 가리키는 것입니다. 그러나 그 위험한 상황에서도 하나님은 우리를 분명히 지키시고 보호하실 거라는 말씀입니다.

우리의 영혼이 육신을 빠져나가는 순간, 즉 우리가 죽음이라 부르는 그 순간은 인간에게 가장 위험한 순간입니다. 그런데 여기에 우리의 영혼을 붙드시는 은혜로운 손길, 우리의 주인이 되시고 우리 인생에 성령의 인을 치셔서 당신의 것으로 삼으신 분의 손길이 나타나는 것입니다.

3절은 말합니다. "대저 나는 여호와 네 하나님이요 이스라엘의 거룩한 이요 네 구원자임이라." 그렇습니다. 하나님은 "네 하나님" 즉 우리의 하나님입니다. 거룩하신 분이고 우리의 구원자십니다. 그래서 우리가 죽음이라고 하는 가장 위험한 지점을 가장 안전하게 통과하는 것입니다. 어떤 인간도 죽음을 무사히 통과하게 만들어줄 수 없습니다. 어떤 존재도 이 죽음을 안전하게 통과하도록 만들어줄 수 없습니다. 그러나 하나님은 하늘과 땅과 온 우주를 완벽히 통치하시는 분이기에 그것이 가능합니다.

우리는 지금 주님 안에서 잠자는 한 분의 육신을 떠나보내는 마지막 시간을 맞이하고 있습니다. 비록 고인의 육신은 지금 이 자리에 있지만, 그 영혼은 이미 육신을 떠나 안전하게 천국에 도달해 있는 줄로 믿습니다. 더 나아가 언젠가 예수님이 이 땅에 다시 오시는 날, 지금 화장을 통해 재가 되는 이 육신마저도 영광스럽게 부활하여 새로운 몸으로 일어나게 될 것을 믿습니다. 그것을 전능하신 하나님께서 친히 이루실 것이기 때문입니다.

믿음의 가정인 경우 2

여호와 하나님이 흙으로 사람을 지으시고
_창 2:7

    성경은 하나님께서 땅의 흙으로 사람을 지으셨다고 말합니다. 그런데 흙은 그렇게 특별한 재료는 아니었던 것 같습니다. 하나님께서 땅의 각종 들짐승과 공중의 각종 새 역시 흙을 사용해 만드셨기 때문입니다(창 2:19 참고). 같은 재료로 창조했음에도, 창세기에 묘사된 인간의 지위는 다른 피조물보다 높습니다. 그 이유는 하나님이 인간을 창조하실 때 하나님의 형상이 담긴 존귀한 존재로 지으셨기 때문입니다. 그러므로 한 인간 존재의 참된 의미는 한 줌 흙으로 만들어진 육체에 있는 것이 아니라, 그의 안에 있는 하나님의 형상에 있다고 할 수 있습니다.

    고 ○○○ 성도님의 화장 절차를 지켜보는 유가족의 마음에는 아쉬움과 안타까움이 많을 것입니다. 그리고 이 시간이 지나고 나면 고 ○○○ 성도님의 육신은 한 줌의 재로 사라질 것입니다. 그러나 태초에 창조된 인간의 존귀함이 한 줌의 흙에 있는 것이 아니라 하나님의 형상에 있었다는 사실을 기억하시기 바랍니다. 흙으로 만들어진 육체는 성도의 죽음

후에 사라지지만, 하나님의 형상은 그의 영혼에 남습니다. 다시 말해, 고 ○○○ 성도님의 이 땅에서의 생애는 한 줌의 재로 끝났어도, 천국의 영원한 삶은 하나님의 형상과 함께 계속된다는 것입니다. 그렇다면 하나님의 형상으로 창조되었다는 것이 의미하는 바는 무엇일까요?

첫째, 성도 안에 있는 '하나님의 형상'은 그가 하나님의 소유된 백성으로 창조되었음을 의미합니다. 성경은 말합니다. "야곱아 너를 창조하신 여호와께서 지금 말씀하시느니라 … 너는 내것이라"(사 43:1절). 고 ○○○ 성도님의 생전의 삶이 '하나님의 것'으로서의 삶이었듯이, 천국에서 삶 역시 '하나님의 것'으로서의 삶이 될 것입니다. 죄로 인해 타락한 세상에서 살아가는 동안에는 하나님의 형상을 입은 존귀한 존재임에도, 불행과 슬픔, 고통과 수고를 겪을 수밖에 없습니다. 그것은 모든 인간의 운명이고 고 ○○○ 성도님 역시 예외는 아니었습니다. 그러나 천국의 삶은 완전히 새로운 삶입니다. 성경은 말합니다. "하나님이 그들과 함께 계시리니 그들은 하나님의 백성이 되고 하나님은 친히 그들과 함께 계셔서 모든 눈물을 그 눈에서 닦아 주시니 다시는 사망이 없고 애통하는 것이나 곡하는 것이나 아픈 것이 다시 있지 아니하리니"(계 21:3-4).

둘째, 하나님의 형상으로 창조된 성도는 마지막 날에 "하늘에 속한 이의 형상"을 입고 부활할 것입니다. 성경은 말합니다. "우리가 흙에 속한 자의 형상을 입은 것같이 또한 하늘에 속한 이의 형상을 입으리라"(고전 15:49). 하늘에 속한 이는 예수 그리스도를 가리키며, 이것은 마지막 날에 모든 성도가 변하여 예수님 같은 부활의 몸을 입게 된다는 것을 의미합니다. "나팔 소리가 나매 죽은 자들이 썩지 아니할 것으로 다시 살아나고 우리도 변화되리라"(고전 15:52). 장차 성도가 입게 될 부활의 몸이 구체적으로 어떤 몸일지 성경에 언급되어 있지 않기 때문에 구체적으로 알 수는 없지만, 부활하신 후 제자들과 생선도 드시고(눅 24:42-43 참고), 떡도 드셨던(눅 24:30 참고) 예수님 같은 몸으로 부활할 것이라 짐작해 볼 수 있습니다. 장차 고 ○○○ 성도님과 함께 부활의 몸을 입고 먹고 마시며 다시 교제하게 될 날이 반드시 올 것입니다. 그날을 향한 소망이 유가족에게 위로가 되기를 바랍니다.

하나님의 형상으로 지으심받은 성도의 생애는 절대 '한 줌의 재'로 끝나지 않습니다. 그러므로 유가족 여러분, 고 ○○○ 성도님의 화장 절차가 끝나고 여러분의 손에 한 줌의 재로 놓일 때 너무 슬퍼하지 마시기 바랍니다. 고 ○○○ 성도님은 하나님의 형상이요 하나님의 소유된 백성입니다. 지금은 눈물과 고통이 없는 천국에서 안식하고 계실 것이며, 언젠가 부활의 몸을 입고 여러분과 기쁘게 재회할 날을 손꼽아 기다릴 것입니다. 하나님이 주시는 위로와 부활의 소망이 고 ○○○ 성도님의 유가족과 친지들에게 충만하게 함께하시길 간절히 소원합니다.

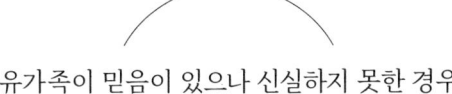

유가족이 믿음이 있으나 신실하지 못한 경우

안개 같은 인생

_약 4:13-17

이력서는 그 사람을 소개합니다. 학력과 경력이 기록된 이력서는 살아온 인생역사를 말해 줍니다. 그러나 이력서가 진짜 나를 말해 주지는 않습니다. 표면적인 인생과 경력을 알려주지만 진짜 인생에 대해 말해 주지는 못합니다. 진짜 인생의 의미를 알려면 성경을 보아야 합니다. 오늘 고인을 생각하며 예배드리면서 인생의 의미를 생각해 봅니다.

첫째, 인생은 안개와 같습니다. 오늘 본문에 등장하는 사람은 인생을 매우 구체적으로 성실하게 설계하고 살아가는 사람입니다. 자신의 인생에 대해 매우 구체적으로 시간(1년), 장소(어떤 도시), 대상(장사), 목표(이익)를 특정하고 성실히 살아가는 사람입니다. 그냥 계획 없이 되는 대로 살아가는 사람이 아닙니다. 그러나 성경은 그런 사람을 가리켜 묻고 답합니다. "너희 생명이 무엇이냐 너희는 잠깐 보이다가 없어지는 안개니라"(14절).

인간이 구체적인 계획을 세우고 살아가는 것이 잘못되었다고 말하는 것이 아닙니다. 우리 생명이 안개 같으므로 무계획으로 살아가라고 하는 것도 아닙니다. 다만 안개인 것을 모르고 이런 계획을 세우는 것이 잘못이라는 의미입니다. 마땅히 전제되어야 할 것을 하지 않으면서 온갖 인간적인 계획을 세우는 것이 부질없다는 소리입니다.

새벽에 안개가 자욱한 도로를 자동차로 달려본 경험이 있으실 겁니다. 정말 한치 앞도 보이지 않습니다. 자동차 전조등을 켜도 마찬가지입니다. 갑자기 물체라도 나타나면 사고가 날 수밖에 없습니다. 그러나 그렇게 빽빽하던 안개도 해가 드러나면 언제 그랬냐는 듯 사라집니다. 성경은 인생을 이런 안개에 비유합니다. 인생은 자신이 모든 것을 할 수 있을 것처럼 왕성하고 의욕적으로 살아갑니다. 그러나 해가 나면 안개가 홀연히 사라지듯, 하나님께서 그 생명을 거두어가시면 그저 역사 속으로 사라지는 것입니다.

성경에 등장하는 한 부자는 자신이 이룬 부를 바탕으로 큰 곡간을 짓고 여러 해 쓸 물건을 쌓아두고 이제부터 한 번 잘 살아보겠다고 결심합니다. 그러나 성경은 그 사람을 어리석다고 말하면서, 오늘 밤 그 생명을 하나님께서 찾으시면 준비한 것이 누구의 것이 되겠냐고 반문합니다(눅 12:13-21). 그러면서 사람의 생명이 그 소유의 넉넉한 데 있지 않다고 말씀하십니다.

인간은 내일 일을 알 수 없는 존재입니다. 하루하루 살아가는 존재에 불과합니다. 내일 당장 자신의 종말이 기다리고 있을지도 모릅니다. 그런 사람들이 우리 주변에 얼마나 많습니까? 지나고 보니 어제가 그 사람의 마지막 날이었던 경우 말입니다. 이것이 인생 이력서입니다. 인생은 안개 같은 존재입니다. 이것을 알고 살아야 합니다. 그래야 우리에게 주어진 삶에서 진정한 진리를 추구하며 살아갈 수 있습니다.

둘째, 하나님의 주 되심을 인정하며 살아야 합니다. 그럼 안개 같은 존재는 어떤 삶을 살아야 합니까? 15절에 있는 것처럼 스스로 보장할 수도 없는 허망한 계획 대신에, 하나님의 뜻을 살피면서 오늘 최선을 다하는 삶을 살아야 합니다. 모든 것을 주님께 묻고 주님의 뜻을 따라 살아야 합니다. 그저 주어진 삶에서 하나님의 뜻을 물으며 겸손하고 성실히 살아갈 것을 권면합니다.

16절에 등장하는 "허탄한 자랑"은 교만한 자랑을 말합니다. 주님의 뜻이면 이것저것을 할 수 있다고 말하는 것이 아니라, 자신의 계획 속에서 자기가 할 수 있다고 말하는 사람을 가리킵니다. 그가 아무리 뛰어난 사람이라도 그런 자랑은 할 수 없습니다. 내일 일을 알 수 없는 한낱 인간에 불과하기 때문입니다.

인생이 알아야 할 진정한 것이 있습니다. 우리가 우리 인생의 주인이 아니라는 것입니다. 하나님이 주인이십니다. 그래서 '주의 뜻이면' 이것저것을 한다고 말해야 하는 것입니다. 사실 하나님이 누구인지 모르는 사람은 인생을 모르는 사람입니다. 하나님을 아는 사람은 적어도 두 가지 악을 피합니다. 첫째는 교만한 자랑이고(16절), 둘째는 선을 행하지 않는 것입니다(17절). 하나님이 인생의 주인이심을 아는 자는 자랑하지 않습니다. 사실 자랑할 게 없지요. 자기가 한 것이 아니기 때문입니다. 하나님이 생명 주셔서 하신 일일 뿐입니다.

절대 선이신 하나님이 계신 것을 아는 사람은 선을 행할 수밖에 없습니다. 하나님이 선하심을 알기 때문입니다. 그분이 주인이시기에 자기 중심으로 살지 않고 하나님 중심으로 삽니다. 그리스도인이 선을 행하는 이유는 간단합니다. 하나님이 선하시기 때문입니다. 우리의 주인이신 그분이 선을 명하셨기 때문입니다.

열심히 신앙생활하다 소천한 경우

죽음의 영광

_요 12:20-26

성경은 죽음에 대해 여러 가지를 말합니다. 그중 가장 기본은 죽음이 끝이 아니라는 사실입니다. 또 죽음은 살았을 때부터 이루어져야 하는 신앙적 행위라는 것입니다. 오늘 정말 열심히 주님을 섬기신 고인을 회상하며 죽음의 의미를 생각해 보겠습니다.

첫째, 주님은 죽어야 영광을 얻는다고 말씀하십니다. 본문의 시기는 예수님의 예루살렘 입성 즈음입니다. 나사로를 살리신 일 때문에 주님에 대한 반응이 그 어떤 때보다 높을 때였습니다(19절). 게다가 헬라인들까지 주님을 찾아왔습니다. 유대인과 헬라인을 가리지 않고 주님에 대한 반응이 최고조였습니다. 세상 모두 주님을 따를 기세였습니다. 주님도 이것을 아셨습니다(23절). 그리고 곧바로 죽음을 말씀하셨습니다.

죽음의 영광을 말씀하셨습니다. 예수님은 자신이 얻을 영광이 십자가의 죽음을 통해 많은 열매로 나타날 것을 말씀하셨습니다(24절). 그러나 거기서 끝나지 않고, 이런 삶을 주님을 따르는 모든 사람에게 적용하셨습니다(25-26절). 나를 섬기려면 나를 따르라고 말씀하십니다. 주님이 지신 십자가의 길과 우리가 걸어가야 하는 신앙의 길은 그 원리가 같다고 하신 것입니다. 진정한 영광은 자기 자신이 살 때가 아니라 주님처럼 자기 자신이 죽을 때 온다고 하신 것입니다.

주님은 이 땅의 모든 사람이 주님을 높이려 할 때 자신의 죽음을 말씀하셨습니다. 영광이 아니라 죽음을 말씀하셨습니다. 이것은 십자가를 말씀하신 것입니다. 주님이 죽어야 많은 사람이 살아나는 것입니다. 그리고 이것을 우리에게도 적용하셨습니다. 우리도 주님을 따라 죽어야 산다고 하십니다. 여기서의 죽음은 죄와 욕심에 대하여 죽는 것을 말합니다(갈 2:19-20; 골 3:5; 벧전 2:24).

오늘 고인을 화장하면서, 비록 몸은 죽었지만 영혼은 주님 안에서 영원히 사실 고인이 받은 영광을 생각합니다. 왜냐하면 고인은 생전에 주님을 위해 세상에 대해서는 죽는 신앙의 삶을 살았기 때문입니다. 주님의 제자로 열심히 살았기 때문입니다. 이제 고인은 흙으로 돌아가지만 주님의 품에서 영원한 영광을 얻으셨습니다.

죽어야 사는 것은 기독교의 역설입니다. 우리가 이 땅에서 세상 명예와 욕심에 대하여 죽을 수 있을 때, 우리는 주님의 참 제자로 영원한 영광을 얻게 될 것입니다. 한동안 유행했던 책 중에『공자가 죽어야 나라가 산다』가 있습니다. 그러나 성경적으로는 먼저 내가 주님을 위해 죽을 때 내 가정과 교회와 나라가 삽니다. 교회에서도 내 자아가 죽을 때 더 많은 사람이 영광을 얻고 삽니다. 또 하나님께 영광이 됩니다.

둘째, 주님은 어떤 순간에도 믿음의 본분을 잊지 않으셨습니다. 주님이지만 사탄이 시험할 정도로 인성도 가지신 분입니다. 만약 인성이 가짜였다면 사탄이 시험이라는 불필요한 짓을 했겠습니까? 시험할 때는 넘어질 가능성이 있다는 의미입니다. 누구보다 사탄이 이 방면에 전문가입니다. 그러니 주님의 인성은 얼마든지 넘어질 수 있는 우리와 똑같은 성정이었습니다. 그런데도 죄가 없으신 거지요. 그래서 대단한 겁니다.

주님이니까 저절로 다 되었고 신앙의 길도 문제없이 가신 거라고 말하는 것은 주님이 가신 길을 폄하하는 것입니다. 우리 같은 인성을 가지고 주님은 믿음의 길을 가신 것입니다. 본문에는 그런 주님의 모습이 나타납니다. 주님은 어떤 조건 속에서도 갈 길을 잊지 않으셨습니다. 본분을 잊지 않으신 것입니다. 세상의 인기와 환호 속에서도 자신의 길과 믿음의 본분을 지키셨습니다(23-24절).

네덜란드 여인으로 나치 치하에서 유태인을 돕다가 수용소에 갇혀 온갖 어려움을 겪은 코리텐 붐 여사의 일화는 유명합니다. 그는 나중에 나치 치하에서 자신의 신앙과 삶을 담은 책 『주는 나의 피난처』를 냈고, 그것이 영화로까지 나왔습니다. 주변 사람들이 대단하다고 칭찬할 때 그녀의 답은 이랬습니다. "맞아요. 그러나 날마다 나는 오로지 죄수번호 66730의 죄수일 뿐임을 상기합니다." 그녀는 단지 나치의 죄수가 아니라 자신이 진정으로 죄인임을 잊지 않으려 한 것입니다. 이 예화는 어떤 성공과 환경 속에서도 자신의 본분을 잊지 않으려 한 성도의 몸부림을 보여줍니다. 성공에 도취되면 자신의 처음을 잃어버리기 쉽습니다. 코리텐 붐은 그것을 경계한 것입니다.

오늘 육신이 흙으로 돌아가는 고인은 어떤 순간에도 주님의 제자임을 잊지 않고 세상의 유혹을 경계하며 사셨습니다. 신앙인의 본분을 잊지 않고, 주님을 따르는 제자의 삶을 사셨습니다. 그래서 고인은 이제 죽음으로 영광을 얻으셨을 줄 믿습니다. 우리 모두 고인처럼 세상의 영광에 도취되지 말고 주님의 영광에 도취된 삶을 살다가, 주님이 주시는 영광을 거두시기 바랍니다.

갑작스럽게 소천한 경우

나그네가 누리는 영광

_히 11:13-16

먼저 이 시간 이 예배 가운데 주 예수님이 오셔서 성령으로 임재하시고, 주님의 임재 가운데 우리의 몸과 마음을 위로와 평강의 손길로 어루만져주시기를 바랍니다.

갑작스러운 일을 당할 때처럼 우리를 당황하게 만드는 것은 없는 것 같습니다. 무슨 일이든 준비할 시간을 두고 천천히 맞이하면 그리 힘들지 않을 것입니다. 그러나 예고 없이 전혀 준비되지 않았을 때 벌어지는 일은 우리를 당황하고 낙심하게 만듭니다. 고인이 갑작스럽게 소천하셔서 유족께서 몹시 당황스럽고 힘드셨을 것입니다. 어떤 마음의 준비도 되지 않은 상태였으니까요. 그러나 이 당황스러운 상황 가운데서도 하나님의 자녀 된 우리에게는 분명한 소망이 있음을 잊어서는 안 됩니다.

본문 13절은 "땅에서는 외국인과 나그네임을 증언하였으니"라고 말합니다. 그리스도인이 누구입니까? 이 땅에 사는 동안 마치 외국인 같은 존재, 멀리 떨어진 다른 나라에서 외롭게 살아가는 이방인 같은 존재입니다. 또 정처 없이 이곳저곳을 떠돌 수밖에 없는 나그네 같은 존재이기도 합니다. 우리가 이 땅에서 외국인과 나그네 같은 존재라는 것은, 우리가 이 '땅에 속한 백성'이 아니라는 의미입니다. 이 땅에 발을 딛고 살아가지만, 이 땅에서 영원히 살 것처럼 아등바등하는 사람들은 아니라는 것입니다. 우리는 본향인 천국을 바라보며 그 천국으로 돌아갈 것을 기대하는 사람들이기 때문입니다.

우리의 본향은 이 땅이 아니라 천국입니다. 그래서 이 땅에 사는 것을 잠시 잠깐 지나가는 것으로, 저 본향을 향해 가는 길에 잠시 지나는 여정으로 생각합니다. 조금 빨리 가든 조금 늦게 가든 우리는 모두 천국을 향해 발걸음을 옮기고 있는 순례자요 나그네입니다. 그리고 높으신 하나님의 뜻을 따라, 어떤 이는 조금 더 빨리 그곳에 도착하고 어떤 이는 조금 더 늦게 도착하는 것입니다. 이 모든 것은 우리 인간의 권한이 아니고 전적으로 하나님께 달려 있습니다.

인간적인 마음에 왜 이렇게 빨리 부르시는지 원망하고 싶을 수도 있습니다. 이렇게 갑작스러운 이별이라면 누가 담담하게 그저 받아들이겠습니까. 그러나 그리스도인들은 선하신 하나님이 행하신 일임을 믿고 신뢰하며 나아가야 합니다. 도무지 그 이유를 알 수 없어도 말입니다.

욥은 말했습니다. "그러나 내가 가는 길을 그가 아시나니 그가 나를 단련하신 후에는 내가 순금 같이 되어 나오리라"(욥 23:10). 욥도 모르겠다는 것입니다. 지금 어디로 가는지, 자기에게 벌어지고 있는 일들이 대체 왜 일어나는지 모르겠다는 것입니다. 그러나 다만 한 가지 아는 것은, 자신이 가는 그 길을 하나님은 아신다는 것입니다. 이것이 바로 지금 우리에게 필요한 자세, 이 어려움을 극복해 나가는 데 있어 가장 절실하게 요구되는 태도요 믿음입니다.

세상을 쉽게만 살아가는 방법은 없는 것 같습니다. 욥처럼 경건한 사람도 그렇게 무서운 시련을 겪어야 했으니 말입니다. 그러나 비록 이 상황이 이해되지는 않지만, 자신이 가는 길을 하나님은 아시니 언젠가 순금같이 되어 나올 것을 믿기로 결단했다면, 지금 우리에게도 그러한 자세가 필요할 것입니다. 기억하십시오. 우리는 결국 나그네입니다. 나그네가 가장 기쁘고 행복한 순간은 그토록 바라던 본향에 도달할 때입니다.

사랑하는 우리 ○○○ 성도님, 발이 부르트는 나그네의 험한 여정을 다 마치고 천국에 도달해 계실 텐데 얼마나 기쁘실까요? 얼마나 행복하실까요? 인간적인 눈으로 보면 슬프지만, 하늘의 눈으로 보면 말할 수 없는 기쁨이 있습니다. 고인의 육신을 이 자리에서 마지막으로 떠나보내지만, 그 영혼은 이미 천국에 도달하여 지극한 영광 가운데 한없는 기쁨을 누리실 줄로 믿습니다.

7장

위로예배

열심히 신앙생활하다 소천한 경우

슬기로운 다섯 처녀

_마 25:1-13

고 ○○○ 성도님의 장례 절차를 모두 마친 지금, 집에 돌아온 유가족에게 고인의 빈자리가 더 크게 느껴질 것입니다. 그러나 한 가지 꼭 기억하십시오. 고 ○○○ 성도님은 생전에 그토록 소망하던 천국에서 참 평안과 안식을 누리고 있을 것입니다. 지금은 천국에 있을 고 ○○○ 성도님은 장차 천국에서 가족과 반갑게 재회할 날을 고대하고 있을 것입니다. 슬프고 허전한 마음을 잘 추스르시고, 각자에게 주어진 삶을 또 꿋꿋이 살아가시기 바랍니다.

2천 년 전 예수님이 하늘로 올라가시던 날 천사들이 이런 말을 남겼습니다. "너희 가운데서 하늘로 올려지신 이 예수는 하늘로 가심을 본 그대로 오시리라"(행 1:11). 그날 이후로 지금까지 그리스도인들은 예수님을 기다려왔습니다. 예수님이 세상에 다시 오시는 날 부끄러움 없이 예수님 앞에 서기 위해, 그리스도인들은 세상과 자신을 거룩히 구별하고 삶 속에서 하나님의 말씀을 실천하려고 애쓰며 살아왔습니다. 그러한 신앙을 '종말론적 신앙'이라고 하는데, 기독교를 특징짓는 중요한 신앙 중 하나이기도 합니다. 그런 맥락에서 보았을 때, 성도가 신앙생활을 열심히 했다는 것은 '예수님이 오실 날을 준비하며 살았다'는 의미로 볼 수도 있을 것입니다.

오늘 함께 읽은 성경 말씀은 천국에 관한 예수님의 비유 중 하나입니다. 본문에 등장하는 열 처녀는 모두 신랑을 기다리고 있었습니다. 그런데 신랑이 생각보다 더디 오자 그중 다섯 처녀는 당황하기 시작합니다. 신랑을 맞이할 때 들고 있어야 할 등불의 기름이 넉넉하지 못했기 때문입니다. 그들이 다급히 기름을 사러 간 사이 신랑이 왔고, 여분의 기름을 따로 준비한 다섯 처녀만 신랑과 함께 혼인잔치에 들어가게 됩니다. 그런데 주목해야 할 한 가지는 기름을 준비한 다섯 처녀를 가리켜 성경은 "슬기 있는 자들"이라고 말한다는 것입니다. 이것은 이 땅에서 살아가는 그리스도인이 구해야 할 슬기 혹은 지혜는 바로 신랑으로 오실 예수님을 만날 그날을 잘 준비하는 것임을 보여줍니다.

고 ○○○ 성도님은 하나님의 백성답게 살기 위해 늘 자신을 돌아보고, 악한 세상 풍조 속에서도 꿋꿋이 신앙의 절개를 지키며, 다시 오실 예수님을 향한 소망 안에서 정결하고 신실한 삶을 사셨습니다. 다시 말해, 고 ○○○ 성도님은 오늘 본문에 소개된 슬기로운 다섯 처녀처럼 세상을 살아가는 지혜를 소유한 '슬기로운 그리스도인'이었습니다. 고 ○○○ 성도님의 이 땅에서의 삶은 이제 영원한 천국의 삶으로 이어질 것입니다. 그뿐 아니라 순결한 신앙을 지켜내기 위해 세상에서 흘린 눈물은 신랑 되신 예수님이 닦아주실 것입니다.

고 ○○○ 성도님과 이별하는 것은 참으로 안타깝고 슬픕니다. 그러나 저와 여러분이 예수 그리스도 안에 거하는 한, 언젠가 기쁘게 다시 만날 것입니다. 오늘 본문에 소개된 열 처녀 비유는 "그런즉 깨어 있으라 너희는 그 날과 그 때를 알지 못하느니라"(13절)는 권면으로 끝이 납니다. 예수님이 다시 오실 날을 알 수 없듯, 죽음의 순간이 언제 찾아올지도 우리는 알 수 없습니다. 그러나 예수님이 언제 오시든 혹은 우리가 언제 죽음을 맞이하든 늘 깨어서 다시 오실 예수님을 기다리며 사는 슬기로운 그리스도인은 반드시 영원한 천국에 들어가게 될 것입니다. 그리고 죽음으로 안타깝게 이별한 반가운 얼굴들을 그곳에서 다시 보게 될 것입니다. 이 소망이 오늘 이 자리에 함께 계신 유가족에게 위로가 되기를 간절히 소망합니다.

고인이 믿음의 본이 되는 경우

믿음의 삶, 소망의 삶

_히 11:8-10

주님께서 이 자리에 모인 모든 분에게 긍휼과 자비를 베푸시고, 한량없는 은혜로 그 마음을 위로해 주시기 바랍니다.

오늘 본문은 믿음의 조상 아브라함에 대한 이야기입니다. 오늘 성경에 이른 대로, 아브라함은 장래 유업으로 받을 땅으로 나아갈 때 "갈 바"를 알지 못한 채 나아갔고, 그럼에도 자기의 믿음을 끝까지 지키며 살아갔다는 것이 우리가 읽은 내용의 요지입니다.

사람이 자기의 갈 바를 알고 가는 것은 사실 그리 어려운 일이 아닙니다. 그러나 자기가 어디로 가는지도 모른 채 그냥 누군가를 따라가는 것은 정말 어려운 일입니다. 자기를 이끄는 사람을 전적으로 신뢰하지 못하면 결코 실행할 수 없는 일이지요. 그런데 아브라함은 그 어려운 일을 실제로 해냈습니다. 자기의 삶을 전능하신 하나님께 맡긴 채 다른 생각은 전혀 품지 않고 전심으로 따른 것입니다. 이것이야말로 우리 그리스도인들이 추구하는 믿음의 삶이자 모범이라 할 수 있습니다.

고인께서는 살아생전 우리에게 훌륭한 믿음의 본을 보여주셨습니다. 오늘 본문에 등장하는 아브라함같이 온전한 믿음의 삶을 사신 분이었습니다. 오직 하나님께 모든 것을 맡기고, 하나님의 인도하심을 따라 끝까지 순전한 믿음으로 사셨으니 말입니다.

이런 삶을 실제로 살아낸 분들은 오늘을 살아가는 우리에게 중요한 모범이자 교훈이 됩니다. 우리가 아브라함의 삶을 보며 크게 도전받고 믿음의 삶에 대해 다짐하게 되듯, 고인이 되신 ○○○ 성도님의 삶 앞에서도 크게 도전받고 믿음의 삶에 대해 새로운 다짐을 하게 됩니다.

물론 이러한 삶에 흔들림이나 요동이 전혀 없지는 않습니다. 우리는 참으로 약한 존재이기에 세상의 바람과 물결에 쉽게 흔들립니다. 그러나 그렇게 흔들리고 요동치는 것을 이겨내고 끝까지 믿음을 굳게 붙잡고 포기하지 않는 것이 중요합니다.

본문 10절에 보면, 아브라함은 하나님이 계획하시고 지으실 터가 있는 성을 '바랐다'고 말합니다. 지금은 비록 초라한 '장막'에 살지만, 앞으로 하나님께서 지어주실 거대한 '성'을 바라보며 마음에 뜨거운 소망을 품고 살았다는 뜻입니다. 우리도 마찬가지입니다. 이 땅의 삶은 비록 초라한 장막에 사는 것 같을지라도, 장차 우리가 들어갈 곳은 하나님께서 친히 지으신 지극히 거룩하고 아름다운 성임을 늘 기억하며 살아가야 합니다. 사람의 손으로 지은 초라한 장막이 아니라, 전능하신 하나님께서 지으신 지극히 크고 아름다운 성으로 들어가는 것을 언제나 꿈꾸면서 말입니다.

이러한 '천국에 대한 소망'은 믿음의 불이 꺼지지 않게 하는 기름과도 같습니다. 이것이 끊임없이 우리 속에서 솟아오를 때 우리 믿음의 불은 더욱 크고 환하게 타오를 것입니다. 그리고 우리는 그와 같은 소망으로 우리 믿음의 불을 더욱 크게 만들어 가야 할 것입니다. 그러나 소망을 키우는 일은 단지 마음에 결심하는 것만으로 되지 않습니다. 이것은 단순히 보이는 세상에 대해 품는 육적인 소망이 아니라, 저 너머 영원한 세계를 바라보는 영적인 소망이기 때문입니다.

그러므로 우리에게는 성령의 도우심이 필요합니다. 하나님의 영이신 성령께서 친히 역사하셔서 우리 마음속에 소망이 솟아나게 해주시는 은혜가 필요합니다. 나 자신의 결심으로 만들어내는 것이 아니라, 내가 마음속에서 스스로 끌어올린 소망이 아니라, 성령께서 뜨겁게 솟아나게 하시는 소망 말입니다. 그리고 이 소망이 우리 안에 능력으로 나타날 때, 이 소망은 반드시 우리 믿음의 불에 영향을 주고, 그 불이 더욱 크고 환하게 타오르도록 만들 것입니다. 아브라함에게 그랬던 것처럼 말입니다.

믿음의 삶과 소망의 삶은 사실상 모든 모범적 그리스도인의 삶을 요약하는 말입니다. 모든 그리스도인은 믿음과 소망으로 살고, 항상 하나님만 바라보며 살아야 하기 때문입니다. 고인께서는 이 자리에 모여 있는 우리에게 이미 그런 삶의 모범을 보여주셨습니다. 우리의 삶이 고인처럼 복된 삶이 되기를 소원합니다.

불의의 사고로 갑자기 소천한 경우

내 앞에서 움직이시나

_욥 9:11-15

먼저 이 자리 가운데 주님께서 친히 찾아오셔서 유족의 마음을 위로하시고, 거룩한 평안의 은혜로 채워주시기를 바랍니다.

욥은 성경에서 유명한 인물입니다. 인간적으로 볼 때 억울한 일을 많이 겪은 사람입니다. 욥은 욥기서 곳곳에서 말합니다. 대체 이게 무슨 일이냐고, 어떻게 자기처럼 살아온 사람한테 이런 일이 일어날 수 있느냐고 말입니다. 그리고 친구들과 대화하는 가운데 '자기가 아는 하나님'에 관해 말하는데, 그것이 오늘의 본문입니다.

11절에 "그가 내 앞으로 지나시나 내가 보지 못하며 그가 내 앞에서 움직이시나 내가 깨닫지 못하느니라"고 기록되어 있습니다. 우리가 하나님에 대해 알 수 있느냐, 그분의 움직임에 대해 알 수 있느냐는 것입니다. 설령 그분이 내 앞을 지나가신다 해도 나는 알 수가 없고, 내 앞에서 뻔히 움직이신다 해도 그것을 알 길이 없다는 것입니다. 그리고 한 걸음 더 나아가 12절은 "하나님이 빼앗으시면 누가 막을 수 있으며 무엇을 하시나이까 하고 누가 물을 수 있으랴"고 말합니다. 하나님이 어떤 일을 행하신다고 하면 막을 자가 있겠냐는 것입니다. 누가 그분을 막아서고 그분에게 무엇을 하시나이까 하고 따질 수 있겠냐는 것입니다. 사실 이 안에는 욥의 서운한 감정이 들어 있는 것 같기도 합니다. 하나님께 뭔가 하고 싶은 말이 있는 것입니다. 하나님 지금 너무하신 거 아니냐고 꼭 이렇게까지 하셔야 하는 거냐고 말입니다.

그러나 우리의 생각이 여기에 멈춰서는 안 됩니다. 여기 욥기에만 머물러서는 안 됩니다. 우리에게는 더 밝은 계시, 더 명확한 계시인 신약성경이 있기 때문입니다. 예수님은 성부 하나님의 뜻을 받들어 이 세상에 내려오신 분입니다. 무엇을 위해서 오셨습니까? 이 세상의 모든 비극과 불합리한 일들 가운데서 우리를 건지기 위해 오셨습니다. 정말 있어서는 안 되는 일들 앞에서 구원의 길을 열어주기 위해 오신 것입니다. 친히 죽으시는 것을 통해서 말입니다. 그래서 그분을 믿는 사람은 그분의 거룩한 죽으심으로 천국에 가는 복을 받고, 그로 인해 이 땅의 모든 허무함과 비극적인 사건 가운데서 궁극적으로는 건짐을 받게 되는 것입니다.

고인께서 갑자기 이런 일을 당하리라고 누가 생각이나 했겠습니까? 이렇게 갑자기 세상을 떠나셔야 할 이유를 우리가 찾을 수 없는데 말입니다. 그러나 우리에게는 예수님이 계시다는 사실, 그래서 고인에게 육신의 죽음이 찾아오던 그 순간 예수님이 친히 ○○○ 성도님의 영혼을 건지시고 천국에 들이셨다는 사실을 우리는 붙들어야 합니다.

만약 우리를 죽음에서 건지시고, 우리의 영혼을 거룩한 천국으로 들이시는 그 은혜가 존재하지 않았다면, 이것은 정말로 커다란 비극이었을 것입니다. 그러나 우리를 죽음에서 건지시고, 우리의 영혼을 천국으로 들여 보내주시는 분이 있기에 우리에게 위로와 소망이 있는 것입니다.

지금 이 상황에 그 어떤 말이 위로가 되겠습니까. 그래도 이 자리에 있는 모든 분이 하나님의 말씀을 더욱 굳게 붙잡기를 바라며, 마지막으로 성경 몇 구절 읽어드리겠습니다. 요한복음 5장 24절 말씀 "내가 진실로 진실로 너희에게 이르노니 내 말을 듣고 또 나 보내신 이를 믿는 자는 영생을 얻었고 심판에 이르지 아니하나니 사망에서 생명으로 옮겼느니라." 요한복음 6장 47절 말씀 "진실로 진실로 너희에게 이르노니 믿는 자는 영생을 가졌나니." 요한복음 6장 40절 말씀 "내 아버지의 뜻은 아들을 보고 믿는 자마다 영생을 얻는 이것이니 마지막 날에 내가 이를 다시 살리리라 하시니라."

사랑하는 우리 ○○○ 성도님은 믿는 자이기에 사망에서 생명으로 옮겨졌고, 믿는 자이기에 이미 영생을 가지셨고, 믿는 자이기에 마지막 날 예수님의 권능으로 다시 살아나게 될 줄 믿습니다. 이 자리에 있는 우리 모두 거룩한 천국에서 기쁨으로 재회하게 되기를 예수님의 이름으로 축원합니다.

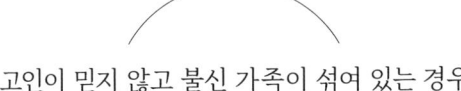

고인이 믿지 않고 불신 가족이 섞여 있는 경우

예수를 바라보자

_히 12:1-2

죽음은 누구에게나 찾아옵니다. 예외가 없습니다. 이렇게 누구도 피할 수 없는 절대적인 법칙이 존재한다는 것은 절대자가 존재한다는 증거입니다. 만약 이 모든 것을 정하신 분이 없고 자연스러운 진화의 결과가 인생이라면 가끔은 예외가 있어야 합니다. 죽지 않는 존재도 있어야 합니다. 오늘 우리는 고인의 죽음 앞에서 인생의 의미와 예수 그리스도를 다시 한번 생각해 보겠습니다.

첫째, 허다한 증인들이 있다고 합니다. 본문에 등장하는 허다한 증인들은 앞의 11장에 보면 믿음으로 산 수많은 사람들을 가리킵니다. 그들은 모두 하나님을 믿고 하나님의 도움을 받아 인생을 살았습니다. 하나같이 하나님이 계시다고 그들의 삶으로 증명한 사람들입니다.

사람들은 흔히 하나님의 존재를 부정합니다. 천국과 지옥이 있다고 하면 가봤냐고 되묻습니다. 천국과 지옥이 있는지 없는지 모르니 믿지 않겠다고 합니다. 사실 따져보면 이 말부터 잘못입니다. 그들의 말처럼 천국과 지옥이 있는지 없는지 모르면 먼저 믿어야 합니다. 만약 믿었다가 없으면 그만이지만 있으면 어떻게 합니까? 그때 가서 믿을 수도 없는 노릇입니다. 우리는 사고가 날지 안 날지 모르지만 만약의 경우를 대비해 보험을 듭니다. 사고가 날지 안 날지 모를 때는 보험을 들어두는 것이 안전합니다. 세상 일도 이런 이치로 하는데, 영적인 일에 대한 것은 더 말할 것도 없습니다. 천국이 있는지 없는지 모를 때는 믿어두어야 합니다. 그런데 사람들은 믿지 않으려는 핑계로 천국을 인정하지 않습니다. 이것도 마귀가 인간을 속이고 있는 것입니다.

성경에 등장하는 수많은 사람이 모두 하나님의 은혜를 체험하고 살았습니다. 그분을 인정하고 삶 가운데 만났습니다. 본문에 사용된 증인이라는 단어에서 '순교자'라는 단어가 파생했습니다. 예수님이 하나님의 아들이심을 증인 서다가 죽임을 당한 사람이 너무도 많아 그런 단어가 생겨난 것입니다. 이들은 단순한 증인이 아니라 목숨 걸고 자신이 믿은 바를 증언한 사람들입니다.

오늘 이 자리에 모인 우리는 다시 한번 하나님의 존재에 대해 심각하게 생각해 보아야 합니다. 사실 고인은 이미 돌아가셨고, 이 예배는 고인을 위한 것이라기보다는 살아있는 우리를 위한 예배입니다. 고인은 자신의 죽음으로 자손들에게 다시금 인생의 의미를 깨닫게 해주고 있습니다. 죽음 앞에서 겸손한 마음으로 하나님의 존재를 인정하는 시간이 되시기 바랍니다.

둘째, 예수님은 믿음의 시작이자 완성자입니다. 본문에 있는 "믿음의 주요 또 온전하게 하시는 이"라는 표현의 의미입니다. 직역하면 예수님이 믿음을 시작하신 분이고 또 완성하시는 분이라는 말입니다. 기독교가 말하는 인생의 시작은 하나님이고 그 끝도 하나님입니다. 하나님에게서 와서 하나님에게로 돌아가는 것이 인생입니다.

그래서 본문은 우리에게 예수를 바라보라고 말합니다. 이것은 우리의 시선을 그분에게 고정한다는 의미입니다. 한눈팔지 않고 그분을 믿으며 살아가야 한다는 뜻입니다. 성경이 이렇게 말하는 이유는 예수님만이 인생의 진정한 해답이기 때문입니다.

사람들은 예수님이 과연 하나님의 아들이냐고 묻습니다. 기독교는 역사성을 가장 중시하는 종교입니다. 예수님이 2천 년 전에 이 땅에 사셨고 죽으셨다는 것은 세속 역사책에도 기록되어 있는 내용입니다. 우리는 그분이 하나님의 아들이심을 성경 복음서의 기록을 통해 믿습니다. 그 기록이 신빙성이 있냐구요? 물론입니다. 우리는 조선 왕들을 본 적이 없지만 조선왕조실록을 통해 알고 있습니다. 사관들이 목숨을 걸고 정직하게 왕에 대해 기록했기에 그 역사성을 믿는 것입니다.

성경의 복음서는 예수님의 제자들이 기록한 것입니다. 그 제자들은 예수님을 따라 다니며 3년간 그분을 보았고, 그분이 죽었다가 살아나신 것을 본 사람들입니다. 게다가 그것을 증언하고 증인이 되기 위해 요한이라는 한 제자를 제외한 열 한 제자가 모두 순교하면서 자신의 증언의 신빙성을 보여주었습니다. 사람에게 가장 중요한 것은 목숨입니다. 그 목숨을 내놓으면서까지 예수님을 믿고 증거했다는 것은 자신의 목숨보다 더 큰 분을 경험했기 때문입니다. 조선왕조실록과 비교할 수 없는 신빙성을 가진 것이 성경 복음서입니다.

역사를 보면 그 열두 제자의 제자들이 또 순교합니다. 우리는 그들을 '속사도'라고 부릅니다. 그중 유명한 사람이 폴리캅이라는 분입니다. 그는 사도 요한의 제자로 화형을 당하면서도 끝까지 예수님의 존재를 증거했습니다.

예수님은 성경이 말하는 대로 인생의 시작이자 마침이십니다. 우리는 그분에게서 왔고 그분에게 돌아갈 것입니다. 그분을 믿고 영원한 천국을 준비하지 않으시겠습니까? 이 시간을 통해 진정한 결심이 있으시길 부탁드립니다.

오래 투병하다 소천한 경우

아픈 것이 다시 있지 아니하리니

_요 5: 1-9

 생로병사의 고통에서 자유로운 인간은 없습니다. 불교에서는 그 고통에서 벗어나기 위해서는 수련을 통해 해탈의 경지에 이르러야 한다고 가르치지만, 기독교는 생로병사의 고통에서 벗어나는 길을 가르치지 않습니다. 인간의 생로병사는 모두 신의 주권 안에서 일어나는 일이라 믿기 때문입니다. 감사한 것은 기독교의 신은 인간의 고통을 멀찍이서 방관하지 않고 고통 받는 인간을 먼저 찾아가 그들 가운데 함께하신다는 것입니다. 오늘 읽은 본문에는 오랜 병으로 고통 받는 한 인간을 먼저 찾아가 그와 함께하신 예수님의 이야기가 기록되어 있습니다.

 본문의 일화는 베데스다라는 이름을 소개하며 시작됩니다. 베데스다는 예루살렘에 있는 양의 문(the Sheep-Gate) 근처에 있던 연못의 이름입니다. 이곳에 있는 행각 다섯 개에는 많은 병자가 줄지어 누워 있었습니다. 가끔 천사가 연못의 물을 동하게 할 때 가장 먼저 들어가는 사람이 병명을 불문하고 고침받기 때문이었습니다. 베데스다라는 이름은 '은혜의 집'이라는 뜻인데 실상은 그렇지 않았습니다. 천사가 물을 동하게 할 때 가장 먼저 연못에 들어가야 하는 그 상황을 떠올려 보십시오. 얼마나 경쟁이 치열하겠습니까. 경쟁에서 낙오된 병자들은 뼈아픈 실망과 좌절을 경험했을 것입니다.

그런데 그곳에 38년이라는 오랜 세월 동안 병을 앓던 한 사람이 있었습니다. 예수님이 그에게 찾아가 물으십니다. "네가 낫고자 하느냐"(6절). 그런데 그 병자가 참 가슴 아픈 대답을 합니다. "주여 물이 움직일 때에 나를 못에 넣어주는 사람이 없어 내가 가는 동안에 다른 사람이 먼저 내려가나이다"(7절). 그 병자는 "병이 낫기 원합니다"라는 쉬운 대답을 하지 않습니다. 그 대신 지난 세월 동안 마음속에 켜켜이 쌓였던 외로움, 절망, 서러움을 예수님께 토해내듯 말합니다. 아마도 38년 된 병자를 더 힘들게 한 것은 병이 아니라 그 병으로 인해 느낀 깊은 좌절과 외로움이었을지도 모릅니다. 대답을 들은 예수님은 "일어나 네 자리를 들고 걸어가라" 말씀하셨고, 병자는 그 자리에서 고침을 받았습니다.

본문의 일화에서 예수님은 38년 된 병자를 먼저 찾아가셨습니다. 그리고 병자의 마음속 깊이 자리 잡은 외로움과 절망의 탄식에 귀 기울이셨으며, 육신의 질병뿐 아니라 마음의 병으로 고통 받던 그를 구원하셨습니다. 저는 문득 이런 생각이 들었습니다. '하나님께서 고 ○○○ 성도님의 오랜 병도 낫게 하셨더라면 얼마나 좋았을까?' 아마 여러분도 저와 같은 생각을 하셨을 것입니다. 그러나 인간의 생사화복이 하나님의 주권 아래 있다는 것을 믿고 고백하는 자들이 바로 성도이기에, 우리가 할 수 있는 일은 단지 고 ○○○ 성도님을 향한 하나님의 선하신 뜻과 섭리가 있었을 것이라 믿는 길밖에 없습니다.

고 ○○○ 성도님이 이 땅에 사는 동안 비록 고침받지 못했을지라도,

예수님은 오랜 투병 기간 동안 겪었을 외로움을 아시고 그와 함께해 주셨음을 우리는 확신할 수 있습니다. 왜냐하면 오늘 본문에서 38년 된 병자의 고통에 귀 기울이신 예수님이 바로 고인이 믿고 의지했던 분이기 때문입니다. 또 육신의 연약함 가운데서도 믿음을 굳건히 지키며 예수 그리스도를 향한 소망의 끈을 놓지 않은 고인의 한결같은 삶이 그 명백한 증거가 되기 때문입니다.

고 ○○○ 성도님은 오랜 투병으로 지친 몸과 마음을 홀가분하게 내려놓고, 천국에서 건강한 몸으로 참된 안식을 누리고 있을 것입니다. 성경은 말합니다. "모든 눈물을 그 눈에서 닦아 주시니 다시는 사망이 없고 애통하는 것이나 곡하는 것이나 아픈 것이 다시 있지 아니하리니"(계 21:4). 아픈 곳이 없는 그곳, 눈물과 슬픔이 없는 그곳에서 활짝 웃고 있을 고 ○○○ 성도님의 모습을 떠올려 보십시오. 슬프고 허전한 여러분의 마음에 위로가 될 것입니다.

일반적인 죽음의 경우 1

초라한 인생

_왕상 1:1-4

열왕기는 '왕들'이라는 뜻입니다. 이름 그대로 여러 왕의 등장과 퇴장 등 일생을 다루고 있습니다. 본문에도 다윗 왕의 최후 모습을 서술하고 있습니다. 이를 통해 주시는 인생의 의미를 생각해 봅니다.

첫째, 쓸쓸하고 초라한 인생을 보여줍니다. 본문 1-4절은 다윗 왕의 마지막 모습을 보여줍니다. 그가 나이가 많아 이불을 덮어도 따뜻하지 않았기에, 젊은 처녀 하나를 구해 왕의 품에 누워 왕을 따뜻하게 하도록 합니다. 아비삭이라는 아름다운 처녀를 구해 이 일을 맡겼으나, 왕이 잠자리는 같이 하지 않았다고 기록합니다. 이러한 내용을 통해 용맹했던 다윗 왕의 모습을 돌아봅니다. 골리앗을 죽이고 이스라엘의 통일왕국을 이루며 영토를 가장 넓혔던 용사 다윗도 세월을 이기지는 못했습니다. 누구나 인생은 쓸쓸합니다. 아무리 대단한 사람도 피할 수 없습니다.

예전에 죽음을 앞둔 어떤 재벌 회장의 모습을 기사로 읽은 기억이 납니다. 대충 내용은 이렇습니다. 그 회장의 죽음을 목격한 의사가 마음이

짠했다고 합니다. 이유는 회장이 마지막에 의식이 들었다 나갔다를 반복하는데, 식구들이 번갈아 병실을 지키며 의식이 돌아올 때마다 녹음기를 들이대더라는 것입니다. 식구들은 재산에 혈안이 되어 있었는데, 회사의 대권을 누구에게 넘길지 정하지 않았기 때문이라고 합니다. 한쪽에서는 당시 회장과 친분이 있던 연예인이 혹시라도 문병을 올까봐 지키고 있었다고 합니다. 정신이 없는 회장이 친분 있고 늘 골프를 같이 치던 연예인에게 골프장을 넘길까봐 그랬다고 합니다. 마지막 가는 길인데, 친한 사람도 제대로 만나지 못하는 안타까운 모습이었다고 합니다. 아무리 많은 것을 가져도 모두 두고 가는 것이 인생입니다. 만약 언급된 회장이 재산이 좀 적었더라면 평범하게 만날 사람 만나면서 죽음을 맞이하지 않았을까요? 인생은 이처럼 덧없고 초라합니다. 죽음 앞에서는 누구나 평등합니다. 자기 것을 주장할 수가 없습니다.

열왕기서는 시작부터 이스라엘 역사상 가장 뛰어나고 위대한 왕의 최후 기록을 통해 교훈을 줍니다. 인생은 하나님을 기억해야 합니다. "너는 청년의 때에 너의 창조주를 기억하라 곧 곤고한 날이 이르기 전에, 나는 아무 낙이 없다고 할 해들이 가깝기 전에 해와 빛과 달과 별들이 어둡기 전에, 비 뒤에 구름이 다시 일어나기 전에 그리하라"(전 12:1-2).

둘째, 마지막을 기억하며 현재를 살 것을 권면합니다. 열왕기서가 시작부터 다윗의 쓸쓸한 노년의 모습으로 시작하는 것이 의미가 있습니다. 보통 시작은 활기차고 좋은 내용으로 시작할 수도 있습니다. 그러나 이처럼 위대한 군왕의 마지막 모습으로 시작하는 것은, 이제 정치를 시작하는 왕들에게 그런 마지막 모습을 염두에 두고 통치하라는 의미라고 생각합니다. 마지막을 기억하고 살면 현재가 의미가 있는 법입니다.

또 다른 재벌 회장의 마지막 모습을 소개한 글도 마저 소개해 봅니다.

이번에 소개할 회장은 앞선 회장의 모습과 사뭇 다릅니다. 그의 인생에는 감동이 있습니다. 암 선고를 받고 자신의 인생이 얼마 남지 않음을 안 회장은 매일 한 사람씩 친한 지인들을 병실에서 만났다고 합니다. 그리고 그들이 나누는 대화도 경제이야기, 정치이야기가 아니라 옛날에 함께 즐거웠던 순간을 회고하는 내용이었습니다. 함께 여행하고 맛있는 음식을 먹었던 일상의 소소한 내용이었습니다. 문병을 마치고 돌아가는 지인들이 다음에 또 오겠다고 하면, 엘리베이터 앞까지 배웅하면서 그동안의 고마움을 표시하며 거기서 마지막 인사를 나누었습니다. 만나야 할 사람이 많으니 여기서 마지막 인사를 나누자는 것이 그의 마지막 인사였습니다. 투병 이후 그를 두 번 이상 본 사람은 단지 몇 명뿐이었습니다. 또 그는 마지막에 아들에게 수천만 원을 현금으로 찾아오게 했습니다. 회장은 기력이 있는 동안 그간 자신에게 고맙게 해준 사람들을 찾아 금일봉을 전달한 것입니다. 그 돈을 받은 사람은 대단한 사람들이 아니라 미용실, 단골식당 종업원 등이었습니다. 그는 그렇게 고마움을 표했습니다. 죽음 앞에서 의연한 한 사람의 모습입니다.

　이 재벌 회장은 평소에도 훌륭한 삶을 살았을 것입니다. 자신의 죽음을 염두에 두고 마지막을 참 감동스럽게 마무리했다는 생각이 듭니다. 이처럼 우리도 언젠가는 죽음을 맞이한다고 생각하면 현재 삶은 분명 달라질 것입니다.

　다윗의 마지막을 보면 우리가 진정으로 추구해야 할 것이 보입니다. 그것은 돈도 명예도 권력도 아닙니다. 진정한 인간의 모습입니다. 열왕기서는 여러 왕과 그들의 삶을 통해 우리가 추구할 진정한 가치를 보여줍니다. 세상 것에 취할 것이 아니라 하나님을 섬겨야 합니다. 마지막에 우리를 지으신 창조주와 고인을 다시 만날 것을 기대하면서 유가족께서는 살아있는 날들, 현재를 더욱 의미 있게 살아가시기 바랍니다.

일반적인 죽음의 경우 2

예수께서 눈물을 흘리시더라

_요 11:32-44

본문의 일화는 예수님이 죽은 나사로를 다시 살리시는 장면으로 끝이 납니다. 말씀을 읽다 보면 우리 마음 한켠에 '나사로를 살리신 예수님이 ○○○ 성도님을 살릴 수는 없었을까?' 하는 아쉬움이 생길지도 모릅니다. 그러나 인간의 생사는 창조주 하나님의 고유한 권한이며, 하나님의 피조물인 우리는 죽음 앞에서 겸허히 창조주의 섭리를 받아들여야 하는 존재임을 기억하십시오. 성도의 삶과 죽음 모두 창조주 하나님의 섭리 안에 있음을 인정하는 믿음이 우리 가운데 있기를 소망합니다.

본문의 일화에는 "나사로야 나오라" 명령하시며 죽은 자를 살리시는 능력의 예수님뿐 아니라, 나사로의 죽음 앞에서 슬퍼하는 마리아와 사람들을 불쌍히 여기신 예수님, 친구의 무덤 앞에서 눈물 흘리신 예수님의 모습이 상세하게 묘사되어 있습니다. 그 예수님의 모습을 깊이 묵상하다 보면, 사랑하는 사람의 죽음 앞에서 슬퍼하는 모든 이를 위한 위로의 메시지가 담겨 있음을 발견할 수 있습니다. 그리고 저는 고인의 장례를 마치고 돌아온 유가족에게 예수님이 주시는 그 위로의 메시지를 전해 드리려고 합니다.

첫째, 예수님은 슬퍼하는 자들과 함께 울어주시는 분입니다. 예수님이 나사로의 집에 도착했을 때, 나사로의 여동생 마리아는 급히 뛰어나옵니다. 그리고 예수님 앞에 엎드려 울면서 말합니다. "주께서 여기 계셨더라면 내 오라버니가 죽지 아니하였겠나이다"(32절). 마리아가 흘린 눈물에는 이 땅에서 다시는 오라버니를 볼 수 없다는 아쉬움과 허전함, 그가 없이 살아가야 할 세상에 대한 두려움, 사랑하는 사람의 죽음 앞에서 아무것도 할 수 없는 무기력함 등 여러 감정이 얽혀 있었을 것입니다. 흐느끼는 마리아의 뒤를 따라 나사로의 무덤 앞에 도착하신 예수님이 가장 먼저 하신 것은 죽은 자를 무덤에서 일으키기 위한 그 어떤 능력의 말이 아니었습니다. 예수님은 그저 소리 없이 우셨습니다. 성경은 그 모습을 이렇게 묘사합니다. "예수께서 눈물을 흘리시더라"(35절). 오라비의 죽음 앞에서 슬피 울던 마리아의 모습은 고 ○○○ 성도님의 죽음을 애도하며 울던 우리의 모습과 많이 닮았습니다. 우리 역시 사랑하는 고인을 잃은 슬픔과 허전함으로 눈물 흘렸습니다. 고인의 죽음 앞에서 아무것도 할 수 없는 연약한 인간의 한계를 느꼈기 때문입니다. 그러나 여러분, 우리의 아픈 마음과 눈물을 아시고 함께 울어주실 예수님이 여러분 곁에 있다는 것을 기억하시기 바랍니다.

둘째, 예수님은 사망 권세를 이기신 하나님의 아들이십니다. 나사로의 무덤 앞에서 예수님은 권위 있고 단호하게 명령하셨습니다. "나사로야 나오라." 그리고 나사로는 무덤에서 일어납니다. 예수님의 명령은 단순히 나사로를 향한 것이 아니라 사망을 향한 것이었습니다. 짧은 한 마디 명령으로 예수님은 세상 그 누구도 이기지 못한 사망의 권세를 굴복시키셨습니다. 성경은 말합니다. "사망아 너의 승리가 어디 있느냐 사망아 네가 쏘는 것이 어디 있느냐"(고전 15:55). 인간은 모두 죽음을 맞이합니다. 다시 살아난 나사로도 얼마간의 생명을 연장받은 것이었을 뿐 죽음을 피하지는 못했습니다. 그러나 죽음에서 승리하고 부활하신 하나님의 아들 예수 그리스도께서 다시 오실 그날, 모든 성도는 부활의 몸을 입고 영원한 생명을 누리게 될 것입니다. 모든 잠자는 자(죽은 자)들의 첫 열매가 되기 위해 예수님이 친히 죽음을 경험하시고 부활하셨기 때문입니다(고전 15:20 참고). 예수님은 말씀하십니다. "나는 부활이요 생명이니 나를 믿는 자는 죽어도 살겠고 무릇 살아서 나를 믿는 자는 영원히 죽지 아니하리니"(요 11:25-26).

그러므로 고인을 떠나보내고 슬퍼하는 우리 곁에 예수님이 함께하시고, 우리와 함께 슬퍼하신다는 것을 마음의 위로로 삼으시기 바랍니다. 또 우리가 예수 그리스도 안에 거하는 한 언젠가는 부활의 몸을 입고 고 ○○○ 성도님을 만나게 될 것을 기억하시기 바랍니다. 지금 우리가 할 수 있는 일은 부활의 소망 안에서 우리 각자에게 주어진 삶의 분량을 잘 살아내는 것입니다. 하나님의 위로와 부활의 소망이 오늘 이 자리에 계신 고 ○○○ 성도님의 유가족과 친지들에게 충만하기를 간절히 소원합니다.

8장

어린이, 청소년, 출가하지 않은 자녀 장례예배

부모가 신자일 경우(어린이) 1

하나님이여 나를 구원하소서

_시 69:1-2

사람이 살아가면서 겪는 일 중 가장 어려운 일이 자녀를 먼저 떠나보내는 일이라고 생각합니다. 가장 극심한 고통과 슬픔 가운데 있는 유족을 이 시간 성령께서 찾아오셔서 위로하시고 마음을 어루만져주시기 바랍니다.

본문 1절에는 "하나님이여 나를 구원하소서 물들이 내 영혼에까지 흘러 들어왔나이다"라고 기록되어 있습니다. 이는 시인이 얼마나 다급하고 어려운 상황인지를 보여주는 표현입니다. 사람이 물에 빠졌을 때 그 물이 머리까지 차올라 공포에 사로잡히는 것과 같은 상황이라는 뜻입니다. 물이 들어오면 안 되는 곳, 물이 더 차오르면 감당할 수 없는 곳, 심지어 내 영혼까지 물이 들어와버렸다는 것입니다. 그리고 2절에는 "나는 설 곳이 없는 깊은 수렁에 빠지며"라고 기록되어 있습니다. 도무지 서 있을 수가 없는 곳, 두 발로 디딘 곳마다 빠져들어 도무지 서 있을 수가 없는 그런 수렁 가운데 있다는 것입니다.

아마도 지금 유족의 심정이 이런 것이 아닐까 싶습니다. 물이 들어오면 안 되는 곳까지 들어오고, 머리 위로는 큰물이 덮치고, 발은 계속해서 수렁 속으로 빠져 들어가는 것 같은 느낌 말입니다. 그런데 이때 시인은 외칩니다. "하나님이여 나를 구원하소서." 하나님 외에 누가 이런 상황에서 우리를 도울 수 있을까요? 인간이 자기의 입을 가릴 수밖에 없는 곳, 아무도 해줄 말이 없어서 그저 침묵하게 되는 곳에서, 하나님 외에 누가 우리를 도울 수 있을까요? 막다른 길에서는 바라볼 수 있는 곳이 하늘밖에 없는 법인데, 이제 하늘을 바라보고 거기 계시는 하나님을 향해 온 힘을 다해 부르짖을 수밖에 없습니다. 대체 이걸 어떻게 감당해야 하느냐고 말입니다.

그러나 우리에게 위안이 되고 소망이 되는 것 한 가지가 있다면, 우리에게는 육신만 있는 것이 아니라 영혼도 있다는 사실입니다. 육신은 이 땅에서 길게도 살고 짧게도 살지만, 영혼은 영원히 살아서 하나님 품 안에 안길 수 있습니다. 그러므로 사랑하는 ○○○ 군(양)도 육신은 이 자리에 누워 있지만 영혼은 살아서 이미 거룩하신 하나님 품 안에 안겨 있는 줄로 믿습니다.

누가복음 18장 16절에 이런 말씀이 나옵니다. "예수께서 그 어린 아이들을 불러 가까이 하시고 이르시되 어린 아이들이 내게 오는 것을 용납하고 금하지 말라 하나님의 나라가 이런 자의 것이니라." 주님은 아이들이 다가오는 것을 기뻐하셨고, 하나님의 나라가 이와 같은 사람들의 것이라고 말씀하셨습니다. 마가복음 10장 16절에는 어린아이들을 안아 주시고 안수하시고 축복하셨다고 기록되어 있습니다. 예수님은 아이들을 정말로 사랑하십니다. 그래서 아이들이 다가오는 것을 기뻐하셨고, 제자들이 막았을 때 노하시며 그들을 막지 말라고 하셨습니다. 그런 예수님께서 ○○○ 군(양)도 따뜻하게 안아주시고 안수하시고 또 축복해 주실 줄 믿습니다.

　인간으로서 부모는 불완전하기에 불완전한 사랑을 줄 수밖에 없지만, 예수님은 완전하신 분이기에 ○○○ 군(양)에게 가장 완벽한 사랑을 주실 수 있습니다. 육신의 부모가 해줄 수 있는 것은 부분적인 것에 불과하지만, 주님은 그야말로 모자람 없이 모든 것, 어떤 결핍도 없는 완벽한 것, 왕이 왕의 자녀에게 대우하는 것 같은 그런 극진한 대우를 해주실 것을 믿어 의심치 않습니다.

　이 땅에는 여전히 비극과 슬픔이 많습니다. 이렇게 괴롭고 마음을 힘들게 하는 일이 일어나고 있으니 말입니다. 그럼에도 우리에게는 우리를 사랑하시고, 당신의 자녀로 삼아주시고, 천국으로 인도해 들이시는 예수님이 계시기에 소망이 있는 줄로 믿습니다. 그리고 이제부터 영원까지 우리 예수님께서 ○○○ 군(양)을 품에 안으시고 축복하시며 가장 완벽한 사랑으로 사랑해 주실 줄 믿습니다.

부모가 신자일 경우(어린이) 2

주 예수의 날에 내가 그의 자랑이 될 수 있도록

_고후 1:14

고 ○○○ 군(양)의 죽음에 깊은 애도의 마음을 전합니다. 살면서 많은 죽음의 소식을 듣지만, ○○○ 군(양)이 하나님 품에 안겼다는 소식을 들었을 때 더욱 큰 슬픔을 느꼈습니다. 아마도 친구들과 즐겁게 뛰어놀며 미래의 꿈을 키워가야 할 나이에 죽음을 맞이한 ○○○ 군(양)을 향한 안타까움과 연민 때문일 것입니다. 저는 오늘 고통과 슬픔 중에 있을 ○○○ 군(양)의 부모님과 유가족에게 성경이 주는 몇 가지 위로의 말씀을 전하려고 합니다. 하나님의 성령이 이 시간 우리 가운데 충만하게 함께하시고 가족의 슬픔과 아픔을 위로해 주시길 간절히 소원합니다.

첫째, 하나님이 고 ○○○ 군(양)의 창조주이며 영혼의 아버지임을 기억하시기 바랍니다. 하나님은 말씀하십니다. "내가 너를 모태에 짓기 전에 너를 알았고"(렘 1:5). 고 ○○○ 군(양)이 엄마의 배 속에서 생명으로 잉태되고 자라 이 땅에 태어나기 전에 이미 하나님은 그를 아셨습니다. 그리고 그 손으로 직접 ○○○ 군(양)을 지으셨습니다. 다시 말해, ○○

고 ○○○ 군(양)이 이 땅에 태어나기 훨씬 전에 하나님은 ○○○ 군(양)을 택하셨고 창조하셨으며 영혼의 아버지가 되어주시길 기뻐하신 것입니다. 이 땅에서 가족과 행복한 시간을 더 많이 보내지 못하고 생을 마감한 것이 못내 아쉽고 가슴 아픕니다. 그러나 이제부터 영원토록 하나님께서 고 ○○○ 군(양)의 아버지가 되어주실 것입니다. 그러므로 ○○○ 군(양)을 하나님의 손에 올려드리고, 천국에서 다시 만날 날을 기대하면 좋겠습니다.

둘째, 고 ○○○ 군(양)이 지내게 될 천국이 얼마나 좋은 곳인지 기억하시기 바랍니다. 부모는 늘 최선을 다해 자식을 돌보고, 자기가 가진 최고의 것을 아낌없이 자녀에게 줍니다. 그렇게 희생하며 살면서도 더 좋은 것, 더 많은 것을 주지 못했다며 미안해하는 사람들이 바로 부모입니다. 고 ○○○ 군(양)의 부모님도 같은 마음일 거라 생각합니다. ○○○ 군(양)과 함께 지낸 시간이 짧기에, 더 잘해 주었어야 했다는 생각에 가슴 아프실 것입니다. 그러나 한 가지 확신하는 것은 지금 ○○○ 군(양)의 영혼은 하나님나라에 있으며, 세상이 결코 줄 수 없는 참된 만족과 기쁨을 누리고 있다는 것입니다. 성경은 천국을 이렇게 묘사합니다. "그 때에 이리가 어린양과 함께 살며 표범이 어린 염소와 함께 누우며 송아지와 어린 사자와 살진 짐승이 함께 있어 어린 아이에게 끌리며 … 젖 먹는 아이가 독사의 구멍에서 장난하며 젖 뗀 어린 아이가 독사의 굴에 손을 넣을 것이라"(사 11:6-8). 하나님나라는 해함도 없고, 상함도 없으며, 아픈 것도 없고, 눈물도 없습니다(사 65:25; 계 21:4 참고). 천국에서 활짝 웃고 있을 고 ○○○ 군(양)의 모습을 마음속에 그려보십시오. 작은 위로가 될 것입니다.

마지막으로, 천국에서 고 ○○○ 군(양)을 다시 만났을 때 그가 자랑스러워할 수 있는 부모와 형제(자매)가 되시기를 바랍니다. 예수님이 다시 오실 그날에 모든 성도는 부활의 몸을 입고 하나님 앞에 서게 되고, 그곳에서 기쁘게 재회할 것입니다. 고 ○○○ 군(양)과 함께 하나님 앞에 설 그날, 어떤 모습으로 서시겠습니까? 바울 사도는 말합니다. "우리 주 예수의 날에는 너희가 우리의 자랑이 되고 우리가 너희의 자랑이 되는 그것이라"(고후 1:14). 예수님이 다시 오시는 그날, 고 ○○○ 군(양)이 신이 나서 하나님께 자랑할 수 있는 아빠 엄마가 되어 주시기 바랍니다. 슬픔으로 절망하지 마시고 부디 힘을 내시기 바랍니다. 천국에서 부모님을 바라보고 있을 ○○○ 군(양)이 가장 바라는 일이 바로 그것일 것입니다.

고 ○○○ 군(양)은 지금 해함도 없고 상함도 없는 천국에서 하나님 아버지의 품에 안겨 있을 것이며, 여러분이 예수 그리스도 안에 끝까지 거하는 한 천국에서 다시 만날 것입니다. 고 ○○○ 군(양)의 부모님 그리고 유가족 여러분, 천국에서 여러분을 바라보며 응원하고 있을 ○○○ 군(양)을 생각해서라도 꿋꿋이 각자에게 주어진 삶을 살아가시기를 예수님의 이름으로 간절히 부탁드립니다.

부모가 신자일 경우(청소년) 1

부활의 증거

_마 28:1-15

우리는 오늘 맞이하고 싶지 않은 자녀의 장례를 맞이하고 있습니다. 몹시 슬프고, 부모님을 뭐라 위로해야 할지 말이 생각나지 않습니다. 인간의 말로는 도무지 위로가 되지 않는 상황입니다. 그러기에 오늘 주님의 말씀으로 가족을 위로하려고 합니다. 오늘 본문은 주님의 부활 사건을 다루고 있습니다. 기독교인의 기대는 부활에 대한 것입니다. 우리의 삶은 이 세상이 전부가 아닙니다. 부활하여 영원한 천국에서 주님과 함께 살 것이기 때문입니다. 주님께서 죽음을 이기심으로 이것을 증명하셨습니다. 주님의 부활은 우리 부활의 보증입니다. 그러면 주님이 부활하신 증거를 생각해 봄으로 부활의 확신을 다시 한번 되새겨 보겠습니다.

첫째, 빈 무덤은 부활의 증거입니다. 주님의 부활에 가장 관심을 갖고 경계한 사람들은 다름 아닌 예수님을 죽인 사람들이었습니다. 그들은 예수님이 생전에 사흘 후에 살아나리라고 하신 말씀을 기억하며, 주님의 무덤에 경비병을 배치할 것을 빌라도에게 요구했습니다(마 27:62-66). 그럼에도 주님이 부활하시자 그들은 돈을 주어 군인을 매수하고, 예수님의 시신을 제자들이 도적질했다고 소문내게 합니다. 주님의 시신에 관한 '도적설'이 여기서 생겨나게 됩니다.

그러나 상식적으로 생각해 보십시오. 유대 종교지도자들이 미리 경계하고 군인까지 배치했는데 주님의 시신을 무덤에서 훔쳐갈 수 있겠습니까? 불가능한 일입니다. 성경을 보면 오히려 제자들은 주님의 부활을 기대하지 않았습니다. 그래서 주님이 죽은 후 모두 뿔뿔이 흩어졌습니다. 제자들이 주님의 시신을 훔쳐낼 정도로 마음이 하나 되지 못한 상태였습니다.

이 모든 것이 무엇을 가리킵니까? 주님의 부활은 사실이라는 것입니다. 주님의 부활은 역사의 현장에서 분명히 일어난 사건입니다. 이것은 기독교 신앙의 핵심입니다. 부활은 사실 많은 사람을 당혹하게 만드는 교리입니다. 사람들은 부활을 믿지 못하기 때문에 사실이 아닌 신앙이나 신화쯤으로 여기려 합니다. 그러나 부활은 신앙의 문제가 아니라 명백히 사실의 문제입니다.

만약 부활이 없다면 오늘의 이 예배는 참으로 슬픈 시간일 수밖에 없습니다. 사랑하는 자녀를 다시는 볼 수 없기 때문입니다. 그러나 믿음의 눈으로 보시기 바랍니다. 우리는 부활할 것이고 모두 천국에서 다시 만날 것입니다. 이 사실적 믿음이 오늘 장례를 치르는 부모님들께 위로가 되기를 바랍니다.

둘째, 제자들의 변화와 기독교의 부흥은 부활의 또 다른 증거입니다. 부활 사건을 경험한 후 베드로는 걷지 못하는 사람을 일으키고 설교하여 오천 명을 믿게 하였습니다(행 3:1-4:3) 베드로가 누구입니까? 예수님을 세 번이나 부인한 나약한 사람입니다. 그랬던 그가 그토록 당당하게 복음을 전하는 사람으로 변했습니다. 그 뒤 제자들은 복음 전파를 방해하고 협박하는 공회 앞에서도 당당하게 맞섭니다(행 4:18-20). 만약 부활이 없었다면 제자들의 갑작스러운 변화는 도무지 설명할 방법이 없습니다.

사도행전에서 제자들이 부활을 설교할 때, 그들이 있던 곳에서 주님의 무덤은 도보로 20분 정도의 거리밖에 되지 않았습니다. 만약 주님의 시체가 그곳에 있었거나 제자들의 변화가 거짓이라면 사람들의 반응은 도저히 설명되지 않습니다. 오순절에 왔던 사람들과 예루살렘 거민 중 수많은 유대인이 회심합니다. 이런 기독교의 성공은 도저히 설명되지 않습니다. 주님의 부활은 당시에 당연한 사실로 받아들여졌습니다.

이후에 초대 교회가 형성되면서 수많은 순교자가 나왔습니다. 사도 요한을 제외한 사도들이 주님의 부활의 증인으로 순교하는 것을 보고, 그들의 제자인 이른바 '속사도'들이 순교합니다. 그 속사도들을 보고 성도들이 부활의 증인으로 순교합니다. 이렇게 AD 250년 이전에 기독교는 로마의 극심한 박해를 경험합니다. 그러나 수많은 순교자의 피로 교회는 더욱 공고히 세워져갑니다. '증인'이라는 말에서 '순교자'라는 단어가 파생할 정도로 성도들은 목숨을 걸고 주님의 부활을 증언합니다.

이런 모든 사실이 의미하는 것은, 주님의 부활이 꾸며낸 이야기가 아니라 역사적 사실이라는 것입니다. 베드로 사도는 주님에 대한 복음이 꾸며낸 이야기가 아니라고 그의 서신에서 강변합니다(벧후 1:16).

주님은 부활하셨습니다. 우리도 부활할 것입니다. 주님이 부활의 첫 열매가 되시고, 우리는 그 뒤를 잇는 열매가 될 것입니다(고전 15:20). 지금 유가족은 이 땅에서 그 무엇에도 비교할 수 없는 슬픔을 당하였습니다. 그러나 이것이 끝이 아니고 영원한 천국에서 모두 만날 것을 기대하면서 믿음의 눈으로 함께 슬픔을 이겨나가야겠습니다.

부모가 신자일 경우(청소년) 2

연수의 자랑은 수고와 슬픔뿐이요

_시 90:10

먼저 이 자리에 주님이 찾아오셔서 슬픔을 당한 유족을 위로하시고, 아픈 마음을 어루만져주시기를 바랍니다.

오늘 본문에서 우리의 연수가 칠십이요 강건해도 팔십이며, 그 연수의 자랑은 수고와 슬픔뿐이라는 말씀을 봅니다. 산다고 해야 일반적으로 백 년을 살지 못하고, 더 나아가 많이 살았다 해도 그 연수에 대한 자랑이 결국은 수고와 슬픔뿐이라는 말씀입니다. 이것은 인간의 삶에 대한 가장 깊은 통찰 중 하나라 볼 수 있습니다.

첫 번째로 우리가 살펴보아야 하는 진리는, 인간의 생이 유한하다는 것입니다. 아무리 장수한다고 해도 백 년 정도가 그 한계입니다. 따라서 자기의 유한한 삶을 분명히 인식하고 이 세상을 살아가야 한다는 교훈을 얻을 수 있습니다. 안타깝게도 우리 모든 인간은 이 땅을 떠날 수밖에 없습니다. 사람마다 각자의 길이 있고 각자의 생이 있어서, 자기의 길을 다 가고 나면 혹은 자기의 생을 다하고 나면 모두 이 세상을 떠나게 됩니다.

그 사실을 알게 된 사람들의 마음에 어떤 소망이 생기게 되는데, 그것이 바로 '영원'에 대한 소망입니다. 비록 죽을 수밖에 없는 육신을 가지고 이 땅에 태어나지만, 우리의 의식은 이 육신의 한계를 넘어 영원한 삶을 바라보는 것입니다. 그곳을 갈망하는 것입니다. 우리 그리스도인들은 성경 안에서 인간의 영원한 삶에 대한 해법을 발견하고, 그 해답이신 예수 그리스도를 붙들고 사는 사람들입니다. 요한복음 10장 28절에 "내가 그들에게 영생을 주노니 영원히 멸망하지 아니할 것이요 또 그들을 내 손에서 빼앗을 자가 없느니라"는 말씀이 있습니다. 우리는 이 땅에서 영원히 살 사람들이 아닙니다. 영생에 대한 소망을 가지고 살아가는 것입니다. 영생의 주인이신 예수님이 우리에게 영생을 주셨기에, 영생에 대한 소망을 품고 살다 그 소망 가운데 이 땅을 떠나는 것입니다.

사랑하는 ○○○ 군(양)도 믿는 자이기에 예수님 안에서 영생을 소유한 줄 믿습니다. 영생의 주인이신 하나님께서 믿는 자들에게 영생을 주셨기에, 육신을 떠나는 순간 천국으로 들림받아 그 영혼이 지극한 복락을 누리는 곳으로 들어간 줄 믿습니다.

두 번째로 살펴보아야 할 진리는, 이 땅에서 사는 것이 "수고와 슬픔" 뿐이라는 사실입니다. 물론 살아가면서 나름대로 소소한 행복이 있을 수 있겠지만, 이 땅에서 육신을 가지고 살아가는 동안에는 어쩔 수 없이 많은 눈물을 흘릴 수밖에 없고 많은 괴로움과 고통에 시달릴 수밖에 없습니다. 그래서 우리가 이 땅을 떠나는 것에 대해 오히려 성경은 '쉼'이나 '안식'이라고 말합니다. 이것은 요한계시록 14장 13절에 기록되어 있습니다. "하늘에서 음성이 나서 이르되 기록하라 지금 이후로 주 안에서 죽는 자들은 복이 있도다 하시매 성령이 이르시되 그러하다 그들이 수고를 그치고 쉬리니 이는 그들의 행한 일이 따름이라 하시더라." 쉼이 있다는 것, 모든 수고를 그치게 된다는 것은 그리스도인들이 육신의 죽음을 맞이한 후에 누리는 지극히 아름다운 복입니다.

사랑하는 ○○○ 군(양)도 짧은 생을 살았지만, 이제 그 모든 수고에서 벗어나 영원한 자유 가운데 주님 안에서 평안과 쉼을 얻으며 참된 만족과 행복을 누릴 줄 믿습니다. 이렇게 자녀를 먼저 떠나보내는 것이 부모로서 얼마나 괴로운 일인지 가늠이 잘 되지 않습니다. 얼마나 마음이 힘들고 괴로우실까요. 다만 제가 소망하는 것이 있다면, 인간은 할 수 없는 위로를 하나님은 하실 수 있고, 그 하나님께서 이 시간 성령으로 찾아오셔서 친히 마음을 만지고 위로해 주시기를 간절히 바랍니다.

우리가 이 땅에서 더는 얼굴을 마주 대하지 못하지만, 사랑하는 우리 ○○○ 군(양)의 영혼은 이미 저 거룩하고 아름다운 천국에서 환하게 웃으며, 이 땅에서는 결코 누릴 수 없는 행복 가운데 머물고 있을 것입니다. 그곳은 인간 세상에서 누릴 수 없는 지극히 복된 것들로 충만한 곳이니 말입니다. 우리도 육신의 수명이 다하는 날 기쁨과 행복과 환희로 고 ○○○ 군(양)과 주님 안에서 재회할 줄로 믿습니다.

부모 중에 불신자가 있는 경우(어린이) 1

달리다굼

_막 5:21-24; 5:35-43

먼저 고 ○○○ 군(양)의 짧은 인생에 깊은 아쉬움과 애도를 표합니다. 살면서 누구나 한 번은 겪어야 하는 죽음이지만, 너무 서둘러 우리 곁을 떠난 것 같아 마음이 더 아픕니다. 부모는 자식이 죽으면 가슴에 묻는다고 합니다. 자녀를 먼저 보내고 큰 슬픔에 빠져 있을 고 ○○○ 군(양)의 부모님께도 위로의 마음을 전합니다. ○○○ 군(양) 없는 세상에서 부모님이 얼마나 힘든 시간을 보내야 할지 감히 상상조차 할 수 없기에, 이 시간 하나님께서 주시는 특별한 위로가 ○○○ 군(양)의 부모님과 유가족에게 함께하시기를 더욱 간절히 기도합니다.

본문의 말씀은 이스라엘의 회당장과 그의 어린 딸에 관한 일화입니다. 당시 유대인들에게 회당은 예배, 교육, 친목 등을 하는 매주 중요한 장소였기에, 자연히 회당의 모든 일을 주관하는 회당장은 백성의 신망을 받는 지도자였습니다. 그런데 본문에 등장하는 회당장은 예수님을 찾아가 딸의 병을 고쳐달라고 애원합니다(22-23절). 당시 예수님은 다른 종교지도자들의 증오 대상이었고, 회당장 역시 지도자의 위치에 있는 사람 중 하나였기에, 그가 어린 딸의 병을 고치기 위해 예수님을 찾아갔다는 것은 딸을 향한 그의 사랑이 주변의 시선은 안중에 두지 않을 만큼 컸다는 것을 의미합니다. 그런데 회당장이 예수님께 사정을 이야기하는 도중 안타깝게도 딸이 세상을 떠났다는 소식을 전해 듣습니다(35절). 그리고 그 상황을 지켜보시던 예수님은 회당장과 함께 그의 집을 찾아가십니다. 그리고 그곳에서 울고 있는 사람들을 발견합니다. 성경은 말합니다. "회당장의 집에 함께 가사 떠드는 것과 사람들이 울며 심히 통곡함을 보시고"(38절).

죽음 앞에서 인간이 할 수 있는 가장 인간적인 행동은 소리 내어 우는 것입니다. 사랑하는 사람의 죽음 앞에서 아무것도 할 수 없는 인간 존재를 향한 안타까움 때문일 수도 있고, 이별의 슬픔 때문일 수도 있습니다. 그런데 우는 사람들을 향해 예수님은 말씀하십니다. "너희가 어찌하여 떠들며 우느냐 이 아이가 죽은 것이 아니라 잔다"(39절). 누가 봐도 죽은 것이 분명했지만, 예수님은 아이가 잔다고 말씀하셨습니다. 예수님이 생명의 주인이시고, 죽은 자에게 생명을 줄 수 있는 권세가 있으셨기에 '이 아이가 잔다'고 말씀하실 수 있었던 것입니다. 예수님은 어린 소녀를 향해 "달리다굼" 다시 말해 "내가 네게 말하노리 소녀야 일어나라"고 명령하셨습니다. 그러자 소녀는 일어났습니다. 예수님이 생명을 주신 것입니다.

마음 한편에 이런 생각이 들었습니다. '예수님의 기적이 고 ○○○ 군(양)에게는 일어날 수 없었을까?' 저는 하나님을 믿는 사람이고 목사입니다. 인간의 생사는 하나님께 속한 것이고 이 모든 상황 가운데 하나님의 선한 뜻이 있다는 것을 믿고 기도하면서도, 인간적인 안타까움을 감출

수 없었습니다.

그러나 교회의 목사로서 제가 고 ○○○ 군(양)의 부모님과 유가족에게 확신 있게 말씀드릴 수 있는 한 가지가 있습니다. 바로 이 땅의 모든 기독교인이 수천 년 동안 지켜온 부활의 소망입니다. 성경은 죽은 자를 가리켜 '자는 자'라고 말합니다(고전 15:20 참고). 마치 밤에 잠을 자면 아침에 일어나듯, 예수 그리스도 안에서 자는 자(죽은 자)는 장차 다시 깨어날 것입니다. 성경은 말합니다. "주께서 호령과 천사장의 소리와 하나님의 나팔 소리로 친히 하늘로부터 강림하시리니 그리스도 안에서 죽은 자들이 먼저 일어나고"(살전 4:16). 예수님이 다시 오실 그날, 마치 잠자는 어린 소녀를 "달리다굼"이라고 부르며 깨우시듯 자는 자 곧 죽은 자들을 깨워 일으키실 것입니다. 그것이 바로 모든 기독교인이 가진 부활의 소망이며, 고 ○○○ 군(양)도 마지막 날에 반드시 부활의 몸을 입고 다시 살아날 것입니다.

비기독교인과 무신론자는 기독교에서 말하는 '부활의 소망'을 믿지 않습니다. 오늘 본문에도 예수님을 향해 비웃던 사람들이 있었던 것처럼 말입니다. "그들이 비웃더라"(40절). 만약 마지막 날에 부활이 없다면, 평생 부활의 소망을 붙들고 산 기독교인들은 세상에서 가장 불쌍한 사람들이 될 것입니다(고전 15:19 참고). 그러나 그 반대의 경우라면, 부활의 소망을 믿지 않고 산 사람들에게는 천국도 영생도 이 땅에서 사랑했던 사람과의 가슴 벅찬 기쁨의 재회도 없을 것입니다.

고 ○○○ 군(양)은 지금 하늘나라에서 즐겁고 행복하게 지내고 있습니다. 그리고 우리가 예수 그리스도 안에 거하는 한 언젠가는 천국에서 ○○○ 군(양)을 다시 만날 것입니다. 그 부활의 소망을 품고 주어진 삶을 꿋꿋이 살아내시기를 간절한 마음으로 권면합니다. 또 위로와 긍휼의 하나님께서 오늘 고 ○○○ 군(양)의 장례예배에 함께하신 모든 분과 함께해 주시기를 소원합니다.

부모 중에 불신자가 있는 경우(어린이) 2

해 됨도 상함도 없는 거룩한 산

_사 11:6-9

오늘 주님께서 이 자리 가운데 오셔서 슬픔을 당한 모든 분을 위로하시고, 거룩한 은혜와 평강으로 함께해 주시기를 바랍니다.

오늘 본문에는 이 세상의 마지막 날에 일어날 일 혹은 우리가 천국에 들어가면 보게 될 일에 대한 묘사가 들어 있습니다. 6절에 보면 "그 때에 이리가 어린양과 함께 살며 표범이 어린 염소와 함께 누우며 송아지와 어린 사자와 살진 짐승이 함께 있어 어린아이에게 끌리며"라고 기록되어 있습니다. 이리와 어린양이 어떻게 평화롭게 지내겠습니까? 표범과 어린 염소가, 송아지와 사자가 어떻게 서로 해하는 일 없이 평화롭게 지낼 수 있겠습니까? 그러나 믿는 이들을 위해 준비된 곳, 거룩한 천국에서는 그런 일이 일어난다는 것입니다. 천국의 가장 큰 특징 중 하나는 평화입니다. 누구도 해를 가하지 않고, 누구도 해를 당하지 않는 곳이 천국입니다. 평화는 또 얼마나 가득한지 어린아이가 짐승을 끌고 다닌다고 합니다.

사랑하는 우리 ○○○ 군(양)도 평화로 가득한 그곳에 이미 도달해 있는 줄 믿습니다. 이 땅에 사는 동안 우리는 많은 슬픔을 겪습니다. 여기저기서 가슴 아픈 소식을 많이 듣습니다. 그러나 우리가 장차 들어갈 곳, 사랑하는 우리 ○○○ 군(양)이 도달해 있는 그곳은 마음을 슬프게 하고 눈물 흘리게 하는 소식이 없습니다. 영원히 평안과 기쁨으로만 충만하고, 인간이 누릴 수 있는 모든 행복으로 가득합니다. 9절에 "내 거룩한 산 모든 곳에서 해 됨도 없고 상함도 없을 것이니"라고 기록되어 있습니다. 장차 우리의 영혼이 들어갈 '좋은 곳'이 있다는 사실이 얼마나 복된 소식입니까? 사랑하는 우리 ○○○ 군(양)도 거기에 이미 들어가 있다니 더할 나위 없지요. 사랑하는 ○○○ 군(양)을 다시 만날 수 있는 길은 우리도 천국에 들어가는 방법밖에 없습니다. 아마 ○○○ 군(양)도 가족 모두 천국에서 만날 것을 바라고 있을 것입니다.

사람에게는 영혼이 존재합니다. 사람의 육신과 달리 영혼은 죽지 않기에, 육신이 죽는 순간 사람에게는 오히려 천국으로 올라갈 길이 열립니다. 우리는 그 기회를 붙잡아야 합니다. 육신이 살아서 숨 쉬고 있는 지금이 우리에게 기회가 열려 있는 유일한 시간입니다.

우리는 지금 매우 중요한 것을 다루고 있습니다. 인간의 탄생과 죽음, 영혼과 천국, 그리고 거기에 들어가는 방법에 대해 나누고 있기 때문입니다. 만약 천국이 그렇게 좋은 곳이면, 어떤 해함이나 상함도 없고 오직 평화만 가득하고 기쁨과 행복이 폭발하는 곳이라면, 우리가 그곳에 들어가는 것을 마다할 이유가 있겠습니까? 천국은 예수님을 믿고, 그분을 구원자로 인정하고, 자기의 인생을 그분께 맡기는 사람에게 열린다는 사실을 우리는 기억해야 합니다.

요한복음 14장 6절 말씀입니다. "예수께서 이르시되 내가 곧 길이요 진리요 생명이니 나로 말미암지 않고는 아버지께로 올 자가 없느니라." 예수님이 곧 길이고 진리이고 생명이라 말씀하십니다. 그렇기에 예수님을 붙드는 모든 사람이 예수님을 통해 천국에 들어가는 은혜를 입는 것입니다. 그리고 예수님께 나아오는 그 어떤 사람도 박절하게 대하지 않으실 것을 약속하십니다. "내게 오는 자는 내가 결코 내쫓지 아니하리라"(요 6:37).

예수님은 모든 사람이 그분을 믿어 천국에 도달하기를 바라십니다. 모든 사람이 죽음과 영원한 이별이라는 고통 가운데 사는 것을 원치 않으시고, 모든 고생과 눈물과 늙고 병드는 이 모든 것에서 벗어나기를 바라십니다. 그리고 바로 그 일을 위해 십자가에 달려 죽으셨습니다.

여러분, 천국은 그리 멀지 않습니다. 그저 도와달라고, 이 슬픔 많고 고생 많은 세상에서 살기를 원치 않고 천국에 들어가길 원한다고 말씀드리십시오. 그러면 기꺼이 그 고백을 받으시고 우리를 위해 천국의 문을 열어주시며, 거룩하고 평화롭고 아름다운 그곳에서 ○○○ 군(양)을 다시 만나게 해주실 것입니다. 우리 모두 아름답고 평화로운 천국에서 다시 만나게 되기를 바랍니다.

부모 중에 불신자가 있는 경우(청소년) 1

부활신앙

_요 20:19-29

성경은 주님이 부활하셨다고 말합니다. 주님의 부활은 단지 죽은 사람이 소생하고 살아난 것에 그치지 않습니다. 그보다는 예수님이 부활을 통해 진정한 하나님의 아들임을 증명하셨다는 것이 핵심입니다. 예수님은 성경에서 세 명을 살리셨습니다. 그러나 그들은 모두 다시 죽습니다. 주님의 부활이 그들과 다른 것은 주님은 다시 죽지 않으셨다는 것입니다. 죽었다가 살아나셔서 지금도 영원히 살아계십니다. 이것이 우리에게 보여주시는 주님의 부활입니다. 그 부활하신 주님이 우리에게 남기신 말씀을 오늘 들으려 합니다.

첫째, 평강이 있을지어다 말씀하셨습니다. 당시 제자들은 두려운 상태였습니다. 유대인들은 두려워 문을 닫아걸고 숨어 있었습니다(19절). 본문에서 주님은 그들에게 두 번이나 평강을 선언하십니다(19, 26절). 유대인들이 늘 하는 인사말이지만 여기서는 의미가 다릅니다. 부활하신 후 주님이 주시는 말씀이기 때문입니다. 말이라는 것은 누가 언제 그 말을 하는지가 중요합니다. 특히 그 말을 할 자격이 없는 사람이 그 말을 하면 하나도 영향력이 없습니다. 그러나 그 말을 할 능력과 자격이 되는 사람이 말할 때 말은 진정한 힘을 갖습니다.

부활하신 주님이 하시는 말씀입니다. 제자들을 향해 하시는 말씀입니다. 이제는 두려워할 것이 없다는 것입니다. 진정한 평강을 가져도 된다는 말씀입니다. 죽음을 이기신 주님께서 하시는 말씀이라 위로가 됩니다. 뭘 두려워한다는 말입니까? 더 이상 믿음에 방해가 되는 요소는 없습니다. 더 이상 신앙을 방해하는 것은 존재하지 않습니다. 이 세상의 그 어떤 죄와 죽음도 막을 수 없는 분이 여기 계십니다. 그러니 너희는 마음에 평강을 얻으라는 말씀입니다.

진정한 평화는 힘을 바탕으로 합니다. 힘이 없으면 강한 나라의 침략을 받습니다. 평화도 힘이 있어야 지킬 수 있습니다. 해결할 능력 없이 말이나 마음으로만 평화롭게 하자는 구호는 오래가지 못합니다. 한낱 인간의 결심이기 때문입니다. 그러나 주님이 선포하시는 평화는 다릅니다. 죽음을 이기신 분의 말씀이기 때문입니다. 그분이 도우시고 함께하겠다고 말씀하십니다. 부활의 능력이 바탕이 된 평화를 선언하십니다.

우리에게 이런 평화가 있습니다. 오늘 이 시간은 참으로 마음이 무겁고 슬픕니다. 너무도 어린 나이에 자녀가 죽음을 맞이했기 때문입니다. 인간적으로는 뭐라 할 말이 생각나지 않습니다. 그렇기에 죽음을 이기신 분의 말씀을 전합니다. 주님을 믿고, 부활의 능력을 믿고, 평화를 갖는 유가족이 되시기 바랍니다. 이 평화는 그 무엇도 흔들 수 없는 평화입니다. 우리가 가진 신앙은 모든 것을 이기신 분이 우리에게 주신 것입니다. 그 평화를 빼앗아 갈 수 있는 것은 이 우주에 존재하지 않습니다. 부디 능력 있는 주님의 말씀을 받으시고, 슬픔을 넘어 마음의 평화를 얻으시기 바랍니다.

둘째, 보지 못하고 믿는 자들은 복되다고 하십니다. 도마가 예수님을 보기 전에는 믿지 못하겠다고 하자 주님이 오셔서 확인해 주십니다. 이 사건을 통해 앞으로 부활신앙에서 무엇이 가장 큰 걸림돌이 될지 보이신 것입니다. 바로 이성과의 충돌입니다. '사람이 죽었다가 살아난다. 그것도 사흘 만에.' 이성적으로 경험해 보지 못한 사건이기에 도저히 믿기 힘든 일입니다. 성경은 매우 정직하게 기록합니다. 예수님의 제자조차 믿지 못했다고 기록합니다.

그래서 주님은 대표로 도마에게 보여주십니다. 그런 다음, 앞으로는 보지 못하고 믿는 자들이 복되다고 말씀하십니다(29절). 보고 믿는 사람보다 더 복되다는 의미입니다. 왜 안 보고 믿는 믿음이 보고 믿는 믿음보다 더 복되다고 하실까요? 백문이 불여일견인데, 한 번 보는 것이 더 낫지 않을까요?

29절은 후대에 부활하신 주님을 눈으로 보지 않고도 믿는 우리 같은 자들에 대한 주님의 축복 약속입니다. 보고 믿는 것도 훌륭합니다. 그러나 보지 않고도 믿음으로 믿은 자들에게 더 큰 복을 주겠다고 약속하십니다.

보는 것만 믿는 데는 한계가 있습니다. 본다고 다 믿는 것은 아닙니다. 예수님 당시에도 주님이 많은 기적을 행하셨으나 그것을 보고 다 믿은 것은 아니었습니다. 귀신의 왕 바알세불의 힘을 의지해 기적을 행한다며 주님을 믿지 않는 사람도 있었습니다. 그들은 주님을 믿지 않을 뿐 아니라 결국 죽이기까지 했습니다. 본다고 다 믿는 것은 아닙니다. 그저 놀랄 뿐입니다. 확인하는 것만 믿는 것은 한계가 있는 믿음입니다. 세상에는 체험하지 않은 것도 존재하기 때문입니다. 체험한 것만 믿는다면 우리 믿음은 아주 작은 것이 될 수밖에 없습니다.

예수님은 종종 병을 고치시면서 네 믿음대로 되리라고 말씀하셨습니다. 그때 믿음은 예수님이라면 낫게 하실 것이라는 믿음입니다. 아직 체험이 없는 상태에서 주님은 믿음을 가지라 하셨고 그 믿음으로 나을 것이라 말씀하십니다. 그것이 네 믿음대로 되리라는 말씀입니다. 만약 주님이 "네가 경험한 대로 되라"고 하시면 그들의 병은 고쳐지지 않았을 것입니다.

주님을 보지 않고 믿는 자들이 더 복되다고 하시는 이유는, 우리의 믿음이 경험한 것을 뛰어넘는 믿음이 될 것이기에 하신 말씀입니다. 우리가 보고 체험한 것을 넘어서는 믿음이 될 것이라는 뜻입니다. 본 적이 없는 자가 받을 축복은 전혀 본 적 없는 축복일 것입니다. 이것이 믿음의 비밀입니다. 우리는 부활을 보지 못했습니다. 그러나 분명히 믿습니다. 부활하신 주님이 주신 말씀이기 때문입니다. 부디 이 말씀을 믿음으로 받으시고, 천국에서 온 가족이 함께 만날 그날이 있음을 영의 눈으로 바라보시는 가족이 되시기를 바랍니다.

부모 중에 불신자가 있는 경우(청소년) 2

나의 성산에는 해함도 없고 상함도 없으리라

_사 65:17-25

하나님께서 우리 각자에게 주신 인생의 분량과 모양은 각기 다르지만, 그 모든 인생은 하나님의 뜻 가운데 있습니다. 고 ○○○ 군(양)은 오늘 하나님의 부르심을 받았습니다. 학교에서 친구들과 신나게 뛰어놀고 장래를 꿈꾸어야 할 나이기에 그의 죽음이 참 안타깝습니다. 무엇보다 자녀가 커서 어른이 되고 행복하게 살아가기를 원하셨을 부모님의 슬픔과 안타까움은 말로 할 수 없을 만큼 클 것입니다. 목사이기 전에 자녀를 키우는 부모로서, 고 ○○○ 군(양)의 부모님께 먼저 깊은 위로의 마음을 전합니다.

최용덕 간사님이 작사 작곡한 "우리 이 땅에"라는 찬양에 이런 가사가 있습니다. "혹은 긴 인생 어떤 인 짧은 인생/ 그러나 누구도 영원히 살 수 없네/ 천국이 없다면 인생이란 허무한 것/ 너와 내가 영혼으로 만날 수 없다면/ 우리 이별을 어떻게 견디랴" 우리 각자에게 서로 다른 인생의 길이가 허락된 이유를 알 수는 없지만, 세상 그 누구도 이 땅에서 영원히 살 수 없다는 진리는 잘 압니다. 만약 죽음이 모든 것의 끝이고, 죽음 이후의 삶을 우리가 기약할 수 없다면, 오늘 고 ○○○ 군(양)과의 이별은 더 큰 슬픔일 것입니다. 그러나 그리스도인에게 죽음은 결코 영원한 이별일 수 없습니다. 천국에서 부활의 몸을 입고 다시 만날 것을 알고 또 믿기 때문입니다. 저는 오늘 고 ○○○ 군(양)과 우리가 다시 만날 곳, 천국에 대해 말씀드리려고 합니다.

첫째, 천국은 안전한 곳입니다. 부모는 늘 자식의 안전을 걱정합니다. 자녀가 태어나서 걸음마를 시작하면 넘어질까 걱정하고, 처음으로 엄마 품에서 떨어져 유치원에 갈 때가 되면 울지는 않을까 걱정하며, 친구들과 알아서 놀러 다닐 만큼 크면 위험한 곳에 다니지 않을까 걱정합니다. 부모가 자녀의 안전을 걱정하는 것은 매우 당연합니다. 이 세상 곳곳에 예기치 못한 위험이 도사리고 있기 때문입니다. 그러나 천국은 다릅니다. 성경은 말합니다. "나의 성산에서는 해함도 없겠고 상함도 없으리라"(사 65:25). 고 ○○○ 군(양)은 구원받은 하나님의 백성이고 천국의 시민권을 가진 사람입니다(빌 3:20 참고). 저는 고 ○○○ 군(양)이 지금쯤 해함과 상함의 위험이 없는 천국에서 행복하고 즐거운 생활을 하고 있을 것을 확신합니다.

또 천국은 예수님이 계신 곳입니다. 예수님은 세상에 계실 때 제자들에게 약속하셨습니다. "내가 너희를 위하여 거처를 예비하러 가노니 가서 너희를 위하여 거처를 예비하면 내가 다시 와서 너희를 내게로 영접하여 나 있는 곳에 너희도 있게 하리라"(요 14:2-3). 이 약속은 단지 2천 년 전의 제자들뿐 아니라, 예수 믿는 이 땅의 모든 성도에게 해당합니다. 이 땅에서는 육신의 부모가 고 ○○○ 군(양)의 보호자였지만, 천국에서는 예수님이 보호자가 되어주시고 그의 길을 인도해 주실 것입니다. 그러므로 고 ○○○ 군(양)의 부모님과 유가족 여러분, 예수님과 함께 새롭게 시작된 ○○○ 군(양)의 천국생활을 뜨거운 마음으로 응원해 주시길 부탁드립니다.

어떤 이들에게 죽음은 모든 것이 끝나는 순간이지만, 이 땅에 사는 동안 창조주 하나님을 기억하고 천국에 소망을 둔 성도에게 죽음은 끝이 아닙니다. 죽음 이후에 천국의 영원한 삶이 시작되기 때문입니다. 너무 서둘러 우리 곁을 떠난 고 ○○○ 군(양)을 생각하면 가슴 아프지만, 천국에서 멋지게 다시 시작될 그의 삶을 기대하고 다시 만날 그날을 소망하며 마음에 위로를 얻으시기 바랍니다.

마지막으로, 서두에 언급한 찬양의 나머지 가사를 읽어 드리고 설교를 마치려고 합니다. 천국의 소망이 이 시간 우리 가운데 충만하기를 소망합니다. "주님 안에서 영원한 생명 얻어/ 언젠가 또다시 만날 수 있기에/ 우리 헤어져도 슬프지 않을 수 있어/ 너와 내가 영혼으로 또다시 만나세/ 주님 우리 위해 함께 계시리라"

결혼하지 않은 자녀가 소천한 경우 1

물 같이 쏟아진 마음

_시 22:14-15

오늘 이 자리 가운데 평강의 주님이 오셔서 모든 유족의 마음을 어루만지시고, 이 자리에 모인 모든 분에게 위로와 평강의 은혜를 주시기 바랍니다.

성경에는 개인적인 고뇌와 아픔을 토로하는 구절이 많이 있습니다. 도무지 마음을 다잡을 수 없고, 마음을 진정시키려 해도 진정되지 않는 괴로운 순간이 우리 삶에 분명히 존재하기 때문입니다. 오늘 시편의 시인도 그와 같은 내용을 표현합니다. 14절 "나는 물 같이 쏟아졌으며"라는 표현을 보십시오. 자기 자신이 마치 형체가 없는 물처럼 액체가 되어 바닥에 쏟아진 것만 같다는 것입니다. 물이 양동이에 담겨 있을 때는 나름대로 형태를 유지하지만, 바닥에 쏟아지는 순간 곧바로 형태를 잃어버리는 것처럼, 자신이 그렇게 바닥에 쏟아져 형체조차 없어졌다는 것입니다. 이어서 자기의 모든 뼈가 어그러졌다고 말합니다. 마치 손이고 발이고 모든 것이 관절에서 빠져나와 버린 것 같은 느낌이라는 것입니다. 더 나아가 15절에는, 자신의 힘은 말라서 질그릇같이 되었고, 혀는 입천장에 붙었다고까지 말합니다. 이렇게 심각한 상황이 하나님을 진실로 사랑하고 섬기던 시인에게 실제로 일어났다는 사실에 주목해야 합니다. 안타까운 일이지만 때때로 신실한 하나님의 자녀에게도 이런 일이 일어납니다.

지금 유가족도 같은 심정일 거라 생각합니다. 모든 것이 물처럼 쏟아진 것 같고, 온몸의 모든 뼈가 다 어그러지고, 기력은 다 말라버리고, 혀는 입천장에 말라붙은 것만 같은 느낌 말입니다. 저는 이 아픈 상황 가운데 우리의 구원자이신 예수님을 붙들고 싶은 마음뿐입니다. 이유를 알 수도 없고 정말이지 내 힘으로는 어찌할 수 없는 일들이 실제로 벌어지는 것이 이 세상이기 때문입니다.

2천 년 전 예수님은 사랑하는 나사로의 무덤 앞에서 눈물을 흘리셨습니다. "예수께서 그가 우는 것과 또 함께 온 유대인들이 우는 것을 보시고 심령에 비통히 여기시고 불쌍히 여기사 이르시되 그를 어디 두었느냐 이르되 주여 와서 보옵소서 하니 예수께서 눈물을 흘리시더라"(요 11:33-35). 2천 년 전 그날, 예수님은 죽은 나사로의 무덤 앞에서 거기 있던 사람들과 함께 눈물을 흘리셨습니다. 이것은 예수님이 사랑하는 사람의 죽음을 실제로 어떻게 생각하고 느끼시는지를 잘 보여줍니다. 한 사람의 죽음에 대해 아무것도 아니라고 말씀하시거나, 믿음이 없다고 꾸짖으신 것이 아니라, 같이 눈물 흘려주셨다는 것을 우리는 기억해야 합니다. 그분은 온 마음으로 우리를 사랑하시며, 고통 가운데 있는 백성을 진심으로 불쌍히 여기시는 분입니다.

그리고 예수님은 나사로를 무덤에서 불러내셨습니다(요 11:43). 나사로는 예수님의 음성을 듣고 무덤에서 걸어 나왔습니다. 물론 살아난 나사로도 시간이 흘러 다시 육신의 죽음을 맞이했지만, 아마도 그 다음번 죽음의 순간에는 두렵지 않았을 것입니다. 이미 한 번 예수님을 통한 생명의 능력을 맛보았기 때문입니다. 그리고 이제는 다시 육신이 죽는 순간 부활하신 예수님이 그의 영혼을 들어 올려 천국으로 맞아들이실 것을 알았기 때문입니다.

지금 이 순간 우리에게 필요한 두 단어가 있다면 '예수님'과 '천국'일 것입니다. 구원자이신 예수님이 있기에 이 슬프고 고통스러운 세상 가운데서도 희망을 가지고 살 수 있습니다. 사랑하는 우리 ○○○ 성도님도 예수님의 은혜로 그 영혼은 이미 저 아름답고 거룩한 천국에 들어가 있는 줄로 믿습니다. 모쪼록 이 자리에 있는 우리 모두 예수님 안에서 영생에 이르는 축복을 얻어 저 아름답고도 거룩한 천국에서 다시 만나게 되기를 예수님의 이름으로 축원합니다.

결혼하지 않은 자녀가 소천한 경우 2

어찌하여 우느냐

_요 20:11-18

오늘의 장례는 참 슬픕니다. 결혼하지 않은 자녀를 먼저 보내는 부모님의 슬픔을 느끼기 때문입니다. 자식을 앞세운다는 것이 얼마나 큰 아픔인지 짐작조차 되지 않습니다. 그러나 참으로 안타까운 일이지만 인생에서는 이런 일도 종종 일어납니다. 이럴 때 어떤 믿음과 신앙으로 나아가야 할까요? 오늘 말씀을 통해 하나님이 주시는 위로가 유가족에게 있기를 바랍니다.

첫째, 주님은 어찌하여 우느냐고 말씀하십니다. 안식 후 첫날 막달라 마리아가 주님의 무덤에서 주님을 만나는 장면입니다. 주님의 부활 후 가장 먼저 예수님을 만난 사람이 막달라 마리아였다고 복음서는 증언합니다. 마리아는 주님의 시체가 없어진 줄 알고 울고 있었습니다(11절). 그런데 천사가 말합니다. "어찌하여 우느냐"(13절). 바로 이어서 이번에는 주님께서 마리아에게 같은 질문을 하십니다(15절).

왜 같은 질문을 두 번 하셨을까요? 이것이 중요한 질문이기 때문입니다. 그래서 성경이 반복해서 기록하는 것입니다. 이 질문은 막달라 마리아가 왜 우는지 몰라서 묻는 게 아니라 뭔가 신앙적인 내용을 깨우치기 위한 것입니다. 주님과 신앙에 대해 온전히 알지 못하면 우리는 울 수밖에 없습니다. 사실 당시 예수님이 부활하셨는데 그것을 알지 못하면 울 수밖에 없습니다. 죽은 것으로 생각하고 우는 것입니다. 다 끝난 것으로 생각하고 우는 것입니다. 사실 끝난 것이 아닌데 말입니다.

오늘 이 장례예배는 참으로 슬픈 시간입니다. 그러나 주님은 슬픔에만 잠겨 있지 말라고 말씀하십니다. 죽음이 끝이 아니고 주님이 부활하신 것처럼 주님의 자녀들이 주님 앞에서 부활할 것이기 때문입니다. 신앙에 대한 온전한 지식과 내용이 결여된 신앙은 성도가 누려야 할 마땅한 평안과 기쁨을 앗아갑니다. 그 때문에 사실은 승리 가운데 들어와 있는데도 슬퍼할 수밖에 없습니다.

서태평양의 미국령 섬인 괌은 관광명소이자 전략적 요충지입니다. 제2차 세계대전 때는 미군과 일본군이 이곳에서 접전을 벌이기도 했는데, 괌에 파병된 일본군 쇼이치 요코이는 당시 동료들과 함께 부대에서 낙오됩니다. 그는 전쟁이 끝난지도 모른 채 정글에서 30년 가까운 세월을 보내고, 1972년에 우연히 원주민에 의해 로빈슨 크루소 같은 몰골로 발견되었습니다. 그는 괌이 미군에 점령되자 굴을 파고 작은 물고기와 나무 열매로 연명했습니다. 같이 숨어살던 동료 두 명은 8년 만에 죽고, 전쟁이 끝난 줄 모른 그는 30년 가까이 미군을 피해 숨어 산 것입니다. 그는 귀국 후 결혼하고 강연을 다니며 행복하게 살았습니다. 일찍 알았더라면 훨씬 더 일찍 누릴 수 있었을 것입니다.

주님은 부활하셨고 일찍 죽은 믿음의 자녀도 부활하여 주님 곁에 함께 있습니다. 이것이 성경이 말하는 현실입니다. 믿으시고 슬픔을 위로

받으시기 바랍니다.

둘째, 주님은 나를 붙들지 말라고 하십니다. 17절에 나오는 이 말씀은 사실 잘 이해되지 않습니다. 그래도 주님을 가장 먼저 찾은 마리아에게 너무 매정하게 대하시는 것처럼 들리기 때문입니다. 이 말씀의 의도는 무엇일까요? 어떤 사람은 바로 뒤에 이어지는 아버지께로 올라가지 않았다는 말씀을 근거로, 승천해야 하니 자신을 붙든 손을 놓으라는 의미라고 해석하기도 합니다. 그러나 본문은 그런 뜻이 아닙니다.

마리아는 예수님이 살아나셨으니 자연스럽게 이전 상태, 이전 관계로 돌아갈 것이라 생각했습니다. 그러나 주님은 부활하여 영광의 자리로 가셔야 합니다. 주님은 아버지께로 올라가셔서 그 영광에 참여하고, 성도들을 위해 처소를 예비하셔야 합니다. 그러니 예전 같은 상태에 머물지 말라는 말씀입니다. 이제부터 펼쳐질 부활하신 영원한 주님과의 새로운 관계에 마음을 두라는 의미입니다.

주님은 오늘도 우리에게 같은 명령을 주십니다. "나를 붙들지 말라"는 과거에 머무르지 말라는 뜻입니다. 사랑하는 자녀가 세상을 떠났습니다. 몹시 슬프고 애석한 일입니다. 왜 이런 일이 이 가정에 일어나야 하는지 인간인 우리는 모릅니다. 나중에 천국에 가서야 자초지종을 알게 될 것입니다.

슬픔에 싸여 있는 가족과 우리에게 주님은 오늘도 이렇게 말씀하실 것입니다. "나를 붙들지 말라." 주님을 새롭게 인식하고 새롭게 바라보라는 말씀입니다. 죽음이 끝이 아닙니다. 영원한 하나님이신 주님이 펼쳐 주시는 영원한 천국이 우리를 기다립니다. 고인이 된 자녀는 이미 그곳에서 주님을 만나고 있습니다. 우리는 믿음의 눈으로 이것을 바라보아야 합니다. 주님에 대한 더 발전된 신앙을 가지고 이 시간을 감당하시기를 유가족께 부탁드립니다. 인간이 감당하기 어려운 시간이지만 주님을 바라보면 감당할 수 있을 것입니다. 주님을 이 땅의 일만 주관하시는 분으로 여기지 말고, 영원한 죽음 이후의 삶도 책임지시는 분으로 알아, 이 어려운 시간을 믿음으로 이기는 가족이 되시기를 바랍니다.

9장

이장예배

신자들만의 예배1

하나님은 우리의 피난처

_시 46:1-3

예배를 위해 이 자리에 모이신 모든 분에게 주 예수 그리스도로 말미암는 거룩한 은혜와 평강이 임하시기를 바랍니다. 오늘 우리가 이 자리에서 이장을 진행하기는 하지만, 여기 묻혀 있는 것은 고인의 물리적인 육신입니다. 고인의 영혼은 이미 천국에 들어가 있기 때문입니다. 그럼에도 이 예식과 예배를 통해, 다시 한번 이 땅을 살아가는 우리의 인생과 죽음 그리고 하나님에 대해 생각하는 시간을 갖고자 합니다.

사람의 인생은 위기의 연속이라 할 수 있습니다. 위기가 한 번 지나가고 그것으로 끝나면 좋겠지만, 다른 위기가 찾아오고 또 다른 위기가 찾아오고, 마침내는 죽음이라는 도무지 피할 수 없는 거대한 위기가 찾아옵니다. 그런데 오늘 성경은 그런 위기 가운데도 피난처가 있다고 말합니다. 1절은 "하나님은 우리의 피난처시요"라고 말합니다. "피난처"는 위기 가운데 자기 몸을 숨길 수 있는 곳, 대피처 혹은 대피소 같은 개념이라 할 수 있습니다. 그런데 하나님이 우리 인생에서 위기의 순간마다 찾아 들어가야 할 피난처가 되신다고 합니다. 위기 중 위기, 가장 위험한 순간이라 할 수 있는 죽음의 순간에도 마찬가지입니다. 하나님만이 우리의 피난처가 되십니다. 피난처는 강해야 합니다. 튼튼해야 합니다. 가장 강력한 죽음의 위기 앞에서도 흔들림이 없어야 합니다. 우리 하나님만이 진실로 그런 피난처가 되십니다.

이것은 사실 신앙인들만이 할 수 있는 말입니다. 진실로 하나님의 자녀 된 사람들만이 할 수 있는 말입니다. 하나님의 자녀들은 이미 살면서 그것을 수도 없이 경험했기 때문입니다. 위기 때마다 머리를 숙이고 들어가던 그 피난처가 내 하나님이었기에, 그리고 오직 그 안에서 모든 위기를 피할 수 있었기에, 인생의 마지막 위기이자 가장 큰 위기인 죽음 앞에서도 동일하게 머리를 숙이고 기꺼이 거룩한 피난처로 뛰어 들어가는 것입니다.

만약 하나님이 없다면 얼마나 당황스러울까요? 인간이라면 누구도 피할 수 없는 죽음이라는 위기 앞에서 누구의 손도 잡을 수 없다면 얼마나 두려울까요? 그러나 그곳에 하나님이 계시기에, 마지막 순간에도 우리의 손을 잡아주는 분이 계시기에 우리는 안심할 수 있습니다.

그러므로 '겸손'이 필요합니다. 한없는 겸손이 필요합니다. 우리는 모두 하나님께 겸손히 나아가 자비를 구하고 은혜 베풀어주시기를 간구해야 합니다. 죽음 앞에서 하나님 한 분 외에 누구도 피난처가 되어줄 수 없다는 사실을 기억하십시오. 아무리 권세 높은 사람이라도, 아무리 힘이 강한 용사라도 죽어야 하는 사람에게 진정한 피난처가 되어줄 수는 없습니다. 또 여기에는 '믿음'이 필요합니다. 예수님의 십자가를 의지하여 자비를 구하고 은혜를 구하면 반드시 도와주신다는 사실, 그리스도의 험한 십자가를 붙들고 고개를 숙이고 또 숙이면 진실로 거룩한 피난처가 되어주신다는 사실을 믿는 믿음 말입니다.

언제나 우리 인생의 피난처, 가장 강력한 피난처가 되시는 분은 하나님임을 기억하십시오. 죽음의 위기에서조차 머리를 숙이고 들어가야 할 피난처는 하나님임을 잊지 마십시오. 그리고 그 앞에서 겸손하십시오. 은혜를 구하십시오. 자비를 구하십시오. 그리고 믿음을 가지십시오. 하나님의 피난처 되심을 믿으니 내 영혼을 받아달라고 기도하십시오. 하나님께서 그 진지한 기도를 들으시고 반드시 우리에게 응답하실 것입니다.

신자들만의 예배 2

흔적

_갈 6:11-18

"호랑이는 죽어서 가죽을 남기고 사람은 죽어서 이름을 남긴다"는 말이 있습니다. 인간은 이 땅을 살다가 떠날 때 흔적을 남깁니다. 오늘 사랑하는 성도의 이장예배를 믿음의 가족과 함께 드리면서, 먼저 천국에 가신 성도님을 다시 한번 기억하고 그분의 남은 부분을 수습하여 이장하는 이 시간에, 이 땅에서 성도는 어떤 흔적을 남기는 삶을 살아야 할지 생각해 보겠습니다.

첫째, 성도는 주님을 위한 흔적을 남겨야 합니다. 바울은 본문에서 자신의 몸에 예수의 흔적을 지녔다고 말합니다. 여기서 '흔적'(헬, 스티그마)은 '낙인'이라는 뜻입니다. 보통 소유를 표시하기 위해 짐승이나 노예의 이마나 몸에 새기는 것이 낙인입니다. 그가 말하는 흔적은 일차적으로 복음전도자로 살면서 갖게 된 영광의 상처를 의미합니다. 주를 위해 당한 고난으로 생긴 상처의 흔적을 의미합니다. 그는 주를 위해 많은 고초를 겪었습니다(고후 11:23-27). 여기서 그가 말하는 흔적은 단순 사고로 인한 상처가 아니라 그리스도를 위한 복음전도자로 살다 생긴 의도적인 상처를 말합니다. 그래서 영광의 상처인 것입니다.

예전에 화상으로 일그러진 얼굴을 가진 어머니의 이야기를 읽은 적이 있습니다. 장사를 하시는 어머니는 얼굴에는 화상 자국이 있었습니다. 그런 어머니의 얼굴이 딸은 늘 부끄러웠습니다. 어느 날 학교를 찾아온 어머니를 딸은 외면하고 지나갑니다. 아이들 앞에서 창피했기 때문입니다. 그러던 어느 날 어머니 상처의 원인을 알게 됩니다. 딸이 아기였을 때 집에 화재가 나고, 그 속에서 자신을 구하다 생긴 상처임을 알게 됩니다. 그 후 비오는 날 어머니가 우산을 들고 학교에 찾아왔는데, 딸은 2층 교실에서 힐끔힐끔 내다만 볼 뿐 내려오지 않았습니다. 어머니는 딸이 창피할까봐 그냥 돌아왔습니다. 시간이 지나 딸이 속한 미술반에서 그림 전시회가 있다며 딸이 어머니를 초대했습니다. 어머니는 전시회에서 그림 하나를 보고 깜짝 놀랐습니다. 바로 얼마 전 비오는 날 교문 앞에 서 있던 자기를 그린 그림이었기 때문입니다. 그때 딸은 2층에서 힐끔거리며 어머니를 그리고 있었던 것입니다. 그림의 제목은 〈세상에서 가장 아름다운 얼굴〉이었습니다.

성도에게도 이런 아름다운 흔적이 있어야 합니다. 흔적 자체는 아름답지 않더라도, 그리스도를 품은 아름다운 흔적이 있어야 합니다. 바울은 본문에서 그런 흔적을 말하고 있습니다. 우리 신앙에도 이런 영광의 흔적이 있어야 합니다. 주를 위해 손해 보고 어려움당하며 마음과 인생에 생긴 상처와 흔적 말입니다. 의도적으로 주를 위하다가 생긴 흔적 말입니다. 이런 상처의 흔적이 훈장처럼 있는 자가 참 사도요 그리스도인입니다.

오늘 이장하는 성도님은 이 땅에서 그리스도의 흔적을 가진 분입니다. 이제는 몸의 일부만 남아 있지만 그의 흔적은 영원히 천국에서 빛날 것입니다. 이 시간에 우리도 무슨 흔적을 남길지 다짐해 보는 시간이 되면 좋겠습니다.

둘째, 성도는 성숙한 흔적을 남겨야 합니다. 본문의 흔적은 원문에는 복수형입니다(헬. 스티그마타). 한 번의 헌신으로 생긴 하나의 상처가 아닙니다. 오랜 기간 반복되고 축적된 산물입니다(고후 11:23-27). 이 정도 되어야 예수의 흔적을 가졌다고 말할 수 있습니다.

이런 이야기가 있습니다. 한국전쟁 때 공산주의자들이 많은 인사를 반동으로 몰아 죽였습니다. 목사님 한 분도 지역의 유지들과 함께 붙들려 창고에 갇혔습니다. 어느 날 갑자기 공산군이 후퇴하면서 밤중에 한 사람씩 끌고 나가 손바닥을 만져보고는 지주와 농민을 구별했다고 합니다. 손바닥에 일한 흔적이 있으면 살려주고 일한 흔적이 없으면 반동분자로 몰아서 죽였습니다. 목사님은 마침 성전건축 중이라 열심히 일하고 있었기에 손바닥이 거칠었습니다. 인민군이 직업을 물었습니다. 목사님은 큰 소리로 목사라고 대답했습니다. 그랬더니 인민군이 고개를 끄덕이며 말하더랍니다. "목수 동무가 어찌 왔어. 빨리 나가라우." 그렇게 살아 나왔다고 합니다. 목사를 목수로 잘못 들은 것입니다. 어쨌든 목사님의 굳은살이 그를 목수로 들리게 한 것입니다. 반복된 헌신이 남긴 흔적의 결과입니다.

주를 위해 연속적으로 일함으로 단련되고 생긴 상처가 본문이 말하는 흔적입니다. 아마도 상처 위에 또 상처가 생기며 흔적이 남았을 것입니다. 거듭되는 상처는 굳은살처럼 단단해져 더는 아픔을 느끼지 못했을지도 모릅니다.

이 말씀을 묵상하면서 이런 헌신의 흔적을 남겨야 한다고 생각했습니다. 헌신이 계속될 때 더는 나를 아프게 하지 못하는 굳은살 같은 성숙한 신앙의 경지에 이릅니다. 누가 와서 건드려도 끄떡하지 않게 됩니다. 이런 전천후 신앙의 흔적을 남겨야 합니다. 영혼에 성숙한 굳은살이 박인 성숙한 신앙을 남겨야 합니다.

불신자들과 연합예배 1

내 아버지 집에 거할 곳이 많도다

_요 14:1-3

고 ○○○ 성도님의 이장예배에 참석하신 모든 분에게 하나님의 은혜가 함께하시길 소원합니다. 우리나라의 경우 고인의 묘지를 옮기는 절차, 즉 이장의 이유는 매우 다양합니다. 지금 이 자리에는 비기독교인들도 함께 계시기 때문에, 그분들의 종교적 지향과 생각을 존중하는 마음으로 저는 오늘 이장 풍습에 관한 성경적 혹은 신학적 판단은 하지 않도록 하겠습니다. 그 대신 고인의 이장 절차를 지켜보며 마음속에 되새겨 볼 만한 성경적 권면 몇 가지를 말씀드리려고 합니다.

첫째, 인간은 흙에서 와서 흙으로 돌아가는 존재입니다. "인간은 만물의 영장"이라는 말을 들어보셨을 것입니다. 그러나 한 줌의 흙에서 와서 한 줌의 흙으로 돌아간다는 진리 앞에서 인간과 동물은 크게 다르지 않습니다. 성경은 인간과 동물을 모두 땅의 '흙'으로 만들어진 존재로 규정하기 때문입니다(전 3:19-20 참고). 그러나 동물과 달리 인간은 역사를 기록하고 기념하는 존재입니다. 우리의 몸은 언젠가 한 줌의 흙으로 돌아가겠지만, 각자가 살아온 삶의 자취와 흔적은 자기를 기억하는 사람들의 머릿속에 여전히 살아있을 것입니다. 이것은 죽음 이전의 삶이 남은 가족과 친지, 혹은 더 큰 집단의 구성원들에게 해석되고 평가되어 특정한 '역사'를 남기게 됨을 의미합니다. 이 땅의 생을 마치고 한 줌의 흙으로 돌아갈 때, 여러분은 어떤 역사를 세상에 남기시겠습니까?

둘째, 인간은 빈손으로 와서 빈손으로 돌아가는 존재입니다. 성경은 말합니다. "모태에서 빈 손으로 태어났으니, 죽을 때에도 빈 손으로 돌아갈 것입니다"(욥 1:21, 새번역). 인간은 모두 빈손으로 왔다가 빈손으로 갑니다. 이 세상에서 아무리 많은 재물을 모으고 명예와 권력을 누렸어도 죽을 때는 예외 없이 빈손입니다. 아마도 여기 계신 분들 모두 '솔로몬'이라는 이름을 들어보았을 것입니다. 이스라엘 역사상 가장 많은 부와 명예를 소유했던 왕이고, 동시에 가장 지혜로운 왕이기도 했습니다. 양손에 부와 명예와 심지어 지혜까지 가득 들고 산 인생이었지만, 솔로몬 왕은 생을 마감하며 말합니다. "헛되고 헛되며 헛되고 헛되니 모든 것이 헛되도다"(전 1:2). 세상에서 아무리 많은 부귀와 영광을 누렸어도 죽음의 때가 오면 남녀노소, 빈부귀천 상관없이 모두 한 평 남짓한 관 속에서 빈손으로 생을 마감합니다. 빈손으로 가는 짧은 인생끼리 아옹다옹하며 살기보다, 동병상련의 마음으로 서로 아끼고 의지하며 살아가시기 바랍니다.

셋째, 예수 믿고 구원받은 성도는 죽음 이후에 하늘에 예비되어 있는 영원한 집에서 거하게 됩니다. 내세에 대한 신앙이 있는 분이라면 '죽음 이후의 세상은 어떤 곳일까?' '죽음 이후에 나는 어디서 어떤 모습으로 살 것인가?' 하는 질문을 자신에게 던져보았을 것입니다. 오늘 우리가 함께 읽은 본문에는 그 질문에 대한 대답이 담겨 있습니다. "내 아버지 집에 거할 곳이 많도다"(2절). 그리스도인은 하늘에 있는 집을 소망하며 살아가는 사람입니다. 고 ○○○ 성도님 역시 생전에 그 소망을 품고 살았고, 그가 소망한 하늘 아버지의 집에서 편히 쉬고 계실 것입니다. 지금 이 자리에서 이장예배를 드리는 가족과 친지들이 소망하는 바가 바로 그것일진대, 하늘 아버지의 집에서 지내고 계실 고인의 그 모습에 위로를 받으시기 바랍니다.

저는 오늘 세 가지 권면의 말씀을 드렸습니다. 여러분은 이 땅에 사는 동안 어떤 모습으로 무엇을 위해 살다가 어디로 가시겠습니까? 고 ○○○ 성도님의 이장예배에 함께하신 모든 분께 하나님의 은혜가 충만하기를 예수 그리스도의 이름으로 간절히 소망합니다.

불신자들과 연합예배 2

성경적 이장

_창 50:22-26

오늘 우리는 함께 모여 사랑하는 성도의 이장예배를 진행하고자 합니다. 사람이 죽으면 영혼은 이미 천국에 가 있지만, 육신은 이 땅에서 흙으로 돌아가게 됩니다. 그러는 중에 불가피하게 오늘 이장을 진행하게 되었습니다. 말씀을 통해 성경적으로 이장을 행하던 상황을 보면서, 오늘 무덤을 옮기는 이장을 통해 우리가 어떤 신앙을 가져야 할지 생각해 보겠습니다.

첫째, 요셉은 자신이 죽은 후에도 하나님의 역사가 그 백성에게 이루어질 것을 믿었습니다. 24절에 보면 요셉은 자신이 죽은 후에도 하나님이 그 백성에게 약속하신 것을 이루셔서, 그들을 애굽에서 나오게 하여 약속의 땅으로 가게 하실 것을 믿었습니다. 참으로 놀라운 신앙입니다. 이 유언을 할 때 이스라엘 민족은 요셉을 통해 애굽에서 번영을 누리고 있었습니다. 그들은 풍족한 삶을 살고 있었습니다.

그러나 이제 요셉이 죽으면 어떤 일이 일어날지 모두 두려웠을 것입니다. 요셉이 죽은 후 이스라엘 민족과 애굽의 관계는 어떻게 진행될지 두려웠을 것입니다. 그들을 향해 요셉은 분명히 말합니다. 요셉의 죽음과 관계없이 하나님은 그 백성에게 약속하신 것을 이루실 것이라 말합니다. 다시 말해, 이스라엘이 애굽에서 번영을 누린 것은 요셉 때문이 아니었음을 말하는 것입니다. 요셉이 있든 없든 그것이 중요한 것이 아니라, 하나님께서 그들에게 약속하신 말씀이 중요하다는 것입니다.

원래 야곱 가족이 가나안을 떠나 요셉이 있는 애굽 땅으로 들어올 때, 하나님이 야곱에게 나타나 그 백성의 미래를 말씀하셨습니다(창 46:3-4). 야곱은 약속의 땅을 떠나 애굽으로 내려가는 것을 두려워했고, 그런 야곱을 향해 하나님은 번성하여 다시 돌아올 것을 약속하셨습니다. 요셉은 바로 그 약속을 바라보고 있는 것입니다.

성경에 등장하는 하나님의 사람들은 하나님의 말씀을 자신의 생애 동안에만 믿은 것이 아니라, 자신이 세상에 없을 때도 여전히 이루어질 말씀으로 믿었습니다. 하나님의 말씀은 인간의 생명까지도 뛰어넘는 말씀임을 믿었습니다. 오늘 이장예배를 드리며 성도께서 남기신 몸의 일부를 다른 곳으로 이장하지만, 그가 이 땅에 있을 때 믿고 섬긴 하나님의 말씀은 그분이 없는 오늘에도 여전히 살아 역사함을 믿어야 할 것입니다. 이것이 이장예배를 드리며 우리가 가져야 할 마음입니다.

둘째, 요셉은 이스라엘이 가나안으로 돌아갈 때 자신의 해골을 이장해 가라고 말합니다. 요셉은 110세에 죽습니다. 그의 장례는 애굽의 풍습을 따라 몸에 방부제를 넣어 미이라로 만들었을 것입니다(26절). 요셉은 30세에 애굽의 총리가 되어 80년을 애굽에서 영화를 누리며 살았습니다. 이스라엘 사람으로 산 것보다 애굽 사람으로 산 기간이 훨씬 깁니다. 애굽 사람이 된 것입니다.

그러나 요셉의 신앙은 줄어들거나 달라지지 않았습니다. 오히려 자신의 죽음을 앞두고 남아 있는 사람들에게 유언합니다. 하나님이 약속대로 그들을 가나안으로 옮기실 때 자신의 해골을 가져가라고 말입니다. 이 유언에는 자신의 남아 있는 뼈조차도 하나님의 약속의 땅에 묻히고 싶다는 염원이 들어 있습니다. 죽은 다음에 이런 것이 무슨 소용이냐고 물을 수 있습니다. 그러나 요셉은 자신의 남아 있는 뼈 때문에 이 유언을 한 것이 아니라 자손들을 위해 한 것입니다. 하나님의 약속은 반드시 이루어질 것을 믿으라는 것입니다. 그것을 한시도 잊지 말고, 지금 누리고 있는 애굽의 영광에 사로잡혀 살지 말라는 것입니다.

훗날 이 유언은 그대로 이루어집니다. 이스라엘 백성이 430년 만에 애굽에서 출애굽할 때 요셉의 해골을 메고 올라가서 가나안 땅 세겜에 장사합니다(수 24:32). 이처럼 요셉의 무덤은 애굽에서 가나안으로 이장됩니다. 요셉은 자신의 무덤이 이장될 것을 믿음으로 미리 알았습니다. 하나님의 약속이 이루어질 것을 알았기 때문입니다. 결국 무덤을 옮기는 행위를 통해 하나님을 향한 강한 열망과 신앙을 표현한 것입니다.

오늘 이 이장은 단순히 무덤의 위치를 바꾸는 것이 아닙니다. 이것을 통해 고인이 살았던 믿음을 기억해야 합니다. 요셉이 해골이라도 하나님 약속의 일부가 되기를 원했듯, 고인은 하나님을 믿으셨고 이미 천국에 가 계십니다. 요셉의 무덤이 애굽에서 가나안으로 옮겨졌듯 고인의 영혼은 이 땅에서 천국으로 먼저 가 계십니다. 그러므로 오늘 이장을 진행하는 우리의 삶도 이 땅을 지나 천국으로 옮겨갈 것을 생각하며 이장을 진행해야 합니다. 이것이 성도의 남은 유신을 이장하면서 우리가 가져야 할 성경적인 믿음의 자세입니다.

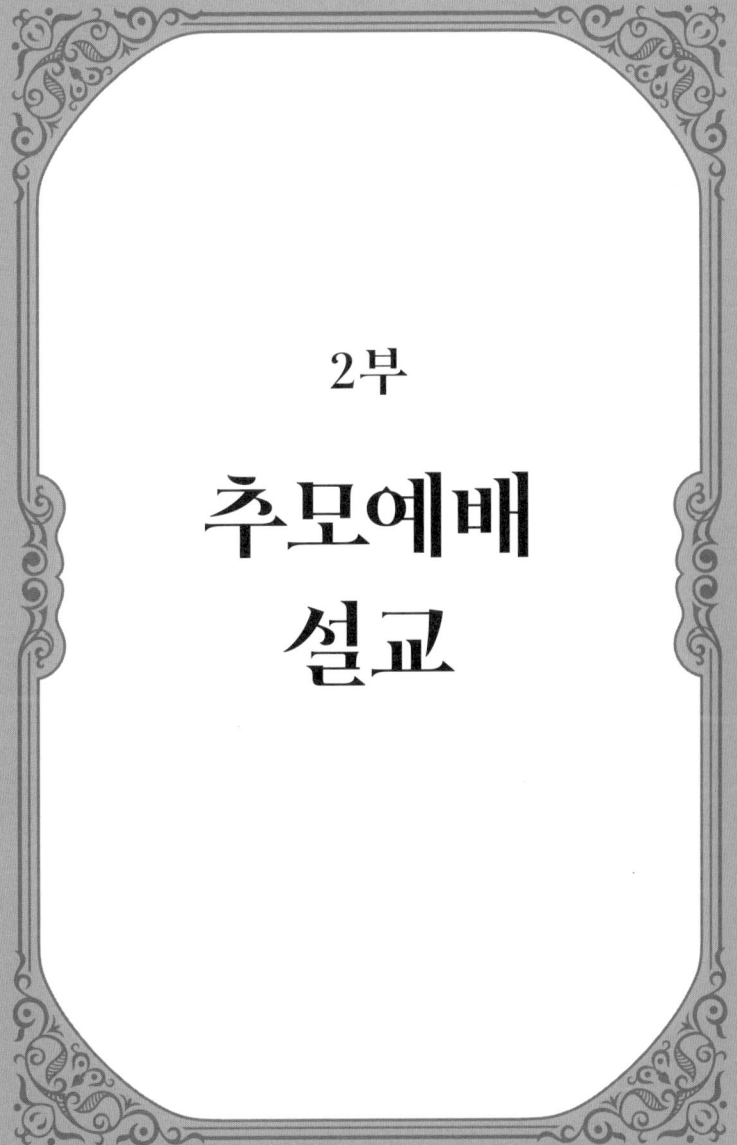

2부

추모예배 설교

1장

기일 추모예배

신자들만의 예배 1

별처럼 영원토록 빛나는 삶

_단 12:1-3

오늘 고인의 기일을 맞아 추모예배를 드리고 있습니다. 오늘 말씀을 통해 인간의 삶과 죽음에 대해 생각해 보고, 하나님 앞에서 겸손하게 우리의 삶을 돌아보는 시간이 되기를 바랍니다.

다니엘서 12장은 이 세상의 끝날에 대한 말씀입니다. 1절에 "그때에 네 백성 중 책에 기록된 모든 자가 구원을 받을 것이라"고 기록되어 있습니다. 여기서 "책"은 하나님이 가지고 계시는 생명책을 의미합니다. 그 안에 구원받아야 할 모든 사람의 이름이 기록되어 있습니다. 이 세상 마지막 날에 극심한 환난이 일어나도 그 책에 기록된 사람은 한 사람도 빠짐없이 구원받을 거라는 말씀입니다.

그런데 매우 감사한 것은, 이 구원이 우리에게 달려 있지 않다는 것입니다. 사람이 스스로 결단하고 믿음을 시인하며 고백하는 과정이 있기는 하지만, 근본적인 부분을 따져 들어가보면 모든 결단과 시인의 과정에 이미 하나님의 섭리와 인도하심이 있었다는 것입니다. 그래서 사도 바울은 "하나님의 선물이라"(엡 2:8)고 표현했습니다. 우리는 택하시고 부르시고 자녀 삼아주신 하나님 안에서 지극히 안전한 사람들입니다. 사랑하는 고 ○○○ 성도님도 그렇게 택하심을 받고 부르심 받아서 안전하게 천국에 들어가 계신 줄로 믿습니다.

우리의 영원한 생명은 하나님의 생명책이라는 가장 강력한 금고 안에 들어 있습니다. 그래서 그 어떤 존재도 우리의 이름을 거기서 지울 수 없습니다. 우리는 궁극적 소망에 해당하는 것, 즉 하나님의 자녀가 되고 구원받아 영원한 천국에 들어가는 복을 '이미 받아 놓은 사람들'입니다. 인간으로 태어나 받아야 할 가장 큰 복을 이미 소유한 사람이라는 것입니다.

그렇다면 이제 우리에게 남아 있는 것은 무엇일까요? 여기서는 3절이 중요한데, "지혜 있는 자는 궁창의 빛과 같이 빛날 것이요 많은 사람을 옳은 데로 돌아오게 한 자는 별과 같이 영원토록 빛나리라"는 말씀에 주목해야 합니다. 여기서 "지혜 있는 자"는 바로 이어지는 "많은 사람을 옳은 데로 돌아오게 한 자"와 평행을 이루는 표현입니다. 이 사람은 영적으로 아주 지혜로워서 하나님의 뜻을 알고, 그분의 통치 아래 살며, 그 통치 아래로 사람들을 돌아오게 만든다는 것입니다. 이 관점에서 보면 모든 믿는 자들은 이미 "지혜 있는 자"입니다. 영적으로 아주 지혜로워서 높으신 하나님의 뜻을 알고, 진실한 마음으로 그분의 통치 아래 살며, 그 통치 아래로 사람들을 돌아오게 만드는 사명을 감당하고 있기 때문입니다. 그러므로 우리는 단지 천국의 복을 확보했다는 사실에 만족할 것이 아니라, 더 많은 이들을 천국 백성으로 만들고자 노력해야 합니다. 그리고 그런 사람들에게는 놀라운 상급이 약속되어 있습니다. "궁창의 빛과 같이 빛날 것이요 … 별과 같이 영원토록 빛나리라"는 말씀을 보십시오. 마지막 날 우리의 모든 수고를 보시고 그에 대한 보상으로 하늘에서 빛나는 빛과 같은 영광, 별처럼 빛나는 영광을 주겠다고 약속하십니다.

저는 이 말씀을 준비하면서 마음이 뜨거워지는 것을 느꼈습니다. 우리에게 얼마나 영광스러운 것이 준비되고 있는지, 하나님께서 주신 사명을 감당하고자 노력한 사람들에게 베푸실 영광이 얼마나 영원토록 빛나는 것일지 기대가 됩니다. 사랑하는 고 ○○○ 성도님도 별처럼 영원히 빛나는 영광 가운데 계신 줄로 믿습니다. 그리고 이 자리에 있는 우리도 그 같은 영광의 반열에 들어가게 되기를 간절히 바랍니다.

신자들만의 예배 2

아름다운 것을 지키라

_딤후 1:11-14

이 시간 사랑하는 고인의 기일을 맞아 추모예배를 드립니다. 믿음 안에서 평생을 살다 가신 고인을 기억하면서 가족과 함께 예배를 드립니다. 고인을 기억하며 말씀을 통해 성도가 어떤 삶을 살아야 하는지 살펴보겠습니다. 디모데후서는 바울이 순교하기 전에 쓴 마지막 서신입니다. 그래서 사랑하는 디모데를 향한 권면과 당부가 절절이 담겨 있습니다. 하나님의 사람은 어떤 사람이어야 고인처럼 온전히 평생을 주님께 충성할 수 있을까요?

첫째, 자신이 하나님이 세우신 사람임을 알아야 합니다. 11절에 바울은 자신이 선포자와 사도와 교사로 세우심을 입었다고 기록합니다. 자신에게 주어진 역할이 스스로 하고 싶어서 된 것이 아니라 하나님께서 세우신 것이라고 표현합니다(수동태). 자신의 여러 가지 역할을 모두 하나님이 세우셨음을 인정합니다. 우리가 분명히 알아야 할 것은, 하나님의 일은 하나님이 세우셔야 한다는 것입니다. 먼저 세우신 분이 있고, 그에 따라 우리가 주어진 사명을 감당하는 것입니다. 이 의식이 매우 중요합니다. 사람이 세운 것이 아니기에 사람이 폐하지도 못함을 확신하는 믿음입니다. 또 세우신 분이 있음을 믿고 사역을 감당하기에, 자신의 연약함을 보고 두려워하거나 놀라지 않습니다.

하나님의 일을 감당하는 비결은 세우신 분이 있음을 확신하는 것입니다. 디모데는 다소 소심한 성격이었던 것 같습니다. 그런 디모데에게 일을 시키신 분이 있으니 담대하게 사역하라고 바울은 주문합니다. 돌이켜 보면 고인도 이런 삶을 사셨습니다. 하나님이 세우셨음을 믿었기에 때로는 부족하고 연약해도 끝까지 감당하셨습니다. 하나님이 세우심을 믿고 일하는 자들의 특징입니다. 자신의 연약함에 매이지 않습니다. 오늘 이 자리에 모인 가족도 그런 고인과 본문의 말씀을 생각하면서, 같은 마음으로 주어진 사역의 길을 감당하시기 바랍니다.

둘째, 복음을 위해 고난받되 부끄러워하지 않아야 합니다. 바울은 12절에서 디모데에게 두 가지를 언급합니다. 복음을 위해 고난받으라는 것과 그것을 부끄러워하지 말라는 것입니다. 복음으로 살면 틀림없이 세상에서 갈등이 있습니다. 빛과 어둠이 충돌하기 때문입니다. 예수님이 이 땅에 오셨을 때 어두운 세상은 빛 되신 예수님을 배척했습니다(요 1:9-11). 그래서 복음을 위한 삶을 살려는 사람은 세상과 충돌이 불가피합니다. 문제를 일으키는 사람이 된다는 의미가 아니라, 본질적으로 다른 두 세계의 충돌로 말미암아 생기는 고난이 있습니다. 바울이 언급하는 것은 그런 고난입니다.

세상에서 말씀대로 사는 것은 쉬운 일이 아닙니다. 때로는 어려움을 감수해야 합니다. 그럼에도 고난받는 삶을 선택하라고 합니다. 바울은 디모데를 영적 아들로 여겼습니다. 그러기에 다른 의미 있는 길이 있다면 말해 주었을 것입니다. 그러나 바울은 어려워 보이는 삶을 주문합니다. 어렵지만 의미 있는 삶이기 때문입니다. 그것이 복된 삶이기 때문입니다.

또 고난을 받지만 부끄러워하지 않는다고 말합니다. 확신이 있기 때문입니다. 주님을 내가 알고 내게 맡기신 것을 그분이 능히 지키실 것을 알기 때문이라고 말합니다. 이런 확신이 있는 사람은 후퇴하지 않습니다. 그만두지 않습니다. 고인의 평생은 바울이 언급한 이런 삶이었다고 생각합니다. 늘 교회 일에 앞장서시고 하나님의 사람임을 사람들 앞에서 부끄러워하지 않으셨습니다. 그분은 이제 그런 성도를 부끄러워하지 않으시는 하나님의 영원한 품에 가 계십니다(히 11:16).

마지막으로, 부탁받은 아름다운 것을 지키는 사람입니다. 바울은 디모데에게 바른 말을 본받아 지키고 성령으로 말미암아 네게 부탁한 아름다운 것을 지키라고 합니다(13-14절). "내게 들은 바" "네게 부탁한"이라는 표현은 바울에게서 이어져오는 것을 말합니다. 디모데가 스스로 개발한 것이 아닙니다. 전해진 것이며 부탁받은 것입니다. 내 생각이 아니라 믿음의 선배들이 전해 준 것을 지키라고 말하는 것입니다. 물론 이것은 단순히 선임자의 말이기 때문에 지키는 라는 것이 아닙니다. 아름다운 하나님의 말씀이기에 지키라는 것입니다.

이런 사명자가 되어야 합니다. 선배들이 이어온 것을 소중히 여길 줄 알아야 합니다. 아름다운 복음과 믿음의 전통을 이어가는 사람이 되어야 합니다. 고인은 살아계실 때 그런 삶을 사셨습니다. 늘 교회의 아름다운 믿음과 사랑과 소망의 전통을 소중히 여기셨습니다. 이런 성도들이 계시기에 복음이 대를 이어 다음세대에 전해지는 것입니다.

성령으로 말미암아 부탁한 아름다운 복음의 가치를 지켜내야 합니다. 진리의 가치를 지켜야 합니다. 돈을 지키고 명예를 지키고 자존심을 지키는 것이 아니라, 복음과 믿음을 지켜내야 합니다. 주님이 우리에게 맡긴 것은 아름다운 것입니다(다른 번역에 보화, 진리로도 번역됨). 우리를 복되게 하기 위한 것입니다. 세상을 복되게 하기 위한 것입니다. 복음의 가치를 끝까지 지켜내는 성도들이 되시기 바랍니다.

신자들만의 예배 3

기념하라

_고전 11:23-26

　인간은 망각의 동물입니다. 만약 우리가 한번 보고 배운 것, 기쁨과 행복, 아픔과 고통과 관련한 모든 삶의 경험을 하나도 빠짐없이 생생히 기억한다면 어떤 일이 일어날까요? 엄청난 양의 지식은 정리되지 않은 채 머릿속에 가득 찰 것이고, 우리의 뇌는 한계에 도달할 것입니다. 그뿐 아닙니다. 극도로 고통스럽고 힘들었던 순간의 트라우마(충격적인 경험)가 생생하고 끊임없이 우리의 기억 속에서 반복될 것입니다.

　이런 맥락에서 보았을 때, 어쩌면 망각은 인간에게 베푸신 하나님의 배려일 수도 있습니다. 그런데 인간의 망각은 시간의 차이가 있을 뿐 우리의 모든 기억에 적용됩니다. 그 결과 때로는 우리가 꼭 기억해야 할 중요한 인생의 경험, 지혜까지도 망각하게 됩니다. 그래서일까요, 인간은 다른 동물과 달리 중요한 사건을 '기념'하고 오래도록 기억하기 위해 노력합니다. 삼일절, 광복절, 한글날, 제헌절, 석가탄신일, 성탄절 등 다양한 기념일을 정하는 것이 그 예가 될 것입니다.

본문에 기록된 바울 사도의 권면 또한 기념에 관한 내용을 담고 있는데, 예수님과 제자들의 마지막 저녁식사를 그 배경으로 합니다. 다가올 임박한 죽음을 예감하신 예수님은 제자들에게 떡을 떼어주시며 "이것은 너희를 위하는 내 몸이니 이것을 행하여 나를 기념하라"(24절)고 말씀하셨고, 잔을 채우신 후에는 "이 잔은 내 피로 세운 새 언약이니 이것을 행하여 마실 때마다 나를 기념하라"(25절)고 말씀하셨습니다. 예수님의 "나를 기념하라"는 마지막 부탁은 제자들을 통해 후대에 전수되었고, 지난 수천 년 동안 교회 공동체는 성찬식 혹은 주의 만찬이라는 의식을 통해 예수님의 희생과 죽음을 기억했습니다. 더 나아가 예수님의 희생과 섬김을 가정, 이웃, 사회 속에서 실천하려고 애써왔습니다. 예수님의 삶의 자취는 그분을 기념하는 성도들을 통해 세상에 의미를 남긴 것입니다.

고인의 삶을 기념하는 행위가 바로 추모(追慕)입니다. 그리고 오늘 우리는 고 ○○○ 성도님을 추모하기 위해 이 자리에 모였습니다. 그러므로 이 자리는 하나님나라의 신실한 성도이자 교회와 가정의 소중한 구성원으로서 그가 생전에 보여준 사랑과 헌신을 기억하고 본받는 자리가 되어야 할 것입니다. 고 ○○○ 성도님은 신실한 하나님의 백성이었습니다. 고난 가운데서도 하나님을 의지하고, 실수하고 넘어졌을 때도 늘 하나님의 얼굴을 구했습니다. 주어진 형편에서 최선을 다해 교회를 위해 봉사했으며, 어려운 교우들을 살피고 물심양면으로 돌보았습니다. 그뿐 아닙니다. 한 가정의 구성원으로서 늘 존중과 격려로 가족을 대하고, 예수 그리스도의 마음을 본받아 희생과 섬김의 본이 되어주셨습니다. 그렇게 고 ○○○ 성도님이 우리 곁에 존재했기에 삶이 더욱 행복하고 훈훈해질 수 있었음을 기억하고 감사하시기 바랍니다. 여기 모인 여러분 각자에게 고 ○○○ 성도님은 어떤 추억과 의미로 남아 있습니까?

마지막으로, 오늘 본문에서 사도 바울은 말합니다. "너희가 이 떡을 먹으며 이 잔을 마실 때마다 주의 죽으심을 그가 오실 때까지 전하는 것이니라"(26절). 예수 그리스도 안에 있는 모든 성도는 "그[예수님]가 오실 때"를 기다리는 사람들입니다. 예수님이 다시 오실 그날, 이 땅에서 사별한 사랑하는 사람들을 다시 만날 것이기 때문입니다. 고 ○○○ 성도님의 추억을 되새기고 기념하며 한 해 두 해 살다 보면, 언젠가 우리도 죽음의 순간을 마주할 것입니다. 그렇지 않다면 우리가 죽기 전에 예수님이 다시 오실 수도 있습니다. 어떤 경우든 우리는 천국에서 고 ○○○ 성도님을 다시 만날 것입니다. 그날의 만남이 더욱 기쁠 수 있도록 고 ○○○ 성도님과 나눈 아름답고 소중한 추억, 그의 삶이 남긴 의미를 잘 '기념'하시기 바랍니다. 그것이 바로 우리가 할 수 있는 최고의 추모일 것입니다.

고 ○○○ 성도님의 추모예배에 함께한 가족과 친지들에게 하나님의 은혜가 충만히 함께하시기를 간절히 소망합니다.

신자들만의 예배 4

평생, 항상, 기억하라!

_신 16:1-3

    이스라엘은 430년간 이집트에서 종살이했습니다. 출애굽 당시 이스라엘 백성의 인구는 어린아이까지 대략 200만 명 정도로 추정하는데, 대부분이 종의 신분이었으니 경제력이나 군사력을 가졌을 리 만무합니다. 모세의 지휘 아래 이집트에서 나온 백성은 홍해 앞에 도착합니다. 그런데 그들 뒤에 당대 최강의 전차부대를 보유한 이집트 군대가 추격해 옵니다. 절체절명의 상황에서 하나님은 모세를 통해 말씀하십니다. "너희는 두려워하지 말고 가만히 서서 여호와께서 오늘 너희를 위하여 행하시는 구원을 보라 … 여호와께서 너희를 위해 싸우시리니 너희는 가만히 있을지니라"(출 14:13-14). 그 말을 마친 모세는 손을 바다 위로 내밀었고, 홍해는 갈라집니다. 이스라엘 백성이 그 사이로 바다를 건넜고, 그들을 추격하던 군대가 바다에 들어서자 홍해가 닫혀 이집트의 정예 군사들은 그곳에 수장됩니다. 이스라엘 백성에게 그 사건은 얼마나 놀랍고 감격스러운 경험이겠습니까?

오늘 본문에는 앞서 말씀드린 출애굽 사건을 기념하는 이스라엘의 3대 절기 중 하나인 유월절에 관한 내용이 담겨 있습니다. 유월절은 '넘어가다'라는 뜻의 히브리어 '페사흐'의 한자 번역입니다. 출애굽 전날 밤 하나님께서 이집트의 모든 장자를 죽이실 때, 이스라엘 백성을 그 재앙으로부터 보호하셨는데, '하나님의 재앙이 이스라엘 백성의 집 문을 넘어갔다'는 의미로 '유월절'(逾越節)이라 부릅니다.

본문에는 하나님께서 유월절을 제정하신 목적이 기록되어 있습니다. "이는 아빕월에 네 하나님 여호와께서 밤에 너를 애굽에서 인도하여 내셨음이라"(신 16:1). 이것은 하나님께서 이스라엘을 구원하기 위해 얼마나 큰 능력을 행하셨는지를 기억하라는 명령과도 같습니다. 다시 말해, 유월절은 하나님께서 이스라엘 백성을 얼마나 사랑하셨고, 어떻게 보호하셨으며, 이집트의 압제에서 어떻게 구원하셨는지 기억하고 되새기는 날입니다.

제가 여러분께 출애굽의 하나님을 상기시켜드리는 이유는, 오늘 이 추모예배가 고 ○○○ 성도님의 생애 가운데 하나님이 얼마나 사랑하고 어떻게 보호하셨는지를 깊이 생각해 보고, 하나님께 감사하는 시간이 되길 바라기 때문입니다. 이스라엘 백성을 지키고 보호하신 '출애굽의 하나님'이 고 ○○○ 성도님의 하나님이기 때문입니다. 고 ○○○ 성도님과 함께 신앙생활하던 시절을 회고해 보면, 그분은 정말 하나님의 인도와 보호하심 속에 산 하나님의 사람이었습니다. 하나님은 그를 택하여 구원하시고, 영생의 약속을 주셨으며, 그가 절망 가운데 있을 때도 끝내 그를 붙잡아 일으키시고, 다시 힘차게 삶의 여정을 시작할 수 있게 인도하셨습니다. 마치 수천 년 전 이스라엘 백성을 이집트에서 구원하고 보호하고 인도하신 것처럼 말입니다.

이스라엘 백성과 함께하신 출애굽의 하나님이 고 ○○○ 성도님의 하나님이고, 지금 이 자리에서 함께 예배하는 저와 여러분의 하나님입니다. 더 나아가 다음세대에도 변함없이 든든하게 우리 자녀들의 하나님이 되어주실 것입니다. 그런데 하나님이 함께하시는 복을 누리기 위해 반드시 지켜야 할 것이 한 가지 있습니다. 본문 3절에 기록되어 있습니다. "이같이 행하여 네 평생에 항상 네가 애굽 땅에서 나온 날을 기억할 것이니라"(3절). 이것은 하나님의 은혜와 사랑을 잊지 말고, 하나님께 신실한 백성으로 살아가라는 엄중한 명령입니다.

자기 백성을 향한 하나님의 신실한 사랑은 오직 하나님 앞에서 신실하게 살아가는 백성만이 누릴 수 있는 귀한 복입니다. 2천 년의 기독교 역사 속에서 "구름 같이 둘러싼 허다한 증인들"(히 12:1)이 그 복을 누렸고, 앞서간 고 ○○○ 성도님 역시 그러했습니다. 이제 저와 여러분의 차례입니다. 하나님의 신실한 사랑을 평생, 항상, 기억하고, 믿음의 선배들이 먼저 걸어간 신앙의 길을 따라 걸으며, 신실하게 하나님을 사랑하는 성도가 되시기를 예수님의 이름으로 간절히 소망합니다.

불신자들과 연합예배 1

낙원에 있으리라

_눅 23:39-43

고인의 죽음을 애도하고, 하나님 앞에 함께 모여 이렇게 예배드릴 수 있는 자리가 마련된 것에 대해 감사드립니다. 오늘 이 예배의 자리에 하나님께서 성령으로 찾아오셔서, 깨달음과 위로의 은혜를 내려주시기 바랍니다.

누가복음에 따르면, 예수님은 또 다른 행악자 두 명과 함께 십자가에 달리셨습니다. 가운데 예수님의 십자가가 서고 좌우에 또 다른 사람들이 십자가에 달려 동시에 세 명이 십자가에 달립니다. 그리고 오늘 본문은 그 행악자들과 예수님 간의 대화를 다룹니다.

39절에 "네가 그리스도가 아니냐 너와 우리를 구원하라"고 한 명이 말합니다. 십자가에서 죽어가며 악에 받쳐 소리지른 것입니다. 이것은 어디 한번 해보라는 식으로 예수님을 조롱한 것입니다. 그런데 다른 편의 행악자는 다르게 반응합니다. 그는 41절에서 "우리는 우리가 행한 일에 상당한 보응을 받는 것이니 이에 당연하거니와 이 사람이 행한 것은 옳지 않은 것이 없느니라"고 말합니다. 그 둘은 죗값을 받는 게 마땅하지만, 예수님은 전혀 그렇지 않다는 것입니다. 예수님은 죄가 없는 분임을 분명히 알고 있는 것입니다. 이어서 42절에서 아주 중요한 말을 합니다. "예수여 당신의 나라에 임하실 때에 나를 기억하소서." 자기를 기억해 달라고 합니다. 예수님은 보이지 않는 세상의 주인으로서 장차 오는 하나님나라의 왕으로 등극하실 텐데, 그때 자기를 기억해 달라는 것입니다. 그에 대해 예수님은 43절에서 "내가 진실로 네게 이르노니 오늘 네가 나와 함께 낙원에 있으리라"고 답해 주셨습니다.

바로 여기서 운명이 달라집니다. 십자가에 달려 죽어가던 한 행악자의 영원한 운명이 여기서 달라져버린 것입니다. 예수님이 그 사람의 말대로 이루어질 것을 약속하셨기 때문입니다. 그리고 예수님은 실제로 삼일 후 영광 가운데 부활하시고, 마침내 승천하시어 하나님나라의 왕으로 등극하시게 됩니다.

그러면 그 행악자는 어떻게 되었을까요? 예수님이 십자가에서 죽는 것으로 그치고 부활에 이르지 못했다면, 그래서 승천하시지도 못했다면 그 사람의 요청은 허무한 것으로 끝났을 것입니다. 그러나 예수님은 다시 살아나 부활하시고 승천하시고 제자들에게 성령을 보내 계속해서 사람들을 구원하셨습니다. 우리는 행악자에게 하신 약속을 분명히 지키셨을 것이라 믿을 수밖에 없습니다. 왜냐하면 이어지는 사도행전이 그것을 증명하기 때문입니다. 사람의 진심 어린 신앙고백은 단지 공허한 말이 아닙니다. 그 한 문장으로도 영혼이 낙원에 이를 수 있기 때문입니다. 고인께서도 그런 진지한 고백을 하신 분이기에 분명히 천국에 계시리라 믿습니다.

저는 여기서 행악자였던 한 사람이 생의 마지막 순간에 구원받았다는 자체가 우리에게 엄청난 희망의 메시지가 된다고 생각합니다. 이 세상에서는 이런저런 기준 앞에 좌절하는 경우가 얼마나 많습니까. 그러나 인간에게 구원을 주시는 예수님의 기준은 한 가지뿐입니다. 하나님을 믿는 진실한 믿음뿐입니다. 그 하나뿐이기에 우리에게 소망이 있고, 우리같이 연약하고 부족한 사람에게도 희망이 있는 것입니다.

우리는 모두 이 세상을 떠납니다. 그리고 이 사실 앞에서 이러한 구원의 방법을 알게 되었다는 것은 엄청난 행운입니다. 진심 하나면 됩니다. 그 진심으로 '저도 천국에 들어가길 원합니다. 저를 기억해 주십시오. 저를 불쌍히 여겨주십시오!' 하고 고백하는 것입니다. 하나님은 그 진심어린 고백을 받으시고 기뻐하시며, 그런 고백을 드리는 모든 사람에게 낙원의 문을 열어주실 것입니다.

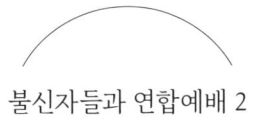

불신자들과 연합예배 2

여기까지 우리를 도우셨습니다

_삼상 7:12-14

하나님만 섬기기로 결심한 이스라엘 백성이 미스바에 모이자, 소식을 들은 블레셋이 쳐들어옵니다. 사무엘은 하나님께 온전한 번제를 드렸고(7:9), 이스라엘은 하나님의 도우심으로 큰 승리를 거둡니다(7:9-11). 이에 사무엘은 돌을 취하여 이 승리를 기념하며 "에벤에셀"(도움의 돌이라는 뜻)이라 부릅니다. 오늘 고인의 일생을 추모하는 예배를 드리면서, 온 가족이 모인 이 시간에 이 말씀을 가지고 고인과 우리 가정의 삶을 돌아보았으면 합니다.

첫째, 하나님은 여기까지 우리를 도우셨습니다. 우리에게도 이런 고백이 있어야 합니다. 이스라엘처럼 우리 삶에도 위기가 있었지만 여기까지 올 수 있었던 것은 우연이 아닙니다. 모두 하나님이 도우신 결과입니다. 이것에 대한 고백과 감사가 있어야 합니다. 사무엘은 돌을 세워 감사를 구체적으로 표현했습니다. 잊지 않으려는 것입니다. 우리도 그래야 합니다. 하나하나 조목조목 감사했던 일들을 기억해내야 합니다. 그리고 그 모든 순간 하나님이 일하신 것에 감사해야 합니다.

고인의 삶을 보면 그랬던 기억이 많습니다. 늘 하나님께 크든 작든 감사를 표현하곤 하셨습니다. 그 은혜를 잊지 않으려고 노력하신 것을 기억합니다. 감사는 구체적으로 표현해야 합니다. 그냥 넘어가면 안 됩니다. 조목조목 고백과 감사가 있어야 합니다. 그것이 많을수록 훌륭한 신앙인입니다. 고인의 삶이 그랬습니다. 고인은 늘 우리 가족이 이만큼 된 것은 하나님의 은혜라고 했습니다.

지나온 일들에 대한 감사가 미래의 진보를 가져옵니다. 신앙의 영역에서는 더욱 그렇습니다. 오늘 여기까지를 감사할 수 있는 사람은 미래도 하나님과 함께할 것이기 때문입니다. 그러나 사람은 하나님께 그렇게 감사하지 않아서 사실 많은 것을 잃습니다. 인간은 잘 감사하지 않습니다.

1860년 9월 미시간 호에서 풍랑으로 배가 파손되어 290여 명이 구조의 손길을 기다리고 있었습니다. 그때 스펜서라는 수영선수가 800미터나 되는 사고현장을 오가며 17명을 구했습니다. 결국 그는 탈진해 쓰러진 후 평생을 휠체어에 의지해 살아야 했습니다. 80세 생일을 맞은 대담에서 그는 말했습니다. "내가 구출한 17명 중 다시 나를 찾아오거나 감사하다고 전화를 걸어준 사람은 단 한 명도 없었습니다." 물론 감사를 받기 위해 한 행동은 아니었지만, 그래도 그가 받았을 마음의 상처는 몸의 상처 못지않았을 것입니다. 어느 자료를 보니 119 구급대가 한 해에 30만 번 정도 출동해서 구조하는데, 어떤 식으로든 감사를 표한 사람은 100명 중 3명밖에 되지 않는다고 합니다.

오늘 고인의 기일을 맞아 고인처럼 구체적으로 감사하며, 우리 가족을 여기까지 인도하신 하나님께 감사하는 시간을 가졌으면 합니다. 이어지는 말씀에서도 살펴보겠지만, 그것은 우리의 내일을 여는 열쇠이기도

합니다. 하나님은 감사를 고백하는 자에게 내일을 열어주십니다.

둘째, 하나님을 인정하는 자에게 주어지는 복이 있습니다. 본문을 보면 이 사건 후 사무엘이 통치하는 기간 동안 블레셋은 이스라엘을 쳐들어오지 못합니다. 여호와의 손이 막으셨다고 기록합니다. 블레셋에 넘어갔던 영토가 회복되고 아모리 족속과도 평화로웠습니다. 하나님을 향한 인정과 감사가 있었고, 그 결과 하나님이 블레셋을 막으시고 이런 복을 주셨다는 이야기입니다. 하나님의 도우심을 감사하는 사람에게 하나님은 또 다른 복을 허락하십니다. 감사의 고백이 있는 신앙은 이어지는 축복을 만들어냅니다. 오늘 우리가 모여 고인을 추모하며 그 생애를 허락하신 하나님을 찬양하고 감사하는 이유는 그런 은혜가 우리에게도 이어지길 원해서입니다. 우리 신앙은 반드시 감사의 고백이 있는 신앙이 되어야 합니다. 하나님이 여기까지 우리를 도우셨음을 인정하고 반응할 때, 그 반응과 고백은 또 다른 하나님의 섭리의 시작이 됩니다. 고인에게 주신 축복을 이어가는 방법은 계속 감사하는 것입니다.

이런 이야기가 있습니다. 독일의 한 마을에 극심한 흉년이 들었습니다. 주민들은 끼니를 잇지 못해 아우성이었습니다. 그런데 이 마을에 비교적 살림이 넉넉한 노부부가 살고 있었습니다. 노부부는 어린이들을 굶게 해서는 안 된다고 생각해 아침마다 마을 입구에서 어린이들을 불러 모았습니다. "누구든지 와서 빵을 하나씩만 가져가렴." 어린이들은 더 큰 빵을 차지하려고 아우성이었지만 아무도 노부부에게 감사를 표현하지는 않았습니다. 그런데 한 소녀가 항상 맨 마지막에 남은 작은 빵을 가져가며 매일 노부부에게 공손히 인사를 올렸습니다. 노부부는 소녀를 매우 기특하게 여겼습니다. 어느 날 소녀는 빵 속에서 금화와 메모 한 장을 발견했습니다. 그 속에는 이런 글이 적혀 있었습니다. "감사할 줄 아는 너를 위해 마련한 작은 선물이란다."

이 이야기를 읽으며 하나님도 이러신다는 사실을 깨닫습니다. 우리도 기도로, 감사로, 예배로, 충성과 헌신으로 끊임없이 반응해야 합니다. 하나님이 우리를 도우셨다는 것에 대한 고백이 나타나야 합니다. 오늘 이 예배가 고인을 통해 우리 가족에 주신 하나님의 은혜를 되돌아보며 감사하고 반응하는 시간이 되기를 바랍니다.

불신자들과 연합예배 3

인생의 걸음

_시 37:23-24

하나님께서는 한 사람의 생애를 정하고 인도하십니다. 오늘 우리가 추모예배를 드리는 고인의 삶은 하나님이 인도하신 생애였습니다. 오늘 예배를 통해 고인과 모든 사람을 향한 하나님의 인도하심을 생각해 보겠습니다.

첫째, 하나님은 사람의 걸음을 정하십니다. 하나님은 인생의 가는 길을(걸음) 정하셨다고 말합니다(23절). 잠언도 인간이 계획할지라도 그 걸음을 인도하시는 분은 하나님이라고 말합니다(잠 16:9). '걸음'이라는 표현 속에 하나님이 얼마나 구체적으로 한 인생의 길을 인도하시는지 보여 줍니다. 천국에 가신 고인의 삶은 바로 그런 인도하심의 결과였습니다. 하나님은 우리 인생을 고아와 같이 버려두지 않겠다고 말씀하십니다(요 14:18). 그러므로 인생의 성패는 하나님께 달려 있습니다. 하나님과의 바른 관계야말로 인생을 결정하는 가장 중요한 사항입니다.

킴 웍스라는 분의 이야기를 읽었습니다. 그는 빌리 그래함 목사와 사역을 같이한 한국인 맹인 아가씨였습니다. 한국전쟁 때 실명하고 고아원에서 자라다가 한 미군 중사의 도움으로 미국 인디아나주립대학교에서 공부했습니다. 그리고 오스트리아에서 성악 수업을 마치고 훌륭한 성악가가 됩니다. 그런 그녀가 예수를 믿고 빌리 그래함 집회에서 간증했습니다. "사람들이 장님인 나를 인도할 때, 저 100미터 전방에 뭐가 있다고 말하지 않습니다. 단지 앞에 물이 있으니 건너뛰라 말하고, 계단이 있으니 발을 올려놓으라고 말합니다. 나를 인도하시는 분을 내가 믿고 한 걸음씩 걸음을 옮기기만 하면, 나를 인도하시는 분이 성실할 때 나는 가고자 하는 목적지에 꼭 도착합니다." 그녀의 말입니다. 이 이야기를 읽으며 하나님이 우리의 걸음을 인도하신다는 생각이 들었습니다. 우리는 앞으로 어떤 일이 벌어질지 모르는 인생을 삽니다. 그러나 한 가지 확실한 것은, 하나님을 의지할 때 한 걸음씩 우리의 갈 길을 인도하십니다. 오늘을 그분께 순종하면 어느덧 내 생애는 하나님이 약속하신 곳에 도달하는 것입니다.

멀리가 아니라 오늘을 순종하는 것이 중요합니다. 그럴 때 주님은 내일을 인도하셔서 그가 원하시는 곳에 이르게 하십니다. 그래서 하나님께서 사람의 걸음을 정하셨다는 표현이 쓰인 것 아닐까요? 오늘 한 걸음을 주님과 함께 내디뎌야 내일도 주님과 함께 걷는 또 다른 한 걸음이 가능합니다. 오늘 실천해야 할 주님의 뜻을 실행하지 않으면서 막연히 내일의 성공을 원하는 것이 얼마나 어리석은 일입니까. 우리는 너무 먼 곳에 관심을 둡니다. 고인의 성공적인 삶을 돌아보며 그것이 주님과 하루하루 걸음걸음을 동행한 결과였음을 기억하고, 여기 모인 우리도 그런 삶을 살아야겠습니다.

둘째, 인생은 종종 넘어지기도 하나 아주 넘어지지는 않습니다. 하나님이 정하신 걸음이고 기뻐하시는 길이지만, 그렇다고 인생을 살아가면서 넘어짐이 없는 것은 아닙니다. 종종 실패하고 넘어지기도 합니다. 그러나 한 가지 분명한 것이 있습니다. 하나님이 인도하시기에 아주 넘어지지는 않습니다(24절). 우리의 구원이 그렇고 우리의 인생도 그렇습니다. 때로 넘어지고 실수한다고 구원이 포기되지 않으며, 아무리 어려운 일이 와도 성도의 인생은 절대로 실패로 끝나지 않습니다. 고인의 삶이 보여주는 것이기도 합니다. 언제나 희망은 있습니다. 인생의 막다른 골목에서도 희망을 가지면 살아납니다.

빅터 프랭클이라는 유태인이자 오스트리아 정신과 의사의 이야기입니다. 그는 '의미치료'라는 것으로 유명한데, 삶에 의미를 부여해 정신질환을 치료하는 방법입니다. 그에 따르면 인생은 의미를 가질 때 행복한데, 행복은 의미가 만든다고 합니다. 그는 나치 치하에서 수용소 네 군데를 전전했습니다. 아우슈비츠를 포함해 실제로 아비규환을 체험합니다. 그 생사의 현장에서도 의미를 가진 자와 가지지 않은 자로 나뉘었다고 합니다. 살 의미와 희망을 잃은 자는 모든 것을 포기하고 죽었습니다. 그러나 그는 하루 한 컵 물 배급을 받아 반 컵만 마시고, 나머지는 세수하고 깨진 유리조각으로 면도하는 데 사용했다고 합니다. 몽당연필로 글을 쓰고, 전직 의사로서 독일 장교들에게 도움을 주었습니다. 좋지 않은 상황에서도 삶에 대한 끊임없는 의미를 부여한 것입니다. 그는 우리를 벼랑으로 내모는 것은 환경이 아니라 자기 자신이라는 유명한 말을 남겼습니다.

넘어지고 실패한다고 인생이 끝난 것은 아닙니다. 실패에 너무 큰 의미를 부여하지 말아야 합니다. 고인은 그런 삶을 사셨습니다. 참 어려운 시기에도 희망을 가지고 가족을 부양하셨습니다. 쓰러지고 넘어지나 하나님을 의지하는 사람은 완전히 넘어지지 않는다는 확신을 가지고 살아야 합니다. 고인의 삶을 회고하며 우리도 하나님과 함께하는 그런 신앙의 삶을 살아야겠습니다.

불신자들과 연합예배 4

네 부모를 공경하라

_출 20:12; 신 5:16

동서고금을 막론하고 인류가 강조해 온 가르침 중 하나가 부모를 공경하는 것입니다. 동양에서는 부모를 공경하는 마음가짐과 행위를 가리켜 '효'(孝)라고 하는데, 우리나라에서는 중국 사상가들의 영향을 받은 유교적 효사상이 가장 보편적입니다. 보통의 경우 유교 문화권에서 효사상은 제례 혹은 제사 의식과 함께 발전했기 때문에, 부모와 조상에게 제사를 드리지 못하는 것은 큰 불효로 생각했습니다.

흥미로운 것은, 기독교의 경전인 성경도 부모 공경을 중요한 계명으로 가르친다는 것입니다. 하나님께서 이스라엘 백성에게 주신 십계명에는 이런 계명이 있습니다. "네 부모를 공경하라 그리하면 네 하나님 여호와가 네게 준 땅에서 네 생명이 길고 복을 누리리라"(신 5:16). 십계명 중 처음 네 개는 하나님과 인간 사이의 관계, 나중 여섯 개는 인간관계를 위한 계명인데, 부모를 공경하라는 명령은 후자에서 가장 우선되는 계명입니다. 이것은 하나님께서 부모 공경을 얼마나 중요하게 여기시는지를 잘 보여줍니다.

고 ○○○ 성도님의 기일에 우리가 함께 모여 추모예배를 드리는 이유는 부모를 공경하라는 하나님의 명령에 순종하여, 부모님이 생전에 자녀들에게 베푼 큰 사랑과 헌신을 오래도록 기념하기 위함입니다. 간혹 추모예배를 기독교식 제사로 생각하시는 분이 있습니다. 부모의 기일에 자손들이 함께 모여 생전에 부모님과의 추억을 떠올리고 기념한다는 점이 제사와 추모예배의 공통점이지만, 추모예배에서는 조상의 혼령을 받들거나 조상에게 복을 비는 행위를 전혀 찾아볼 수 없습니다. 기독교인은 유일하신 하나님만을 섬기며, 부모의 영혼은 이 땅이 아니라 천국에 계신다고 믿기 때문입니다.

이 세상에 부모 없이 태어난 사람은 없습니다. 특별한 경우를 제외하면, 자녀는 부모의 돌봄 속에서 첫걸음마를 떼고, 부모의 사랑 덕분에 자존감을 얻으며, 부모의 격려 속에서 당당하고 자신감 있는 사람으로 성장합니다. 저와 여러분이 이 세상에서 성인으로서 역할을 할 수 있게 된 것은 많은 부분 부모님의 사랑과 헌신 덕분일 것입니다. 그러므로 이 추모의 자리가 부모로서 늘 최선을 다해 사신 고 ○○○ 성도님의 사랑과 헌신에 대한 자녀들의 감사로 가득하기를 바랍니다. 또 고 ○○○ 성도님이 생전에 삶으로 보여준 신앙의 본을 받아, 주님 오실 때까지 하나님을 향한 믿음을 지키며 살겠다고 다짐하는 자리가 되기를 소망합니다.

오늘 본문에서 하나님은 부모를 공경하는 자에게 한 가지 복을 약속하십니다. 그것은 바로 평화롭고 풍요로운 삶입니다. "네 하나님 여호와가 네게 준 땅에서 네 생명이 길고 복을 누리리라"(16절). 이 말씀은 단순히 오래 산다는 의미보다는 전쟁의 위협이 없는 평화롭고 안전하며 풍요로운 삶을 의미합니다. 본문이 기록된 당시의 사회는 전쟁으로 죽거나 땅을 약탈당하는 일이 빈번하게 일어났기 때문입니다. 그러므로 16절에 기록된 약속을 요즘 말로 쉽게 표현하면, '하나님이 주시는 웰빙(Well-being)을 누릴 것이다' 정도가 될 수 있을 것입니다.

오늘 고 ○○○ 성도님을 추모하는 자리에서 우리는 "네 부모를 공경하라"는 하나님의 명령을 되새겨 보았습니다. 기독교 신앙을 가진 성도에게 '부모 공경'은 부모가 살아계시는 동안에는 잘 섬기는 것이며, 소천하신 후에는 부모님께 받은 신앙의 유산을 이어받아 신실한 믿음으로 살아가는 것입니다. 그것을 늘 기억하고 실천하는 저와 여러분 되기를 간절히 소망합니다.

2장

설
추모예배

신자들만의 예배1

인내, 경주, 성령

_히 12:1-2

오늘 우리는 설 명절을 맞이하여 함께 추모예배를 드리고자 합니다. 먼저 세상을 떠나신 분들을 추모하면서, 새로 주어지는 한해를 하나님 앞에서 어떤 마음으로 살아갈지 생각하는 시간이 되면 좋겠습니다.

오늘 우리가 읽은 본문은 핍박 가운데 있던 초기 기독교 성도들의 마음을 위로하고 격려한 메시지입니다. 1절을 보면 "우리에게 구름 같이 둘러싼 허다한 증인들이 있으니"라고 말합니다. 무엇에 대한 증인입니까? 신앙에 대한, 믿음에 대한 증인입니다. 구약성경의 아브라함부터 시작해 수많은 증인이 있는 것이 바로 우리의 신앙이요 믿음입니다.

어떤 분야든 검증을 요구하는 경우가 많습니다. 검증되었는지를 묻지 않는 분야는 없을 것입니다. 신앙의 영역에서도 마찬가지입니다. 우리에게도 같은 질문이 있을 수 있습니다. '과연 이것은 검증되었는가? 이것은 믿을 만한 것인가?' 여기에 대해 히브리서 저자는 말합니다. 우리에게는 "구름 같이 둘러싼 허다한 증인들"이 있다고 말입니다.

우리의 신앙은 이미 검증된 것입니다. 우리 이전에도 수많은 사람이 이 길을 걸었고, 그 길의 끝에서 한결같이 영광스러운 죽음으로 하나님께 영광을 돌렸기 때문입니다. 그러므로 이렇게 권면하는 것입니다. "인내로써 우리 앞에 당한 경주를 하며." 우리의 삶은 경주입니다. 달리는 것입니다. 선수가 가쁜 숨을 몰아쉬며 마라톤 경기를 하는 것과 같습니다. 뭔가 계속해서 전진하지 않으면 안 되는 것, 뭔가 계속해서 달리지 않으면 안 되는 것이 우리의 삶입니다. 그리고 그것을 "인내"로 감당하라고 말씀하십니다.

우리 이전의 모든 믿음의 선조들도 같은 길을 갔다는 것을 기억하십시오. 우리가 지금 인내해야 하듯, 그분들도 그렇게 인내의 과정을 거쳤고, 어려운 인내의 과정을 통과하면서 정금같이 변화되고 아름다워진 모습, 거룩한 모습으로 결국 천국에 들어갔다는 사실을 말입니다. 인내는 우리를 천국에 어울리는 사람으로 만드는 필수 도구입니다. 누구도 인내의 과정 없이는 제대로 만들어지지 않으며, 앞서간 그 어떤 하나님의 사람도 인내의 과정이 없이 만들어진 사람은 없기 때문입니다.

그러나 동시에 이러한 인내 역시 성령 충만의 결과임을 기억해야 합니다. 만약 우리에게 우리의 의지로 이 모든 것을 감당하라고 하신다면 얼마나 절망스러울까요? 우리는 그렇게 의지가 강하지도 않고 수시로 마음이 약해지기 쉬우니 말입니다. 그래서 우리는 이 지점에서 성령 하나님의 적극적인 도움이 필요합니다. 지푸라기같이 연약한 사람일지라도 하나님이 일으켜 세워주시는 능력으로 일어서고, 인내로 모든 경주를 감당할 수 있도록 말입니다.

예수님이 우리에게 보내주신 보혜사 성령님은 은혜로운 분입니다. 자비로운 분입니다. 그분의 도우심을 얻는 일을 어려운 일이라고 생각하지 마십시오. 그분은 연약한 자, 힘없는 자를 결코 외면하지 않으십니다. 우리 같은 의지박약자들을 잘 아시고 긍휼히 여겨주시는 분입니다. 그저 도와달라고 간청하면 됩니다. 그저 불쌍히 여겨달라고 말하면 됩니다. 대신 계속해서 요청하십시오. 그러다 보면 어느 순간 은혜의 성령께서 간절한 기도의 자리에서 응답해 주실 것입니다. 믿음은 적들이 던지는 모든 화살과 창을 막아내는 방패와 같습니다. 우리는 거기에 인내를 더해야 합니다. 그래서 방패를 더 두껍게 하고, 방패를 들고 있는 팔의 힘이 더욱 강해지게 해야 합니다.

그렇게 우리가 엎드려 간절히 기도할 때 성령께서 역사하시고, 성령께서 역사하실 때 우리에게 인내가 생겨나며, 그 인내는 우리의 방패를 강하게 하고 우리는 그것으로 적들의 공격을 막아낼 것입니다. 모쪼록 우리보다 먼저 간 믿음의 선조들의 경주와 인내를 기억하고, 성령께서 주시는 바 거룩한 인내와 믿음으로 신앙의 경주를 능히 감당하는 저와 여러분이 되기를 바랍니다.

신자들만의 예배 2

내가 늙어 백발이 될 때

_시 71:17-19

새해를 맞이하여 가족이 함께 예배하는 이 자리에 성령께서 오셔서, 우리가 한 해를 붙들고 살아갈 수 있는 지혜와 깨달음을 주시기 바랍니다.

오늘 본문은 나이 많은 시인이 과거를 돌아보며 앞으로의 삶도 인도해 주시기를 간구하는 내용입니다. 이 시편에 표제가 붙어 있지는 않지만 내용으로 미루어볼 때, 학자들은 다윗이 노년에 지은 시편이 아닌가 생각합니다.

먼저 17절을 보면 "하나님이여 나를 어려서부터 교훈하셨으므로 내가 지금까지 주의 기이한 일들을 전하였나이다"라고 기록되어 있습니다. 자신이 섬기는 하나님을 어려서부터 교훈해 주신 분, 어떤 깨달음과 지혜를 주신 분으로 묘사합니다. 돌이켜 보니 어릴 적부터 하나님은 언제나 자신을 가르치신 분이라는 것입니다. '가르치시는 하나님' 앞에서 잘 배우는 사람은 빠르게 성장합니다. 어떤 일을 경험했을 때 이전과 이후가 확연히 달라지는 경우가 많습니다. 그 사건을 통해 분명히 깨달은 바가 있기 때문입니다. 깨달았기에 달라지며 성장하는 것입니다. 그러므로 가장 지혜로우신 하나님 앞에 나아가 지혜를 구하십시오. "하나님은 사람을 늘 가르치시고 교훈하시는 분이니 저도 가르쳐주시고 깨우쳐주시고, 깨달음을 통해 지혜의 성장을 경험하게 해주십시오"라고 말입니다.

그러나 어리석은 사람은 이런 기도를 드리지 않습니다. 이런 것을 깨달을 지혜마저 부족하기 때문입니다. 잠언 26장 12절은 "네가 스스로 지혜롭게 여기는 자를 보느냐 그보다 미련한 자에게 오히려 희망이 있느니라"고 말합니다. 다시 말해, 자기를 지혜롭게 여기는 것만큼 어리석음에 대한 뚜렷한 증거가 없으며, 이러한 버릇을 고치는 것은 거의 불가능에 가깝다는 말씀입니다. 그러나 지혜로운 사람은 오히려 하나님께 간구합니다. 지혜를 달라고, 깨달음을 달라고, 어떤 분명한 가르침을 달라고 말입니다.

그리고 18절에서 시인은 간청합니다. "내가 늙어 백발이 될 때에도 나를 버리지 마시며 … 나를 버리지 마소서." 이는 사람이 나이가 많아 기력도 쇠하고 마음도 쇠하고 행동도 느려지는 그때, 자기를 잊지 마시고 버리지 말아달라고 간구하는 것입니다. 사실 여기에는 어떤 두려움이 있습니다. 나이가 많아져 모든 것이 약해질 때 버림받을까 하는 두려움 말입니다. 물론 대단한 믿음으로 살아왔고 지금도 그런 믿음으로 살고 있지만, 때때로 미래에 대한 걱정이 엄습하여 두려움에 빠지는 경우도 있기 때문입니다.

그럴 때 이렇게 하십시오. 말씀에 나오는 것처럼 하나님께 자신의 생을 맡기고 완전히 의뢰하는 것입니다. 노후 문제에 대해 특정한 방법을 구하는 것이 아닙니다. 그런 방법은 하나님이 더 잘 아시기 때문입니다. 우리가 해야 할 일은 그저 엎드려 간구하는 것입니다. 오로지 간구만 하는 것입니다. 하나님만 저를 기억해 주시면 된다고, 하나님만 저를 버리지 않으시면 되니 저를 기억해 달라고 말입니다.

이어 19절에서 시인은 말합니다. "하나님이여 주께서 큰 일을 행하셨사오니 누가 주와 같으리이까." 이 부분에 이르러 시인은 가슴을 펴고 있습니다. 누가 우리 주님과 같겠느냐는 것입니다. 누가 우리 하나님과 같겠느냐는 것입니다. 자신은 이미 하나님께 모든 걱정과 두려움을 아뢰었으니 더 이상 두려워하지 않겠다는 뜻입니다.

여러분 기억하십시오. 하나님께서 기억해 주시면 됩니다. 하나님만 나를 잊지 않으시면 됩니다. 하나님만 나를 기억해 주시면 절대로 비참하게 되지 않을 것입니다. 그 어떤 수단을 동원해서라도 내 노년을 지키실 것이고, 남은 삶을 선하게 인도하시며, 마침내 천국으로 안전하게 인도해 들이실 것이기 때문입니다.

그리스도인의 삶은 하나님에 대한 '믿음의 삶'입니다. 믿음에서 시작해 믿음으로 끝나는 삶입니다. 우리가 무한한 신뢰의 마음으로, 무한한 믿음의 자세로 하나님 앞에 나아가 우리의 두려움에 대해 토로하고 인생을 맡길 때, 전능하신 하나님께서 응답하시고 평강의 약속을 허락해 주실 줄 믿습니다.

신자들만의 예배 3

울며 씨를 뿌리는 자가 거둘 영광

_시 126:1-6

민족 고유의 명절 설을 맞아 고인을 추모하는 예배를 드리려고 합니다. 불신자들이 설에 제사를 드리는 것과 달리, 성도들은 고인의 신앙을 생각하며 고인을 허락하신 하나님께 예배를 드립니다. 오늘 본문을 보며 고인의 신앙이 왜 하나님이 인정하시는 신앙인지 생각해 보겠습니다.

첫째, 본문은 울며 씨를 뿌리는 사람을 언급합니다. 본문의 배경은 포로귀환의 기쁨을 표현한 것입니다(1-3절). 또 남은 포로의 귀환을 염원하기도 합니다(4절). 남겨진 그들의 형편을 생각하며, 고생스러워도 현실을 이기면 반드시 하나님의 도움이 있을 것을 말합니다. 울며 씨를 뿌리면 반드시 기쁨으로 돌아온다는 내용이 그것입니다.

본문이 말하는 울며 씨를 뿌리는 자는 암담한 현실 속에서도 굴하지 않고 미래를 바라보고 일하는 사람을 말합니다. 하나님의 일하심을 믿고 소망하라는 내용입니다. 하나님의 일하심을 바라보는 사람은 울더라도 힘들어도 그만둘 수 없습니다. 힘들어도 계속 희망의 씨를 뿌려야 한다는 것이 성경의 명령입니다.

인생에는 두 종류의 사람이 있습니다. 멈추는 자와 계속 하는 자입니다. 살아보니 인생의 결정적인 차이는 능력의 차이도 아니고 외적인 차이도 아닙니다. 위대한 사람과 실패자의 차이는 어려워도 지속하는 삶을 살았는지의 유무입니다. 성공한 사람의 특징이 무엇인가요? 성공할 때까지 그만두지 않는다는 것입니다. 그래서 결국 성공한 것입니다.

스노우 폭스라는 글로벌 외식업체 이야기를 들은 적이 있습니다. 당시 세계 11개국에 1,227개의 매장을 가지고 있었습니다. 그런데 그렇게 자리 잡은 지는 10년에 불과하고, 20년 동안 많은 실패를 경험했다고 합니다. 대표 김승호 씨는 방송에 출연해 포기하기 전까지는 망한 것이 아니라고 했습니다. 포기하기 전까지는 실패한 것이 아닙니다. 결국 끝까지 하는 자가 성공한다는 것입니다. 당연한 이야기 같지만 성공한 사람들은 끝까지 해낸 사람들이라는 공통점이 있습니다. 성공할 때까지 하는 것입니다. 결국 실패와 성공은 계속하는지의 여부에 달린 것입니다. 만약 죽기 전까지 노력했다면 그는 실패한 인생이 아닙니다. 일본 격언에 "계속하는 것이 실력이다"라는 말이 있습니다.

성경의 위인들은 어려움 중에도 갈 길을 멈추지 않았습니다. 그래서 결국 하나님이 주시는 승리를 맛보았습니다. 고인이 걸어가신 길은 끝까지 믿음의 길이었습니다. 하나님을 신뢰하고 그 힘든 국가적 역경의 시기에도 울면서도 씨를 뿌린 생애였습니다. 오늘 명절을 맞아 추모예배를 드리며, 우리도 그 강인한 믿음과 신앙의 길을 따르겠다고 다짐하는 시간이 되었으면 합니다. 가장 위대한 사람은 능력 있는 사람이 아니라 멈추지 않는 사람입니다.

둘째, 그런 사람은 기쁨으로 단을 거둔다고 했습니다. 반드시 결과가 있다는 것이 본문의 약속입니다(6절). 그 결과는 언제나 우리의 예상을 뛰어넘습니다. 울며 씨를 뿌리며, 내키지 않아도 하나님을 의지하고 인생을 걸어가는 자는 반드시 열매를 맺습니다. 하나님의 공의로운 약속입니다. 그것도 예상치 못한 결과를 얻습니다. 원인과 비교해 결과가 파격적입니다. 예상치 못한 결과라는 점이 포인트입니다. 울며 씨를 뿌리면 겨우 작은 결실을 얻는 것이 아닙니다. 성경은 울며 씨를 뿌리면 기쁨으로 단을 거둔다고 말합니다. 하나님의 도우심이 있기 때문입니다.

1957년에 당시 소련은 세계 최초로 인공위성을 발사했습니다(스푸트니크호). 그것이 대륙 간 탄도 미사일 발사를 가능케 한다는 것을 안 미국은 인공위성의 위치를 추적하는 기술 연구에 매진했고, 존스홉킨스대학의 젊은 두 연구원은 인공위성의 신호를 포착하는 기술을 알아냅니다. 미국도 인공위성을 발사한 후 이번에는 역으로 기지국의 위치를 알아내는 연구를 합니다. 그러다가 발견한 기술이 오늘날 위치추적 기술인 GPS 기술입니다. 소련의 인공위성 발사가 예상치 못한 기술의 발전으로도 이어진 것입니다. 세상에서도 발전은 생각지 못한 것에서 시작하는 경우가 많습니다. 그래서 큰일을 한 사람들이 이구동성으로 이렇게까지 될 줄 몰랐다고 말하는 경우가 많습니다. 모든 것을 다 알고 예측하는 사람 없습니다.

사실 이것은 정확히 하나님이 일하시는 방식입니다. 예레미야 33장 3절을 보면, 우리가 구할 때 네가 알지 못하는 크고 비밀한 일을 행하겠다고 하십니다. 인생을 포기하지 않고 믿음의 길을 걷다보면 뜻하지 않은 하나님의 은혜를 만납니다. 일을 시작할 때는 전혀 예측할 수 없었던 결과를 얻습니다. 그래서 오늘 우리가 여기까지 와 있는 것입니다. 이것이 우리 인생입니다.

고인은 힘든 시대에 울며 씨를 뿌리는 삶을 살았습니다. 그 결과 오늘 이렇게 후손들이 모여 명절을 즐겁게 보내며 고인을 추모하는 예배를 드리고 있는 겁니다. 우리가 행하는 일보다 더 큰 것을 주시는 하나님을 찬양하며, 우리도 고인의 신앙을 이어가는 삶을 살아야겠습니다.

신자들만의 예배 4

에벤에셀, 여기까지 우리를 도우신 하나님

_삼상 7: 1-14

오늘 우리가 함께 읽은 본문은, 블레셋에게 빼앗긴 언약궤를 되찾고 하나님을 향한 신앙을 회복해 가는 이스라엘 백성에 대한 묘사로 시작합니다. "이스라엘 온 족속이 여호와를 사모하니라"(2절). "사모하니라"로 번역된 히브리어 '이나후'는 신앙적 차원에서 소리 내어 울며 슬퍼하는 모습을 묘사할 때 사용하는데, 이것은 당시 이스라엘 백성의 마음이 하나님을 향한 회개로 뜨거웠음을 의미합니다. 이에 사무엘 선지자는 "만일 너희가 전심으로 여호와께 돌아오려거든 이방 신들과 아스다롯을 너희 중에서 제거하고 … 너희 마음을 여호와께로 향하여 그만을 섬기라"(3절)고 말하며 백성을 미스바로 불러 모았고, 백성은 금식하며 회개합니다. 이 사건을 가리켜 '미스바 대각성 운동'이라 부르기도 합니다.

이방 신과 우상을 버리고 하나님만 섬기겠노라 다짐하고 금식하며 부르짖는 이스라엘 모든 백성의 모습을 떠올려보는 것만으로도 우리 마음이 뜨거워집니다. 아마도 당시 이스라엘 백성은 마음속으로 이런 생각을 했을지도 모릅니다. '이제 언약궤도 돌아오고 백성도 신앙적으로 바로 서려고 이렇게 애쓰고 있으니, 하나님께서 우리를 지키시고 복을 주실 것이다.' 그런데 웬일입니까? 온 이스라엘이 미스바에서 금식하며 기도한다는 첩보를 받은 블레셋 민족이 그 틈을 노려 이스라엘을 치러 올라옵니다. 성경은 이스라엘 백성의 반응을 이렇게 묘사합니다. "이스라엘 자손들이 듣고 블레셋 사람들을 두려워하여"(7절).

새해가 되면 많은 교회가 '신년부흥성회' '신년기도회' 등의 이름으로 모여 힘써 예배하고 기도합니다. 이런 교회의 행사가 아니더라도 우리 각자는 올 한 해 더 성숙한 신앙의 모습으로 살아가겠노라는 새로운 다짐을 합니다. 그러나 갈수록 악해져가는 세상의 문화 속에서 또 치열한 삶의 현장에서 경쟁하고 부대끼며 살다 보면 그 다짐은 점점 약해집니다. 설상가상으로 삶에 큰 위기의 순간이 찾아오면 두려워집니다. 마치 블레셋 사람을 두려워한 이스라엘 백성처럼 말입니다. 두려워하는 것은 인간의 지극히 당연한 반응입니다. 그러나 하나님의 백성은 두려움에 압도되지 않습니다. 하나님의 도우심이 항상 함께하기 때문입니다. 오늘 본문에서 이스라엘 백성은 사무엘에게 말합니다. "당신은 우리를 위하여 우리 하나님 여호와께 쉬지 말고 부르짖어 우리를 블레셋 사람들의 손에서 구원하시게 하소서"(8절).

사무엘 선지자는 번제를 드리며 하나님께 부르짖었고, 하나님은 사무엘과 이스라엘 백성의 기도에 응답하십니다. 하나님은 블레셋 사람들이 진격해 올 때를 기다리셨다가, 그들이 가까이 오자 큰 우레를 일으키십니다. 성경은 당시의 상황을 이렇게 묘사합니다. "여호와께서 … 큰 우레를 발하여 그들을 어지럽게 하시니"(10절). 그날 블레셋 사람은 너무 놀라서 당황했고 전쟁에서 크게 패합니다. 그뿐 아니라 하나님께서 사무엘이 사는 동안에는 블레셋이 이스라엘에 얼씬하지 못하도록 손을 써주셨습니다. 그날 이스라엘 백성은 자신들의 역사에 길이 남을 큰 승리를 누렸습니다. 그리고 하나님의 도우심을 기념하기 위해 돌을 세우고 '에벤에셀'이라 불렀는데 "여기까지 우리를 도우셨다"(12절)는 뜻입니다. 이스라엘 백성이 회개하고 금식하며 하나님께 도움을 구했고, 하나님은 블레셋의 목전에서 보란 듯이 자기 백성을 보호하고 구원하신 바로 그날의 감격스러운 역사가 에벤에셀이라는 이름에 새겨진 것입니다.

에벤에셀의 복은 비단 이스라엘 민족만의 것이 아닙니다. 기독교 역사의 수많은 성도가 동일한 복을 누렸으며, 오늘 이 자리에서 우리가 추모하는 고 ○○○ 성도님 역시 그러했습니다. 오늘은 새해의 첫날이고, 우리는 '성도'라는 이름으로 또 한 해를 살아야 합니다. 세상 풍파 속에서 살아가는 동안, 하나님 앞에서 부끄러움 없이 살아보겠노라는 우리의 결단은 흔들릴지도 모릅니다. 그러나 끝까지 하나님을 의지하고 그분의 도우심을 구하십시오. 하나님이 반드시 도와주십니다. 에벤에셀의 하나님과 함께 승리하는 한 해가 되시기를 예수님의 이름으로 축복합니다.

불신자들과 연합예배 1

믿음 소망 사랑

_고전 13:12-13

　설날이 되면 좋은 점이 많지만, 그중 빼놓을 수 없는 한 가지는 보고 싶은 가족을 만날 수 있다는 것입니다. 대가족을 이루며 살던 옛날과 달리 현대 사회는 가족 구성원이 멀리 떨어져 사는 경우가 대부분이고, 사업이나 직장 혹은 학업 등의 다양한 이유로 바쁘게 지내다 보니 1년에 한두 번 있는 명절이 아니면 만나기가 힘들기 때문입니다. 함께 모여 이런저런 이야기를 나누다 보면, 돌아가신 부모님이나 사별한 형제 또는 가족이 생각나기 마련입니다. 그들과 함께한 좋은 시간을 추억하며 울고 웃을 수 있는 시간, 오늘 우리가 함께 드리는 추모예배가 그런 시간이 되기를 소망합니다.

　추모(追慕)의 사전적 의미는 '죽은 사람을 그리며 생각함'입니다. 그런 의미에서 생각해 보면, 우리가 누군가를 추모하는 이유는 먼저 세상을 떠난 그를 깊이 그리워하기 때문일 것입니다. 이 땅의 죽음을 끝으로 여기는 사람들에게는 고인을 생각하며 그리워하는 것이 추모겠지만, 예수 그리스도 안에 있는 성도에게 추모는 단순한 그리움이 아닙니다. 비록 이 땅에서는 고인을 그리워하며 살지만, 예수님이 다시 오시는 그날에 반갑게 다시 만날 것을 믿기 때문입니다. 다시 말해, 그리스도인의 추모는 '천국에서 다시 만날 그날에 대한 소망 가운데 있는 그리움'입니다. 성경은 장차 부활의 몸을 입은 성도들이 예수 그리스도 앞에 다시 모일 것이라고 말합니다. "우리 주 예수 그리스도의 강림하심과 우리가 그 앞에 모임에 관하여 … 쉽게 마음이 흔들리거나 두려워하지 말아야 한다는 것이라"(살후 2:1-2). 오늘 고인을 추모하는 우리의 모임은 '그리움의 모임'이지만, 예수님이 다시 오시는 그날의 모임은 반가운 '재회의 모임'이 될 것입니다.

이 땅에서 우리가 추모하던 반가운 얼굴을 천국에서 만난다면, 우리는 그날 어떤 모습이어야겠습니까? 성경은 말합니다. "우리의 소망이나 기쁨이나 자랑의 면류관이 무엇이냐 그가 강림하실 때 우리 주 예수 앞에 너희가 아니냐 너희는 우리의 영광이요 기쁨이니라"(살전 2:19-20). 이 성경구절은 초기 기독교 지도자인 바울 사도가 남긴 말인데, 예수님이 강림하실 그날의 풍경이 어떠할지에 대한 힌트를 줍니다. 첫째, 우리는 모두 마지막 날에 예수님 앞에서 다시 만날 것입니다. 둘째, 그날에는 서로 영광, 기쁨, 자랑이 될 것입니다. 이 땅에서는 죽음으로 어쩔 수 없이 헤어져야 했지만, 마지막 날 만남 후에는 그 모습 그대로 헤어짐 없이 영원히 살게 될 것입니다. 서로 기쁨과 자랑이 되는 그날을 위해 이 땅에서 최선을 다해 부끄러움 없이 살아야 하지 않겠습니까?

마지막으로 한 가지 권면의 말씀을 드리려고 합니다. 오늘 성경 본문에는 이런 구절이 있습니다. "우리가 지금은 거울로 보는 것 같이 희미하나 그때에는 얼굴과 얼굴을 대하여 볼 것이요 지금은 내가 부분적으로 아나 그 때에는 주께서 나를 아신 것 같이 내가 온전히 알리라"(12절). 이 땅에 살면서 우리는 종종 하나님께 질문합니다. '악한 사람들이 왜 더 형통합니까?' '가난과 고통을 왜 두고 보시기만 합니까?' 예기치 못한 사별이나 어리고 해맑은 아이들의 죽음에 관한 질문 역시 그중 하나일 것입니다. "지금은" 그 모든 질문의 해답을 알지 못하기에 그리운 마음을 담아 추모하는 것밖에 할 수 있는 것이 없지만, "그 때에는" 마치 얼굴과 얼굴을 마주하며 보듯 알게 될 것입니다. 우리 생애에서 생사화복의 순간마다 하나님의 뜻과 섭리가 있었음을 말입니다.

본문 말씀의 후반부에는 천국에서 온전하고 자랑스러운 모습으로 반갑게 재회할 그날을 소망하는 자들은 어떻게 살아야 하는지에 관한 짧은 단어 세 개가 나열되어 있습니다. "그런즉 믿음, 소망, 사랑 이 세 가지는 항상 있을 것인데 그 중의 제일은 사랑이라"(13절). 예수 잘 믿고, 천국을 소망하고, 서로 사랑하며, 각자에게 주어진 삶을 살아갈 수 있기를 예수님의 이름으로 간절히 부탁드립니다. 할렐루야!

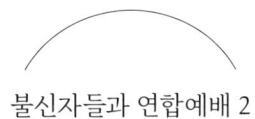

불신자들과 연합예배 2

수고하고 무거운 짐을 진 사람들에게

_마 11:28-30

설 명절에 모두 함께 모여 이렇게 예배드릴 수 있음에 먼저 감사드립니다. 오늘 주님께서 이 예배의 자리에 찾아오셔서 신령한 은혜와 평강을 모든 분에게 풍성히 내려주시기 바랍니다.

예수님은 수고하고 무거운 짐을 진 사람들에게 "수고하고 무거운 짐 진 자들아 다 내게로 오라"고 말씀하셨습니다. 사람은 누구나 인생을 살아가면서 이른바 '수고'를 하게 됩니다. 사람으로 태어나 수고하지 않고 사는 사람이 과연 있을까요? 아울러 "무거운 짐 진 자"라고도 말씀하셨는데 이것도 마찬가지입니다. 사람으로 태어나서 '인생'이라는 무거운 짐을 지지 않는 사람은 한 사람도 없기 때문입니다.

사람이 외적으로 볼 때는 아주 잘 사는 것 같아도, 마음속에 들어가면 전혀 다른 광경이 펼쳐지는 경우가 많습니다. 겉으로는 부족함이 하나도 없어 보이지만, 마음속에는 고민과 걱정과 버거운 일이 얼마나 많은지 모릅니다. (그래서 마음에 가득한 그것을 어떤 식으로든 해소하고자 잘못된 선택을 하기도 하고, 방황과 타락의 길로 접어들기도 하지요.)

그런데 예수님이 여기에 대해 어떤 '길'을 일러주십니다. 인생의 모든 수고와 무거운 짐을 어떻게 해결해야 하는지 해답을 알려주십니다. 그것이 무엇입니까? 일단 "다 내게로 오라"고 하십니다. 예수님께 인생의 모든 짐을 맡기는 일이 탁월한 선택인 것은, 그분만이 인간의 무거운 짐을 받아줄 수 있는 능력이 있기 때문입니다. 예수님은 실로 이 땅에 내려오신 하나님의 아들이고, 구원자로서 능히 모든 짐을 받아줄 수 있는 분이기 때문입니다. 예수님 외에 누가 이 세상 모든 인간의 수고와 무거운 짐을 받아줄 수 있겠습니까.

아울러 29절의 말씀처럼, 예수님은 지극히 온유하고 겸손하신 분입니다. 그래서 예수님께 손을 내밀면, 간절한 마음으로 그분 앞에 나아와 은혜를 구하면, 누구도 마다하지 않으십니다. 우리는 세상에서 때때로 거절을 경험합니다. 그러나 예수님은 거절하지 않으십니다. 누구든 그분 앞에 나아와 겸손히 은혜를 구하면 팔 벌려 안아주시고, 등에 있던 무거운 짐을 다 받아 대신 져주십니다. 그래서 누구든지 "다" 내게로 오라고 말씀하신 것입니다.

그리고 말씀하셨습니다. "나의 멍에를 메고 내게 배우라 그리하면 너희 마음이 쉼을 얻으리니." 여기서 '예수님의 멍에를 메고 예수님께 배운다'는 것은 예수님의 말씀과 가르침을 따라 사는 삶을 의미합니다. 이제부터는 자기가 계획하고 생각한 대로 사는 것이 아니라, 오직 예수님의 말씀과 가르침을 따라서만 살기로 결심하는 것입니다. 바로 여기에 '마음의 쉼'이 약속되어 있습니다. "너희 마음이 쉼을 얻으리니."

사실 몸이 쉰다고 하는 것은 어떤 면에서 보면 쉬운 것인지도 모르겠습니다. 그냥 잠깐 일을 멈추고 쉬면 되니까요. 그런데 마음이 쉰다고 하는 건 좀 다릅니다. 마음에 가득한 걱정과 근심을 어디에 두고 편히 쉴 수 있겠습니까? 그러나 여기에도 분명 방법이 있고 길이 있습니다. 바로 예수님께 나아가 자기의 인생을 맡기고 이제부터 예수님의 말씀과 가르침에 따라 살겠다고 고백하는 것입니다.

어떤 식으로든 예수님을 진정으로 만나게 되면 변합니다. 예수님을 만나 그분께 인생을 맡기고 그분의 멍에를 메고 배우기 시작하면 그때부터 달라집니다. 어디서도 찾을 수 없는 마음의 쉼을 거기서 얻는 것입니다. 그러나 예수님을 만나지 못하고 그분 앞에 인생의 문제를 토로하고 아뢰는 일을 하지 못한다면 안타깝게도 변화는 일어나지 않습니다.

누구든 예수님께 자기의 인생을 맡기고 무거운 짐을 받아달라고 요청할 때, 예수님은 기꺼이 그 요청에 응답하시고 무거운 짐을 받아 내려주실 것입니다. 올해는 이 자리에 있는 우리 모두 예수님께 인생의 모든 짐을 맡기고, 그분의 멍에를 메고 그분께 배우며, 마침내 그 안에서 마음에 지극한 평안과 쉼을 누리시기 바랍니다.

불신자들과 연합예배 3

신앙을 남긴 사람

_신 34:1-12

"호랑이는 죽어서 가죽을 남기고 사람은 죽어서 이름을 남긴다"는 속담이 있습니다. 그만큼 인생을 살고 나면 남는 것이 있어야 한다는 뜻일 겁니다. 오늘 우리는 민족 명절인 설을 맞이해서 함께 추모예배를 드립니다. 이 자리에서 우리가 자손들을 생각하며 무엇을 진정한 유산으로 남겨야 하는지 생각했으면 합니다. 고인은 이 땅에 계실 때 믿음으로 끝까지 사셨습니다. 그 사실을 생각하면서 우리가 남겨야 하는 신앙적 모습과 유산은 무엇이어야 하는지 생각해 봅니다.

첫째, 끝까지 충성하는 모습을 남겨야 합니다. 본문은 모세가 느보산에 올랐다가 하나님의 약속하신 땅을 다 본 후 모압 땅에서 죽었다는 내용입니다. 백성은 모세를 위해 삼십 일을 애곡하며 민족의 지도자를 애도했습니다. 그런데 본문은 모세가 끝까지 행한 행보를 이어서 기록합니다. 한 마디로 끝까지 충성한 모세입니다. 그가 마지막으로 한 일은 자신을 이은 민족의 지도자 여호수아를 후임자로 세운 것입니다. 그는 자신이 가나안에 들어가지 못할 것을 알면서도 끝까지 할 일을 합니다. 그 백성을 가나안에 들여보낼 준비를 합니다. 자신이 성전을 짓지 못하면서도 솔로몬이 성전을 짓도록 준비한 다윗이 떠오릅니다.

사람은 자신이 주인공이 아니고 수혜자가 아닌 일에 열심을 내지 않습니다. 성경의 한 달란트 받은 종은 자신이 주목받지 못하자 종으로서 일을 등한시했습니다. 본문의 모세로 말하자면 자신은 들어가지도 못하는 가나안 땅이지만, 자신이 이끌었던 이스라엘 백성을 향해 하나님께서 주신 마지막 일을 하고 있는 것입니다. 모세는 자신이 수혜자가 아님에도 충성합니다. 그것이 하나님의 일이기 때문입니다. 이것이 본문이 말하는 모세가 끝까지 충성하는 모습입니다.

하나님은 이 점을 기록으로 남기십니다. 살아서도 모세 같은 선지자가 없었으며(10절), 죽을 때까지도 그는 하나님의 일에 충성하는 모습을 남긴 것입니다. 살다보면 내가 주인공이 아닌 일도 있습니다. 그러나 주님의 일이라면 열심을 내야 합니다. 내가 묻히고 드러나지 않아도 상관없습니다. 이것이 종의 자세입니다. 내가 드러나지 않는 일에 사람들은 열심을 내지 않습니다. 그러나 하나님의 사람은 그러면 안 됩니다. 고린도전서는 이 점에 관해 기술하면서 맡은 자에게 구할 것은 충성뿐이라고 했습니다(고전 4:2).

진정한 충성은 자기 이익과 상관없이 행하는 것입니다. 자신을 생각하지 않는 것이 진정한 충성입니다. 제가 생각건대 고인은 끝까지 신앙인으로 그런 성실한 삶을 사셨습니다. 바로 그런 모습이 우리가 자녀들에게 남겨줄 신앙의 유산이라고 생각합니다. 그 어떤 이익과 상관없이 행하는 충성 말입니다. 자녀들은 그런 모습을 보면서 이 세상적인 가치가 전부가 아니라 보이지 않는 영원한 가치, 하나님나라의 가치가 있음을 깨달을 것입니다. 비록 당장은 아니어도 언젠가는 그 정신과 신앙을 깨닫게 될 것입니다.

둘째, 모세는 신앙의 유산을 남긴 진정한 신앙인이었습니다. 모세 같은 선지자가 없다고 하실 정도로 모세는 대단한 사람입니다(10절). 심지어 그는 여호와와 대면하여 아는 자였습니다. 민수기 12장 6-8절에 보면, 보통 선지자들에게는 환상과 꿈으로 말씀하셨으나 하나님의 온 집에 충성한 모세와는 명백히 말하고 은밀한 말로 하지 않으셨다고 기록합니다. 모세는 그만큼 대단한 사람이었습니다.

그러나 그렇게 하나님께 인정받고 대접받은 모세는 무덤조차 알려지지 않았습니다(6절). 6절에 "장사되었고"는 '그가 장사하셨고'로 번역하는 것이 옳습니다. 그 시체를 하나님이 직접 처리하셨습니다. 그래서 그가 묻힌 곳이 알려지지 않은 것입니다. 하나님은 이것을 통해 우리에게 무엇을 말씀하시는 걸까요?

종교개혁자 칼빈은 자신이 죽은 후 무덤에 묘비를 세우지 말라는 유언을 남긴 것으로 유명합니다. 사람들이 자신을 우상화하지 않고 오직 하나님께 영광 돌리게 하기 위함이었습니다. 모세가 무엇을 남겼는지 보십시오. 화려한 무덤입니까? 명성입니까? 세상의 칭송과 영광입니까? 아닙니다. 하나님께 쓰임받은 신앙을 남기는 것이 진정한 유산입니다(10-12절). 그 외에는 아무것도 남기지 않습니다. 살았을 때 주님과 함께한 그 신앙을 남깁니다. 하나님과 대면하여 알았던 그 신앙을 남기는 것이 중요합니다.

여러분은 후세에 어떻게 평가받기 원하십니까? 화려한 무덤, 세상적인 부, 명예 이런 것으로 평가받기 원하십니까? 모세는 무덤조차 남기지 않습니다. 많은 유산도 남기지 않습니다. 우리도 후세에 이것을 남겨야 합니다. 고인도 바로 그 믿음을 여기 둘러앉은 가족에게 가장 남기고 싶었다고 말씀하실 것입니다. 고인을 추모할 때마다 인생에서 무엇이 가장 중요한 가치인지 되새기며 추모예배를 드릴 수 있기 바랍니다.

불신자들과 연합예배 4

수고하고 무거운 짐 진 자들아 다 내게로 오라

_마 11:28-30

'인생이란 무엇인가?'라는 질문을 인터넷 포털 사이트의 검색창에 집어넣으면 '인생은 미완성' '인생은 나그넷길' '인생은 각자가 주인공인 영화' 등 정말 수많은 대답이 나옵니다. 기독교의 경전인 성경에는 인생에 대한 많은 가르침이 담겨 있는데, 그중에 중요한 두 가지는 이렇습니다. 첫째, 인생은 짧고 허무합니다. "인생은, 그 날이 풀과 같고, 피고 지는 들꽃 같아, 바람 한 번 시나가면 곧 시들어, 그 있던 자리마저 알 수 없는 것이다"(시 103:15-16, 새번역). 둘째, 수고롭고 고달픕니다. "인생이 땅 위에서 산다는 것이, 고된 종살이와 다른 것이 무엇이냐? 그의 평생이 품꾼의 나날과 같지 않으냐?"(욥 7:1, 새번역). 다시 말해, 성경이 말하는 인간의 생애는 수고와 허무함 두 개의 단어로 요약될 수 있습니다.

그런데 인생을 수고와 허무함에 비유한 성경의 가르침이 비신자들에게도 낯설지 않은 이유는 무엇일까요? 비슷한 가르침을 다른 종교나 철학 사상에서도 종종 찾아볼 수 있기 때문이지만, 우리 각자의 경험을 통해 인생의 수고와 허무함에 대해 조금씩 느끼고 있기 때문일 것입니다. 각자 지나온 몇 달 혹은 몇 년의 시간을 돌이켜 보십시오. 참 빨리 지나가지 않았습니까? 지인의 장례식에 참석할 때마다 인생이 참 허무하다는 생각이 들지 않으십니까? 평생을 수고하며 살다가 허무함으로 끝나는 것이 인생이라면, 우리의 인생만큼이나 의미 없는 것도 없을 것입니다.

오늘 함께 읽은 성경 말씀에는 이 땅에서 수고하며 살아가는 모든 인생을 향한 초청의 말이 담겨 있습니다. "수고하고 무거운 짐 진 자들아 다 내게로 오라 내가 너희를 쉬게 하리라"(28절). 어쩌면 인생은 죽음이라는 무거운 짐을 지고 끊임없이 걷는 여정에 비유될 수 있을 것입니다. 가난한 목수의 아들로 이 땅에 오셔서 평생 가난하고 병들고 소외된 자들과 함께하신 분이기에, 예수님은 인생의 수고와 고달픔을 잘 아십니다. 내 형편과 사정을 잘 알고 이해해 주는 누군가가 있다면, 힘들 때마다 기대어 쉴 수 있는 누군가가 내 옆에 늘 있다면, 수고로운 인생길이지만 마음은 든든하지 않겠습니까? 예수님이 주시는 쉼과 든든함이 저와 여러분의 인생에 늘 함께하기를 바랍니다.

그런데 더욱 감사한 것은, 예수님이 주시는 쉼은 이 땅뿐 아니라 영원까지 계속된다는 것입니다. 예수님은 죄와 죽음의 권세를 이기고 부활하신 하나님의 아들이시기에, 그를 믿는 자에게 영원한 쉼을 허락해 주실 수 있습니다. 성경은 말합니다. "내가 곧 길이요 진리요 생명이니"(요 14:6). 예수님을 내 영혼의 구원자로 고백하고 영접하는 자는 영원한 생명을 약속받습니다. 그 약속이 있는 자들에게 죽음이란 허무한 끝이 아닌 영원한 삶이 시작되는 순간이 됩니다.

앞서간 믿음의 선조들, 믿음 안에서 소천하신 부모님, 믿음 안에서 사별한 가족, 그들은 모두 이 땅의 생애 동안은 물론이고 죽음 후에도 예수 안에 있는 참된 쉼을 누립니다. 그리고 참된 '쉼'으로의 초청은 예전이나 지금이나 변함이 없습니다. 새해가 되었고 우리는 또 한 해를 살아야 합니다. 언제나 그랬듯 먹고 사느라 바쁘고, 공부하느라 바쁘고, 때로는 인간의 힘으로 어쩔 수 없는 난처한 상황을 마주할 수도 있습니다. 인생의 무게가 너무 무거워서 버겁게 느껴질 때 예수님을 기억하십시오. "내게로 오라 내가 너희를 쉬게 하리라"고 약속하신 그대로 그분은 우리의 쉼이 되어주실 것입니다.

미국의 유명한 작곡가 랄프 카마이클(Ralph Carmichael)의 곡 중에 "Reach out to Jesus"라는 가스펠 곡이 있습니다. 우리나라에서는 "예수께 가면"이라는 제목으로 번역되었는데, 그 가사의 일부를 읽어 드리는 것으로 오늘 설교를 마치려고 합니다. "짐이 무거우냐 홀로 지고 가기에/ 험한 대로 갈까 두렵지는 않느냐/ 온갖 일에 매여 고달프지 않느냐/ 주가 도우시리 요청만 하면…/ 네가 실망할 때 기억해야 할 것은/ 예수께 가면 주 네게 오리라" 예수 안에 있는 참된 쉼을 누리며 살아가는 한 해가 되시기를 간절히 축복합니다.

3장

성묘 추모예배

신자들만의 예배1

지혜로운 삶

_잠 16:16-19

오늘 이 자리에 함께 모여 성삼위 하나님을 예배할 수 있다는 사실에 감사드리고, 예배하는 이 자리에 성령께서 오셔서 은혜와 평강의 기름 부으심이 있기를 바랍니다.

성경 안에는 지혜에 대한 가르침이 많습니다. 언제나 지혜로운 사람이 되고 미련한 사람이 되어서는 안 된다고 말하지요. 오늘 본문 16절은 '지혜를 얻는 것이 금을 얻는 것보다 낫고, 명철을 얻는 것이 은을 얻는 것보다 낫다'고 말합니다. 그만큼 지혜롭게 사는 것은 중요합니다. 사람이 금이나 은을 많이 소유하는 것보다 더 크고 중요한 일이 인생의 '지혜와 명철'을 소유하는 일입니다.

지혜는 우리가 살면서 저지를 수 있는 많은 실수를 피하게 합니다. 그래서 이 땅에 살아가는 동안 우리를 안전하게 지켜주는 지혜를 사모하지 않을 수 없고, 또 지혜로운 사람이 되기를 사모해야 합니다. 그런데 성경이 우리에게 제시하는 어떤 특별한 관점이 있다면, 이런 지혜를 선과 악을 선택하는 문제와 결부시킨다는 것입니다. 다시 말해, 선을 택하는 사람은 지혜로운 사람이고, 악을 선택하는 사람은 진실로 어리석은 사람이라고 말합니다.

17절은 "악을 떠나는 것은 정직한 사람의 대로"라고 말합니다. 그리고 "자기의 길을 지키는 자"는 "자기의 영혼을 보전"한다고 말합니다. 그러므로 선과 악을 선택하는 문제가 우리의 인생이 어떻게 풀려나가게 하는지를 알아야 합니다. 당장 눈앞의 이익 때문에 악을 택한다면 스스로 서서히 빠져드는 늪지로 걸어 들어가는 것이고, 반대로 당장에는 손해가 있더라도 선을 택한다면 단단하고 걷기 좋은 길을 가게 되는 것입니다. 그래서 선과 악을 선택하는 문제 앞에서 항상 지혜를 구하고, 아주 지혜롭게 행동할 수 있게 해달라고 주님 앞에 간구해야 합니다.

한편 우리의 대적인 사단은 우리에게서 지혜를 빼앗고, 인생의 '끝'을 보지 못하게 합니다. 사람의 인생은 이렇게 육신이 무덤으로 들어가면서 마치게 됩니다. 그런데 사단은 마치 인생에 끝이 없는 것처럼 생각하고 달리게 만듭니다. 사람의 인생이 결국은 무덤을 향하고 있고, 자기의 삶도 반드시 그럴 거라는 사실을 통찰하게 되면 그때부터는 생각이 달라집니다. 마귀의 속임수에 넘어가지 않습니다. 선한 것이 무엇이고 악한 것이 무엇인지 더 진지하게 생각하게 되고, 육신이 죽음에 들어가기 전 할 수 있는 한 최선을 다해 선한 것을 택하고 싶어집니다. 우리는 이 땅에서 영원히 사는 사람들이 아님을 기억하십시오.

또 18절은 "교만은 패망의 선봉이요 거만한 마음은 넘어짐의 앞잡이"라고 말합니다. 성경이 말하는 지혜는 겸손과 교만을 선택하는 문제와도 결부됩니다. 누구든 교만을 택한다면 패망할 수밖에 없고, 거만한 마음을 가지면 반드시 넘어질 수밖에 없다는 것이 성경의 관찰입니다. 사람이 어려운 일을 당하고 수세에 몰려 그야말로 망하게 되는 경우가 있는데, 그런 경우를 보면 항상 전조증상이 있습니다. 바로 교만입니다. 거만한 마음을 갖더라는 것입니다. 물론 예외적인 상황에 대해 말하고 싶을 수도 있습니다. 교만한 인간이지만 잘 살고 있다고, 거만한 사람도 잘만 살고 있다고 말입니다. 그러나 그것은 사실이 아닙니다. 모든 인생에는 엄연히 끝이 존재하고, 그 끝에는 하나님의 심판이 있기 때문입니다. 설령 이 땅에서 죽는 순간까지 잘 먹고 잘 산다 해도 그 영혼이 마지막에 심판받아 영원한 어둠으로 들어가게 된다면 과연 그것이 잘 산 것이라고 할 수 있을까요? 반대로 이 땅에서는 화려하게 살지 못한 것같이 보여도, 거지 나사로처럼 천국에 올라가 아브라함 품에 안길 수 있다면 그것이 훨씬 잘 산 게 아닐까요?

모쪼록 이 자리에 있는 우리 모두 성경에서 지혜를 배워 항상 선과 겸손을 택해 하나님이 기뻐하시는 삶을 살고, 그로 인해 대로가 펼쳐지며 마침내 거룩한 천국에서 영원한 상을 받게 되기를 바랍니다.

신자들만의 예배 2

여호와를 경외하는 자가 받는 복

_시 128:1-6

오늘 고인의 묘지를 찾아 함께 예배드리고 있습니다. 평생을 믿음으로 살다가 하늘나라에 가신 고인을 생각하면서, 우리가 이 땅에서 허락된 시간 동안 가져야 할 믿음의 내용을 살펴보려 합니다. 그것이 우리가 이 땅에서 누리는 복을 결정하기 때문입니다. 시편은 1편 시작부터 '복 있는 사람'에 대해서 다룹니다. 시편의 관심 중 하나는 복입니다. 무엇이 진정한 복으로 인도하는 삶이며, 복은 어디까지 영향을 미치는 것일까요?

첫째, 여호와를 경외하며 그의 길을 걷는 자가 복을 얻습니다. 1절은 두 가지를 언급하며 그것이 충족될 때 복이 있다고 말합니다. 하나는 여호와를 경외하는 것이고, 그다음은 그의 길을 걷는 것입니다. 두 가지는 어느 한쪽만 있어서는 안 되며 동시에 충족될 때 복된 인생이 된다고 말합니다.

시편이 말하는 경외는 막연한 두려움이 아닙니다. 여호와를 경외한다고 기록되어 있습니다. 올바른 대상에 대한 두려움입니다. 게다가 경외심은 구체적인 행동으로 이어져야 합니다. 하나님을 두려워하는데 구체적인 행동의 결단으로 이어지지 못하는 사람도 있습니다. 그것은 완전하지 않습니다. 하나님에 대한 올바른 태도와 그에 따른 구체적인 행동까지 포함하여 여호와를 경외하는 여부가 결정되는 것입니다.

본문은 하나님에 대한 태도 변화에서 복이 결정된다고 말합니다. 인간이나 상황을 대하는 태도에서 복이 결정되는 것이 아닙니다. 보통 사람들은 주변 사람에게 잘 하고 일을 잘하면 복을 받는다고 생각합니다. 그렇지 않습니다. 성경이 말하는 복은 하나님에 대한 올바른 태도입니다. 그것이 인간의 복을 결정합니다. 오늘 성묘예배를 드리면서 고인을 생각하며, 우리도 이 땅에서 하나님을 온전히 경외하며 복을 누리는 사람들이 되기를 바랍니다.

둘째, 여호와를 경외하는 자는 모든 분야에서 복을 받습니다. 여호와를 경외하는 자는 먼저 자신의 분야에서 복을 받습니다. 자신이 수고한 대로 노동의 대가가 주어진다고 말합니다(2절). 사실 수고한 대로 올바른 대가가 주어지는 것도 큰 복입니다. 어떤 사람들은 자신의 수고에 비해 결실이 부족합니다. 심지어 자신이 이룬 것을 타인이 취하는 경우도 있습니다(사 65:22). 여호와를 경외하는 자는 이 땅에 살며 천수를 누리고 자신의 수고가 온전한 보답을 누린다는 약속입니다.

그다음으로 여호와를 경외하는 자는 가정이 복을 받습니다(3-4절). 내가 여호와를 경외하면 내 가정이 복을 받는다고 말합니다. 포도나무와 감람나무는 모두 이스라엘에서 귀중한 나무입니다. 음료와 기름을 생산하는 귀한 재료입니다. 이것은 여호와를 경외하는 자의 가정이 가장 귀중한 복을 누리는 것을 말하고 있습니다. 성경은 기본적으로 자기 삶은 자기가 책임지는 것으로 말합니다. 그러나 자기가 잘 함으로써 자기 가정과 이웃이 받는 복도 언급합니다. 주 예수를 믿으면 너와 네 집이 복을 받는다고 했고(행 16:31), 다윗은 의인의 자녀가 걸식함을 보지 못했다고 말합니다(시 37:25). 하나님은 의인뿐 아니라 그 자녀까지도 돌보신다고 말합니다. 아니 여호와를 사랑하는 자는 천 대까지 은혜를 베풀겠다고 말씀하셨습니다(출 20:6).

마지막으로 언급된 여호와를 경외하는 자가 받는 복은 그의 경외함으로 국가까지 복을 받는다는 것입니다(5-6절). 시온에서 복을 주시고 예루살렘의 번영을 본다는 말씀이 그것입니다. 또 자식의 자식을 보며 국가의 번영을 본다고 말합니다. 하나님은 여호와를 경외하는 자에게 국가적 번영의 복까지 준다고 하십니다.

영국 웨스트민스터 대성당의 지하 묘지에 있는 영국 성공회 주교의 무덤에 다음과 같은 글이 실려 있다고 합니다. 그는 젊었을 때 자유롭고 상상력의 한계가 없어서 세상을 변화시키겠다는 꿈을 꾸었답니다. 그러나 좀 더 나이가 들며 세상이 변하지 않으리라는 걸 알았고 꿈을 줄여 자기 나라를 변화시키겠다고 생각했답니다. 그러나 그것 역시 불가능함을 깨닫습니다. 황혼의 나이가 되었을 때는 자신과 가족을 변화시키겠다고 생각합니다. 그러나 아무도 달라지지 않았습니다. 죽음을 앞둔 자리에서 그는 깨닫습니다. 만일 자신을 변화시켰더라면 그것을 보고 가족이 바뀌었을 것이고, 또 그것에 용기를 내어 자신의 나라를 더 좋은 곳으로 바꿀 수 있었을 것이라고 생각했답니다. 그러면 세상까지 변화되었을 수도 있었다는 후회가 묻어나는 글입니다.

모든 것은 나 하기에 달렸습니다. '저 사람이 잘못해서 집안이 재수가 없는 것'이 아니라 내 탓입니다. 내가 잘 하면 모두 복 받고, 내가 못하니까 모두 어려움을 당하는 것입니다. 철저하게 복의 책임은 나 자신에게서 출발한다고 시편은 말합니다. 가정도 교회도 국가도 그렇습니다. 우리도 고인의 뒤를 따라 하나님을 경외하는 삶을 살며, 그런 사람이 누리는 복을 받아 후대까지 아름다운 영향을 미치는 가족이 되기를 바랍니다.

불신자들과 연합예배 1

마지막에 서서

_신 32:48-33:1

미국 코넬대학교의 연구에 따르면, 사람들이 자주 후회하는 것의 76퍼센트가 자기 모습대로 살지 못하고 주변에서 요구하는 대로 의무를 수행하는 삶을 산 것이라고 합니다. 연구진은 후회하지 않으려면 당장 원하는 바를 행동으로 옮기라고 충고합니다.

인간은 늘 뒤늦은 후회를 합니다. 어떻게 하면 이런 시행착오를 줄이고 멋지게 인생을 마감할 수 있을까요? 오늘 성묘 추모예배를 드리며 모세가 보여준 마지막 신앙적 모습을 통해 해답을 찾고자 합니다.

첫째, 그는 마지막으로 이스라엘을 축복합니다. 모세는 죽기 전에 이스라엘 자손을 축복합니다(33:1). 이스라엘 백성을 인도했으나 그는 결국 가나안 땅에 들어가지 못합니다(51절). 그 땅을 바라보는 것만 허락됩니다. 40년 동안 죽을 고생을 하고도 목전에서 그 영광을 누리지 못합니다. 그가 그렇게 된 데는 백성들이 한몫 했습니다. 백성들의 모습을 보며 화를 내고, 치지 말라는 반석을 두 번 쳤다가 하나님의 거룩함을 나타내지 못했다는 소리와 함께 가나안에 들어가지 못하게 됩니다. 모세는 인간적으로 이스라엘 백성에게 원망이 있을 법도 합니다. 그런데 모세는 죽음을 앞두고 그 백성을 축복합니다. 이것이 모세가 보인 마지막 모습입니다.

이것은 우리에게도 큰 반향을 일으킵니다. 우리는 언제나 모든 사람을 축복하는 자리에 있어야 합니다. 고인도 늘 사람들을 축복하셨습니다. 나한테 잘 한 사람만이 아니라 고통을 준 사람일지라도 축복해야 합니다. 이것이 성경적 사람의 모습입니다.

어떤 부인이 상담자에게 와서 상담했습니다. "선생님, 사사건건 나를 간섭하며 괴롭히는 시누이 한 분이 있는데 어떻게 해야 할까요?" 상담자는 시누이를 위해 기도하라고 상담해 주었습니다. 일주일 후 그 부인이 다시 상담자를 찾아와서는 기도할수록 관계가 더 나빠진다고 말했습니다. 어떻게 기도했는지 물으니 시누이의 못된 마음을 고쳐달라고 기도했다는 것입니다. 상담자는 지혜롭게 다시 충고했습니다. 상대방을 정죄하는 기도 대신 축복하는 기도를 하라고 말입니다. 정죄하는 기도에는 하나님의 은혜가 임할 수 없기 때문입니다. 시누이를 위해 하나님의 선한 일들이 이루어지기를 기도한 결과, 둘의 관계가 회복되었다고 합니다.

시간이 지날수록 축복하는 사람이 되어야 합니다. 야곱은 인생 말년에 바로를 만나 험악한 세월을 살았다고 하면서도 축복합니다(창 47:9-10). 130년 살았는데 험악한 세월이었으나 그래도 바로를 축복합니다. 오늘날 말로 하면 세상을 축복하는 것입니다. 세상 속에서 그리스도인의 모습이 어떠해야 하는지를 보여줍니다. 아무리 험악한 세월을 살았어도 축복이 남아야 합니다. 아무리 어려운 세월을 살아도 축복하는 자로 남아야 합니다. 나이를 먹을수록 오래 살수록 축복하는 자로 기억되시기 바랍니다.

둘째, 마지막까지 모세는 하나님의 약속을 붙듭니다. 성경에 나오는 사람들의 마지막 모습은 약속을 붙드는 것이었습니다. 하나님은 모세에게 가나안 땅을 바라보라고 하십니다. 들어가지는 못하지만 바라보라고 하십니다. 약 올리시려고 그러는 것이 아닙니다. 모세가 들어가지 못하지만 보라고 하시는 이유는, 하나님의 뜻이 이루어질 것을 바라보라는 것입니다. 경치를 구경하라는 말씀이 아닙니다. 비록 네가 들어가지는 못하지만 하나님의 약속이 그 백성에게 이루어진다는 의미를 담고 있습니다. 모세는 이 말씀에 순종해 느보산에서 가나안 땅을 바라보며, 하나님의 약속이 이루어질 것을 몸소 표현하고 있는 것입니다. 끝까지 하나님의 약속이 이루어질 것을 믿고 붙들고 있음을 보여줍니다.

하나님의 사람들은 마지막까지 하나님의 약속을 붙잡았습니다. 중요한 것은 아직 이루어진 약속이 아니었다는 것입니다. 약속만 있을 뿐 이루어지는 것을 보지 못했습니다. 그러나 약속하신 분이 하나님이시기에 이루어질 줄 믿고 신뢰했습니다.

고인의 삶도 끝까지 하나님의 약속을 붙드는 삶이었습니다. 하나님을 사랑하는 삶이었습니다. 우리가 마지막까지 신뢰해야 하는 것도 세상의 그 무엇도 아닌 하나님의 약속이어야 합니다. 아직 이루어지지 않았지만 반드시 이루어질 것을 믿고 신뢰해야 합니다. 천국이 그것이고 영생이 그것입니다. 세상 사람이나 전문가들의 말은 말에 불과합니다. 이사야 2장 22절은 "너희는 인생을 의지하지 말라 그의 호흡은 코에 있나니 셈할 가치가 어디 있느냐"고 말합니다.

우리가 무엇을 신뢰하고 바라보는지가 우리의 현재도 결정합니다. 성경의 사람들은 궁극적으로 하나님의 약속을 바라보았기에 이 땅에 연연하지 않았습니다. 야곱은 죽을 때 자신을 가나안 선영에 장사하라고 말합니다. 비록 요셉 때문에 애굽에서 부를 누리지만, 그 자녀들이 결국 돌아가야 할 곳은 약속의 땅임을 잊지 않게 하려는 의도였습니다. 요셉도 그랬습니다. 성경이 무엇을 가리키고 있는지 보아야 합니다.

하나님의 약속을 붙잡고 그곳을 바라보는 자들은 현재의 삶에서 나타납니다. 약속을 신뢰하는 사람은 믿음을 가집니다. 그 믿음은 변하지 않습니다. 또 약속을 믿기에 섣불리 현실을 판단하지도 않습니다. 이 땅의 삶에 연연하지도 않습니다. 이것이 우리가 인생의 마지막까지 살아가야 할 모습입니다.

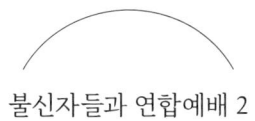

불신자들과 연합예배 2

의인의 아비, 지혜로운 자식을 낳은 자

_잠 23:24-25

"어버이 살아실 제 섬기기를 다하여라/ 지나간 후면 애닳다 어이하리/ 평생 고쳐 못할 일은 이뿐인가 하노라." 관동별곡, 사미인곡, 속미인곡 같은 유명한 가사문학을 대표하는 조선시대의 문인 송강(松江) 정철이 지은 "훈민가"에 수록된 시조입니다. 그의 정치적 견해나 행보에 대한 후대의 평가는 엇갈리는 부분이 있기도 합니다. 그러나 적어도 '부모 공경'과 '효도'를 중요하게 여긴 그의 마음, 부모님 생전에 후회 없이 효도하라는 가르침은 우리 마음에 잔잔한 여운을 남깁니다. 그렇다면 효도란 무엇일까요? 다양한 의견이 있겠지만 효와 관련된 중요한 한 가지는 바로 '부모님을 기쁘게 하는 것'이 아닐까 합니다. 우리가 함께 읽은 성경 본문은 "네 부모를 즐겁게 하며 너를 낳은 어미를 기쁘게 하라"(25절)고 말합니다.

명절이 되면 기독교인 자녀들은 부모의 묘 앞에서 제사가 아니라 예배를 드립니다. 오늘 성묘예배에 참석하신 가족의 마음에는 고인이 되신 부모님을 향한 감사와 그리움, 살아계실 때 더 잘 해드리지 못한 것에 대한 아쉬움과 후회가 남아 있을 것입니다. 그런데 한 가지 기억해야 할 것이 있습니다. 예수 믿는 사람들에게는 부모님이 돌아가신 후에도 해야 할 효도가 여전히 남아 있다는 것입니다. 부모님의 육신은 비록 땅에 묻혔지만 영혼은 지금 천국에 계시고, 다시 만날 날을 기다리며 후손들을 응원하고 계실 것이기 때문입니다.

천국에 계신 부모님께 해야 할 효도, 다시 말해 그분들이 가장 기뻐하실 일은 무엇일까요? 오늘 본문에는 이런 구절이 있습니다. "의인의 아비는 크게 즐거울 것이요 지혜로운 자식을 낳은 자는 그로 말미암아 즐거울 것이니라"(24절). 이 구절에 담긴 의미는 이렇게 해석해 볼 수 있습니다. "아비를 기쁘게 하고 싶거든 의롭게 살아라. 어미를 기쁘게 하고 싶거든 지혜롭게 살아라!" 그렇습니다. 이 땅에서 의롭고 지혜롭게 살아가는 모습, 그것이 바로 천국에 계신 부모님을 향한 자녀들의 효도입니다.

그러므로 여러분 첫째로 의롭게 사십시오. 세상은 점점 악해져갑니다. 과학과 기술은 발전하고, 삶은 더 편리하고 풍요로워졌지만, 인간의 악함은 그 끝이 어디인지도 모를 정도로 달려가고 있습니다. 반인륜적인 범죄와 악행은 더욱 심해지고, 인간의 끝없는 욕망은 창조의 섭리조차도 거스르고 있습니다. 성경은 악한 세상과 인간의 욕심은 마지막 날에 다 사라질 것이라고 말합니다. "이 세상도, 그 정욕도 지나가되 오직 하나님의 뜻을 행하는 자는 영원히 거하느니라"(요일 2:17). 만약 우리가 이 세상의 풍조와 정욕을 따라 산다면, 마지막 날에 그것들과 함께 사라질 것입니다. 그러나 하나님의 뜻을 행하고 의롭게 살아간다면, 마지막 날에 영생의 구원을 얻게 될 것입니다.

둘째, 지혜롭게 사십시오. 성경은 그리스도인이 가져야 할 지혜에 대해 이렇게 말합니다. "오직 위로부터 난 지혜는 첫째 성결하고 다음에 화평하고 관용하고 양순하며 긍휼과 선한 열매가 가득하고 편견과 거짓이 없나니"(약 3;17). 성결, 평화(화평), 관용, 양순, 긍휼, 선함 등의 덕목은 세상에서 점점 더 그 자리를 잃어가고 있습니다. 위로부터 오는 지혜, 하나님이 주시는 지혜로 세상의 빛과 소금의 사명을 감당하며 살아가는 자는 마지막 날 하나님의 칭찬을 받게 될 것입니다.

부모님을 추모하는 성묘의 자리에서, 성도가 이 땅에서 할 수 있는 효도가 무엇인지에 대해 성경적 권면을 드렸습니다. 주님 다시 오실 그날까지 혹은 우리가 생을 마치는 그날까지, 하나님 앞에서 의롭고 지혜롭게 살다가 자랑스러운 모습으로 천국에서 다시 만나는 것, 그것이 여기 이 자리에 모인 여러분이 할 수 있는 효도임을 꼭 기억하시기 바랍니다. 가족끼리 사랑하고 우애하고 서로 격려하며, 믿음으로 승리하시길 예수님의 이름으로 간절히 부탁드립니다. 할렐루야!

4장

추석 추모예배

신자들만의 예배1

세울 수 있게 하신 분께 감사

_시 127:1-2

명절을 맞아 온 가족이 하나님 앞에 모여 예배드리는 이 자리에 하나님의 은혜가 풍성하시기 바랍니다. 추석에 드리는 이 추모예배는 우리보다 먼저 가신 분들을 기리는 의미도 있지만, 한 해 동안 하나님께서 베풀어주신 풍성한 은혜를 생각하고, 이에 대한 감사예배를 드리는 의미도 있습니다.

본문 1절을 보면 "여호와께서 집을 세우지 아니하시면 세우는 자의 수고가 헛되며"라고 말합니다. 이것은 실로 중요한 관찰이라 하지 않을 수 없습니다. 시인의 경험에서 나오는 통찰이기도 하고, 우리도 그 같은 인생의 경험을 공유하고 있기 때문입니다.

사람이 어떤 집을 세우기 위해 많은 노력을 할 수는 있습니다. 그러나 그 집이 세워지는 것은 그의 노력이 전부가 될 수 없고, 그 노력 위에 반드시 하나님의 허락 또는 그분의 인정하심이 있어야 한다는 뜻입니다. 우리 그리스도인은 보이는 세계가 아니라 보이지 않는 세계를 더 잘 아는 사람들입니다. 우리에게는 그 세계를 알려주는 성경이 있고, 진지하게 그 성경을 따라 살다보니 역시 성경 말씀 그대로더라는 확신을 얻게 되었기 때문입니다.

물론 노력해야 합니다. 그러나 우리의 노력이 전부는 아닙니다. 그 일의 성취 여부는 절대 주권자이신 하나님께 달려 있기 때문입니다. "사람이 마음으로 자기의 길을 계획할지라도 그의 걸음을 인도하시는 이는 여호와시니라"(잠 16:9). 그리고 이와 같은 맥락으로 1절 하반절 이하에 여호와께서 성을 지키지 않으시면 파수꾼의 깨어 있음이 허사이며, 사람이 일찍 일어나고 늦게 눕고 수고의 떡을 먹는 것이 다 헛되다고 말씀하신 것입니다. 그러므로 우리는 한 해의 결실을 감사하는 이 명절에, 하나님 앞에 진심으로 감사드려야 합니다. 하나님께서 그것을 인정하시고 축복해 주셨기에 우리가 집을 세우는 것이 가능했으며, 또 우리가 적들에게서 성을 지키고 밤낮으로 수고한 모든 것이 허사가 되지 않은 것입니다.

그러나 우리의 대적 마귀는 이것을 잊은 채 살게 하려고 동분서주합니다. 모든 것이 그저 자기의 부지런함과 노력에 달려 있고, 하나님은 저 만치 멀리 떨어져 있는 분으로, 그래서 오로지 자기에게만 모든 것이 달려 있다고 생각하게 만듭니다. 그리고 우리가 바쁘게 사는 데만 몰입하게 만듭니다.

그러나 우리는 이런 성경 말씀을 통해 깨우침을 받고, 자기의 노력이 헛되지 않게 하신 하나님께 영광과 감사와 찬송을 올려드려야 합니다. 시편 50편 23절은 "감사로 제사를 드리는 자가 나를 영화롭게 하나니 그의 행위를 옳게 하는 자에게 내가 하나님의 구원을 보이리라"고 말합니다. 감사의 제사가 하나님을 영화롭게 한다고 하셨습니다. 감사 자체를 하나님 앞에 제물로 올려드리는 것이 하나님을 영화롭게 하는 일이라는 말씀입니다. 그러고는 그것을 가리켜서 "행위를 옳게 하는 자"라고 말씀하십니다. 하나님께서 보실 때 인간의 감사는 옳은 행위입니다. 하나님 앞에 인간이 드려야 할 마땅한 행위로서 그것을 '옳은 것'이라 표현하신 것입니다. 그리고 그런 사람들에게 약속해 주셨습니다. "내가 하나님의 구원을 보이리라."

이것은 하나님이 감사의 제사를 얼마나 기뻐하시는지 보여주는 표현입니다. 여기서 "하나님의 구원"은 인간계에 속하지 않은 것 같은 레벨의 어떤 것을 가리키는 것이기 때문입니다. 다시 말해, 인간이 베푸는 것 같지 않은 구원, 신께서나 내려주실 수 있는 종류의 구원, 그런 압도적인 레벨의 구원, 그것을 '감사의 제사를 드릴 줄 아는 자'에게 기꺼이 베푸시겠다는 뜻입니다.

오늘 우리가 살펴본 바와 같이 감사는 우리의 마음과 생각을 살피시는 하나님을 기쁘시게 하고, 그분으로 하여금 그렇게 감사의 제사를 올려드리는 사람을 기억하고 축복하지 않을 수 없게 만드는 것입니다. 추석 명절을 맞아 하나님 앞에 예배드리는 우리 모두 감사로 하나님을 기쁘시게 하고, 하나님께 '내가 도와주리라, 내가 축복하리라'는 말씀을 들으시기 바랍니다. 모쪼록 우리의 마음을 살피시는 하나님께서 이 시간 우리의 마음에서 우러나오는 감사의 제물을 받아주시기 바랍니다.

신자들만의 예배 2

천국에서 큰 사람

_마 18:1-10

'내가 이래서 천국에 들어갈 수 있을까? 목사님은 믿음만 있으면 된다고 하는데…. 어떤 믿음의 상태여야 천국에 들어가는 걸까?' 우리가 종종 품는 궁금증입니다. 그런 분들에게 오늘 본문이 도움이 됩니다. 우리의 구원 여부를 확인할 수 있는 말씀입니다. 우리가 어떤 상태여야 구원받은 걸까요?

첫째, 절대적 겸손을 가진 사람이어야 입니다. 본문은 천국에서 누가 크냐는 제자들의 질문으로 시작합니다. 아이러니컬하게도 이런 질문을 하는 제자들은 매우 교만한 상태였습니다. 자신들 중 누가 큰지를 묻고 확인하고 싶었기 때문입니다. 그들의 마음을 아시는 예수님은 어린아이 같은 겸손한 사람이 큰 사람이라고 말씀하십니다.

그런데 여기서 말하는 겸손은 우리가 생각하는 겸손과 좀 다릅니다. 여기서 말하는 겸손은 그저 자신을 의도적으로 낮추는 것이 아니라 어린아이의 특성에서 나온 겸손을 말합니다(4절). 어린아이들은 매우 연약하고 보잘것없는 존재입니다. 그래서 부모를 전적으로 의존하지 않으면 생존할 수 없습니다. 이처럼 어린아이같이 단순하게 하나님을 신뢰하며 자신을 주장하지 않는 겸손한 사람을 주님은 자기를 낮추는 사람이라고 표현하신 것입니다. 이처럼 하나님 앞에서 자기가 보잘것없는 존재임을 아는 사람이 천국에 들어갑니다. 이는 상대적 겸손이 아니라 절대적 겸손입니다. 인간 앞에서 나를 상대적으로 겸손하게 낮추는 것이 아니라, 하나님 앞에서 인간의 무력함을 인정하는 절대적 겸손입니다.

우리는 바리새인과 세리의 기도를 알고 있습니다. 바리새인은 자신을 한껏 높였지만, 세리는 하늘을 향해 눈도 들지 못했습니다. 바리새인은 사람과 비교합니다. 세리와 자신을 비교합니다. 바리새인은 그렇게 하나님 앞에서는 절대 보일 수 없는 태도를 보였고, 세리는 하나님 앞에서 당연히 보여야 할 태도를 보였습니다. 이 비유의 핵심은 대상이 누구인지 아는 것입니다. 자기를 높이는 자는 사람과 비교해서 높였고, 낮추는 자는 하나님 앞에서 낮췄습니다. 이것을 절대적 겸손이라고 부르고 싶습니다. 하나님 앞에서 갖는 겸손함입니다. 바리새인이 자랑할 수 없는 것은 그것이 하나님 앞이기 때문입니다. 예수님은 이처럼 하나님 앞에서 자신을 낮추는 이가 높아질 것이라고 하셨습니다(눅 18:14).

하나님 앞에서 이 겸손이 없으면 천국에서 크지 않은 것은 물론이고 천국에 들어가지도 못한다고 하십니다(3절). 그러니 신앙의 필수 사항인 것입니다. 이런 겸손을 가진 성도는 하나님 앞에서 자신의 한없는 비천함을 깨닫습니다. 자신이 아무것도 아닌 존재임을 알기에 하나님의 도우심을 절대적으로 의지합니다. 또 그분의 말씀에 절대 순종하고 따릅니다.

제자들은 주님 곁에서 늘 잘되고 높아지고 성공할 생각만 했습니다.

이것은 신앙의 본질이 아닙니다. 본질을 놓치고 이익만 추구하려는 태도입니다. 제가 알기로 고인은 늘 자신을 낮추셨습니다. 이 명절에 그 귀한 신앙을 되돌아봅니다.

둘째로, 소자를 영접하는 사람입니다. 어린아이같이 될 뿐 아니라 어린아이 같은 자들을 영접하라고 하십니다(5절). 바로 그 사람이 천국에서 큰 사람입니다. 앞에서 어린아이의 특성을 들어 겸손을 말씀하신 주님 말씀의 취지를 살리면, 여기 어린아이는 단지 육적인 어린아이만을 뜻하지 않고 연약하고 비천한 신분의 사람을 뜻하기도 합니다.

그들을 영접하는 방법은 실족시키지 않고 업신여기지 않는 것입니다(6-10절). 그런 사람이 천국에서 큰 사람입니다. 어린아이 같은 연약한 사람들을 실족시키지 말라고 하십니다. 구체적으로 손, 발, 눈으로 업신여깁니다. 매우 구체적 표현입니다. 손가락질하고 돌아다니면서 비방하고, 곱지 않은 눈으로 마음에 들지 않는 사람을 봅니다. 그런 모습을 찍어 내버리고 빼어버리라고 하시는 것은 그만큼 단호하게 그만두라는 뜻입니다. 심지어 남을 실족시키느니 연자 맷돌을 목에 메고(실족시키는 사람의 목) 바다에 빠지는 편이 낫다고 하십니다(6절).

사람을 무시하는 것이 가장 나쁜 죄입니다. 어디 가서 무시당하면 정말 기분 나쁘죠. 우리는 무시당하는 것이 무시당하는 사람 책임이라고 생각합니다. 그에게 무시당할 요소가 있기에 그렇다고 생각합니다. 그러나 성경은 그 책임을 무시하는 사람에게 묻겠다고 합니다. 성숙한 자의 책임을 강조하는 것이 성경입니다. 부족한 사람이 부족한 것은 어쩔 수 없지만, 문제는 부족하지 않은 사람이 그를 용납하지 못하는 것에 있습니다.

하나님 앞에 절대적으로 겸손한 사람은 다른 사람에게도 긍휼한 마음을 보입니다. 우리는 주변 성도들을 세워주는 사람이 되어야 합니다. 그런 사람이 천국에서 큰 사람입니다. 고인은 살아계실 때 다른 사람을 세우고 사랑하셨습니다. 그래서 지금은 천국에서 큰 자로 계실 줄 믿습니다. 여기 모인 우리도 그런 고인의 신앙을 마음에 새기는 시간이 되시기 바랍니다.

신자들만의 예배 3

충성된 성도

_고전 4:1-5

추석이 1년 농사의 결실을 보는 시간이듯, 인생도 자신이 맺은 열매를 판단받는 시간이 있습니다. 어떤 열매를 맺어야 할까요? 본문은 충성된 열매를 맺으라고 말합니다. 사도 바울은 본인을 비롯한 사역자는 물론 모든 성도가 충성된 삶을 살아야 한다고 가르칩니다(1-2절). 오늘 추석을 맞아 추모예배를 드리며 무엇이 충성된 열매를 맺는 길인지 말씀을 따라 생각해 보겠습니다.

첫째, 사람의 판단에 흔들리지 말아야 합니다. 바울은 고린도교회 성도들의 판단 대상이었습니다. 알려진 대로 고린도교회는 바울, 아볼로, 게바, 예수 그리스도를 따르는 네 개의 파당이 있었습니다(고전 1:12). 바울은 고린도교회에서 일부 성도들에게 사도권을 의심받았고, 사역의 능력을 판단받고 있었습니다(고후 10:10). 이런 상황에서 자신이 그리스도의 일꾼이요 하나님의 비밀을 맡은 자이기에 사람에게 판단받는 것은 매우 작은 일이라고 선언합니다(3절). 심지어 자기 자신 조차도 자기를 판단하지 않는다고 고백합니다.

'충성'이라는 말은 '믿을 만한'(faithful)이라는 의미입니다. 2절 원문의 의미는 맡은 자들이 충성된(믿을 만한) 사람으로 증명되어야 한다는 강한 의미입니다. 주님의 사람은 누구나 믿을 만해야 합니다. 누군가에게 믿을 만한 대상으로 증명된다는 것은 단기간에 가능한 것이 아니라 시간이 지나면서 신뢰가 쌓이는 것입니다. 그래서 본문은 하나님의 사람들이 시간이 지남에 따라 주님이 더욱 믿을 만한 일꾼이 되어야 함을 역설한 것입니다. 이런 충성된 사람은 사람들의 판단에 일희일비하지 않습니다. 우리의 삶으로 평생 올바른 열매를 맺기 위해서는 이런 흔들리지 않는 신앙이 필요합니다. 우리도 오늘 추모예배를 드리며 '나는 과연 주님이 믿을 만한 종인가?' 생각하는 시간이 되어야 합니다.

둘째, 오만하지 말아야 합니다. 바울은 자신이 사람들의 판단에 연연하지 않는다고 말합니다. 심지어 자기 자신도 자기를 판단하지 않는다고 말합니다. 자신은 자책할 그 어떤 일도 고린도교회에서 행하지 않았다고 말합니다. 그러나 이어지는 말씀에서 그는 그렇다고 자신이 의롭다고 여기는 것은 아님을 밝힙니다(4절).

이 말씀도 매우 중요합니다. 보통 신앙인 중에 특히 믿음이 강하다고 말하는 사람들 중에 바울이 말한 것처럼 사람의 판단을 별로 중요하지 않게 생각하고 주님만 보고 일한다며 강변하는 분들이 계십니다. 그런데다 그런 것은 아니지만 그런 분들 가운데 사람의 판단을 거부하고 무시하면서 매우 교만하고 오만한 태도를 보이는 분들이 가끔 있습니다. 안하무인의 태도를 취하며 자신의 일을 사람이 판단할 수 없다고 말합니다.

바울은 이런 태도를 경계한 것입니다. 충성된 성도는 사람의 판단에 흔들리지 않지만, 그렇다고 사람의 판단을 아예 무시하지 않습니다. 하나님을 운운하며 사람을 무시하는 신앙은 올바른 신앙이 아닙니다. 충성과 오만은 매우 가까울 수 있음을 기억해야 합니다.

셋째, 종말론적 신앙을 가지고 살아야 합니다. 이 땅에서 열매 맺는 삶을 사는 충성된 성도는 모든 판단을 주님 만나는 그 순간까지 미루어야 합니다(5절). 바울은 주께서 오시기까지 아무것도 판단하지 말라고 권합니다. 이런 신앙을 일컬어 '종말론적 신앙'이라고 부릅니다. 주님을 만날 종말의 시간을 근거로 현재를 살아가는 믿음을 말합니다.

주님께 충성된 삶을 살기 위해서는 모든 판단을 주님께 맡기고 일해야 합니다. 지금 이 땅에서 열매를 계산하면 문제가 생깁니다. 사람들은 눈에 보이는 것만으로 그 사람을 판단합니다. 그러나 하나님은 중심을 보신다고 했습니다. 사람의 마음은 우리가 알 수 없습니다. 어떤 사람을 성인처럼 떠받들다가 그에게 감춰진 죄가 드러나는 경우도 허다합니다. 그래서 우리는 좋은 의미든 나쁜 의미든 모든 판단을 주님을 만나는 시점으로 미루며 일해야 합니다. 그래야 충성할 수 있습니다. 이 땅에서 자꾸 단기적인 판단을 하다보면 진정한 충성을 할 수 없습니다.

주님을 만나는 그 시간까지 모든 판단을 유보하시기 바랍니다. 그래야 진짜 충성된 삶을 살 수 있습니다. 조금 잘 했다고 으쓱할 것도 아니고, 잠시 잘 했다고 방심할 것도 아닙니다. 마지막 때 주님 만날 날을 생각하고 장기적으로 일하는 사람이야말로 세상에 흔들리지 않는 충성된 삶을 살 수 있습니다.

신자들만의 예배 4

감사의 내용, 감사의 대상

_빌 1:3-6

기독교 신앙이 전파되기 전 우리나라에는 불교, 유교, 무속 같은 다양한 형태의 신앙이 복합적으로 존재했고, 조상을 섬기거나 신격화하여 조상신을 섬기는 것이 일반적인 풍습이었습니다. 그런 이유로 추석이 되면 조상에게 감사하며 제사 지내는 것이 자연스러웠습니다. 그러나 저와 여러분은 하나님만을 참된 신으로 믿고 섬기는 사람들이기에, 그리스도인으로서 우리 감사의 대상은 오직 하나님 한 분임을 기억하시기 바랍니다.

설교를 준비하며 이런 생각이 들었습니다. '초대 교회 시절 기독교인들은 어떤 감사를 했을까?' 성경에는 '감사'라는 단어가 자주 등장하는데, 신약성경에서 감사라는 말을 가장 많이 사용한 사람은 사도 바울입니다. 그는 여러 이방인 교회 공동체에 쓴 편지의 서두에서 이런 형태의 기도 문구를 자주 사용했습니다. "내가 너희를 생각할 때마다 나의 하나님께 감사하며"(빌 1:3). "내가 항상 내 하나님께 감사하고 기도할 때에 너를 말함은"(몬 1:4). "내가 기도할 때에 기억하며 너희로 말미암아 감사하기를 그치지 아니하고"(엡 1:16). 사도 바울은 무엇을 감사했습니까? 바로 "너희"입니다. 사도 바울은 누구에게 감사했습니까? 바로 "하나님" 입니다. 이것은 그리스도인의 감사 내용이 "너희"여야 하고, 감사 대상은 "하나님"이어야 함을 말해 줍니다.

바울에게 "너희", 즉 감사의 내용은 교회의 교우들이었습니다. 여러분도 잘 아실 것입니다. 바울은 결혼도 하지 않았고 자녀도 없었습니다. 그래서 바울에게 교회의 교우들은 단순히 교회에서 만나는 사람들이 아니라, 가족이고 친구이고 동역자였을 것입니다. "내가 너희를 생각할 때마다"라는 글을 쓸 때, 아마도 바울의 머릿속에는 지난 시간과 추억이 주마등처럼 스쳐 지나갔을 것입니다. 핍박과 어려움 속에서도 이방 도시에 복음을 전하고 하나님의 교회를 세우던 때 함께 동고동락하던 교우들의 얼굴, 예수 그리스도의 복음을 위해 기꺼이 자신을 헌신한 동역자들과 울고 웃던 기억 등 말입니다.

여러분의 "너희"는 누구입니까? 다시 말해, 지나온 과거를 떠올리고 추억할 때마다 '그 존재로 인해 참 감사했고 행복했다'는 생각이 들게 만드는 사람은 누구입니까? 아마도 이 자리에 모인 우리가 가장 먼저 떠올릴 사람은 지금은 고인이 되신 가족들일 것입니다. 그들이 베풀어준 사랑과 돌봄, 그들과 함께였기에 즐겁고 행복했던 시간, 그들과 함께였기에 이겨낼 수 있었던 인생의 어려웠던 순간을 떠올리면 하나님께 감사하지 않을 수 없습니다. 무엇보다도 믿음의 선배로서 우리에게 남긴 신앙의 유산을 떠올리며 감사하는 시간이 되시기 바랍니다.

그뿐 아닙니다. 지금 이 순간 내 옆에 있는 가족 또한 감사의 이유가 될 수 있을 것입니다. 이 땅에 사는 동안 함께 사랑과 정을 나눌 수 있는 가족이 있다는 것이 얼마나 감사한 일입니까? 세상 누구도 자신에게 주어진 삶의 시간이 얼마인지 모릅니다. 우리는 늘 장래의 계획을 세우고 내일을 기약하지만, 사실 인간은 한 치 앞도 못 보는 존재입니다. 성경은 말합니다. "하나님은 이르시되 어리석은 자여 오늘 밤에 네 영혼을 도로 찾으리니 그러면 네 준비한 것이 누구의 것이 되겠느냐"(눅 12:20). 지금 내가 살아있을 때, 시간과 상황이 허락될 때, 내가 사랑하는 사람들이 살아있을 때, 후회 없이 사랑하시기 바랍니다. 서로 사랑하고 아껴주던 행복한 추억은 이 세상에서 뿐 아니라 천국에서도 사라지지 않고 영원히 남을 것이기 때문입니다.

오늘 민족의 명절 추석을 맞이하여 가족이 함께하는 이 추모의 시간이 고인을 향한 감사의 마음, 가족을 향한 감사의 마음으로 가득하기를 예수님의 이름으로 간절히 소원합니다.

불신자들과 연합예배 1

인생이 당하는 일에 대하여
_전 3:19-21

명절을 맞아 우리 모두 한 자리에서 예배드릴 수 있음에 감사드리고, 선하신 하나님께서 이 자리에 모여 있는 모든 분에게 은혜와 평강으로 복 주시기 바랍니다.

성경에서 전도서는 특별한 책입니다. 솔로몬 왕이 지은 책으로 전무후무한 지혜가 있고, 당시 가장 부유한 삶을 살았던 사람이 자기 인생을 진지하게 돌아보면서 지은 책이기 때문입니다. 19절을 보면, 인간이 당하는 일을 짐승도 당한다고 말합니다. 같은 호흡을 가진 존재이기 때문이라는 것입니다. 다시 말해, 인간이 짐승보다 대단히 뛰어난 존재 같지만, 어느 순간 호흡이 멈추는 것을 생각해 보면 별로 나을 것 없는 존재라는 말입니다.

또 20절은 "다 흙으로 말미암았으므로 흙으로 돌아가나니 다 한 곳으로 가거니와"라고 말합니다. 흙으로 만들어졌기에 흙으로 돌아간다는 것입니다. 그리고 그렇게 흙으로 돌아간다는 관점에서 보니, 인간이 짐승보다 나은 점이 하나도 없더라는 것입니다. 자신의 한계를 직시해야 한다는 뜻이기도 합니다. 어떤 인간도 죽음을 피할 수는 없으니 말입니다.

그럼에도 우리에게는 소망이 있습니다. 인간을 지으신 하나님이 이러한 죽음 앞에서도 인간의 마음 안에 꺼지지 않는 소망을 주셨기 때문입니다. 전도서 3장 11절은 "하나님이 모든 것을 지으시되 때를 따라 아름답게 하셨고 또 사람들에게는 영원을 사모하는 마음을 주셨느니라"고 말합니다. "영원을 사모하는 마음"은 하나님이 우리 인간에게 주신 선물이자 소망입니다. 짐승과 달리 영원을 사모하는 마음이 있기에 영원에 대해 생각하고 고심하며, 결국 영원에 도달할 방법을 찾는 것이 아니겠습니까?

우리가 추석을 보내고 있지만, 이런 계절은 어김없이 오고 갑니다. 우리가 만났다 헤어지고 또다시 만나는 일이 언제까지 계속될 수 있을까요. 그러나 우리가 이 성경 안에서 영원한 세상으로 들어가는 진짜 방법을 알게 된다면, 그것이 우리에게 얼마나 큰 소망으로 다가오겠습니까. 성경은 허무함에 굴복할 수밖에 없는 우리, 흙으로 돌아가야 하는 일 앞에서 눈물 흘리며 슬퍼할 수밖에 우리에게 소망을 주는 책입니다. 우리가 이 책을 통해 구원의 길을 발견하고, 영원한 세상으로 들어가는 방법을 배울 수 있기 때문입니다.

사실 이런 죽음과 허무에 대한 말은 우리로서는 외면하고픈 것입니다. 굳이 생각하고 싶지 않고 떠올리고 싶지도 않은 일입니다. 그렇다 해도 외면은 답이 될 수 없습니다. 끝내 이 사실을 외면하면 어디서 답을 찾을 수 있겠습니까? 우리는 처한 현실을 직시하고 성경의 계시에 의존해 답을 찾아야 합니다. 자연적인 인간에게는 답이 없기 때문입니다.

성경은 '그래서' 구원자이신 예수님이 이 땅에 오셨다고 말합니다. 모두 허무함 가운데 흙이 되어야 할 사람이기에, 아무리 한세상 잘 산다 해도 결국은 사라져야 할 사람이기에, 영혼만은 살아서 천국에 들어가 이별, 아픔, 고통, 허무함, 죽음 없이 살아가도록 하기 위해 이 땅에 오신 것입니다. 만약 이 세상이 보이는 것뿐이라고 하면 얼마나 서글프겠습니까? 어느 날 정신 차려 보면 세월이 흘러 있고, 또 어느 날 정신 차려 보면 세월이 흘러 있는데 말입니다.

우리는 보이는 이 세상을 떠나 영원한 세상으로 들어갈 준비를 해야 하는 사람들입니다. 그리고 그 방법이 여기 있습니다. 영원하신 하나님 앞에 자기의 인생을 맡기고, 구원자 되시는 예수님 앞에 엎드려 은혜를 구하는 것입니다. 예수님은 당신께 오는 자는 결단코 내쫓지 않겠다고 말씀하셨습니다(요 6:37). 인생의 허무함에 대해 진지하게 생각하고 고민을 토로하십시오. 그분께 말씀드리십시오. 그 진지한 기도를 들으실 때 하나님의 영을 보내어 보이지 않는 세상의 진리를 깨닫게 하시고, 영원한 삶에 대한 해답을 주실 줄 믿습니다.

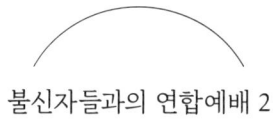

불신자들과의 연합예배 2

천 년의 갑절을 산다 해도

_전 6:6-9

명절을 맞아 모든 식구가 한 자리에 모여 예배드릴 수 있음에 감사드립니다. 오늘 이 자리에 우리 예수님이 찾아오셔서 복 주시고, 마음에 평안과 기쁨을 주시기 바랍니다.

오늘 우리가 읽은 성경은 솔로몬 왕이 지은 것으로 알려진 전도서입니다. 세상에서 아쉬울 것 없이 살던 사람이 자기의 인생을 돌아보며 하는 말이라고 볼 수 있습니다. 먼저 6절을 보면 "그가 비록 천 년의 갑절을 산다 할지라도 행복을 보지 못하면 마침내 다 한 곳으로 돌아가는 것뿐이 아니냐"고 말합니다. 사람이 천 년의 두 배를 산다고 해도 마음에 평안과 기쁨이 없으면 무슨 의미가 있느냐는 것입니다. 결국은 죽는 것인데 말입니다. 그러므로 사람의 생이 길든 짧든 거기에 행복, 기쁨, 평안이 있어야 한다는 것입니다.

7절을 보면 "사람의 수고는 다 자기 입을 위함이나 그 식욕은 채울 수 없느니라"고 말합니다. 사람이 다 먹고 살자고 열심히 수고하지만, 사람의 식욕은 결코 만족하는 법이 없다는 것입니다. 어떤 분들은 이것을 단지 식욕이 아니라 욕망이라 보기도 합니다. "식욕"이라고 표현하지만, 사실은 채워지지 않는 인간의 욕망에 대한 말씀이라는 것입니다. 공감하는 말입니다.

또 8절을 보면 '지혜자가 우매자보다 나은 것이 무엇이냐, 결국 가난한 사람이라면 그게 무엇이 나은 것이냐'고 말하기도 합니다. 이것은 지혜로운 사람이라도 결국 가난에 굴복하는 상황에 대해 말하는 것입니다. 객관적으로 볼 때 훌륭하고 괜찮은 사람인데, 외적으로 너무 풀리지 않아 고생하는 사람 말입니다.

마지막으로 9절을 보면, 눈으로 보는 것이 마음으로 공상하는 것보단 낫지만, 이것도 결국 헛되어 바람을 잡으려는 것과 같다고 말합니다. 사람은 대체로 직접 눈으로 보기를 원하는 경우가 많습니다. 화면이나 머릿속 상상으로 보는 게 아니라 직접 보고 싶은 것입니다. 그런데 이상하게도 막상 보고 나면 그것이 생각했던 만큼이 아닐 경우가 많습니다. 물론 눈으로 직접 보는 것이 공상하는 것보다 나을 것입니다. 그러나 솔로몬은 그것이 얼마나 대단한 것이겠냐고 묻는 것입니다. "직접 봤느냐? 보고 나니 그게 뭐란 말이냐?"

지금까지 우리가 살펴본 바에 따르면 인생 별 것 없다는 생각을 하게 됩니다. 이 세상을 살면서 하늘을 날 듯 행복하게만 사는 사람이 누가 있을까요? 늘 채울 수 없는 욕망에 시달리고, 재능이 있어도 가난 앞에 굴복하기도 합니다. 그토록 바라던 것을 눈으로 직접 본다 해도 결국은 다 허무할 뿐입니다.

그래서 우리가 이 세상 너머를 바라보게 되고, 이 세상과는 다른 세상, 모든 것이 허무하고 모든 것에 결핍이 존재하는 이 세상과는 다른 세상을 사모하게 되는 것입니다. 성경은 우리에게 그런 세상이 분명 존재하고, 그 세상의 주인이 계시다고 말해 줍니다.

이사야 55장 1-2절은 "너희 모든 목마른 자들아 물로 나아오라 돈 없는 자도 오라 너희는 와서 사 먹되 돈 없이 값 없이 와서 포도주와 젖을 사라 너희가 어찌하여 양식이 아닌 것을 위하여 은을 달아주며 배부르게 하지 못할 것을 위하여 수고하느냐 내게 듣고 들을지어다 그리하면 너희가 좋은 것을 먹을 것이며 너희 자신들이 기름진 것으로 즐거움을 얻으리라"고 말합니다. 여기서 하나님은 목마른 자는 누구든 오라고 부르십니다. 돈이 없어도, 값을 치를 능력 없어도 된다고 하십니다. 누구든지 와서 영적인 포도주와 젖을 사라고 말씀하십니다. 그러면서 왜 양식이 되지도 않는 것을 위해 그렇게 돈을 내고, 진정으로 배부르게 하지도 못할 것에 대해 수고하느냐고 말씀하십니다. 결국 그 모든 것이 허무한 것이 아니냐는 것입니다. 그러기에 하나님께 와서 진짜 양식이 될 것, 영적으로 배부르게 할 것을 받아 가라고 하십니다.

하나님께서 원하시는 것은 우리의 마음입니다. "제가 이 세상의 허무함 앞에서, 채워지지 않는 욕망 앞에서, 이겨낼 수 없는 현실 앞에서 도우심을 청합니다. 저를 만나주시고 제 손을 잡아주십시오" 하는 간절한 마음 말입니다. 이렇게 말씀드릴 때 하나님은 기꺼이 우리에게 손 내밀어 주실 것입니다. 그리고 영원한 천국을 바라보며 시들지 않는 소망을 가지고 살게 하실 것입니다. 모쪼록 이 자리에 있는 우리 모두 하나님의 초청을 받아들이고, 하나님께서 베풀어주시는 영적인 풍요로움 가운데 남은 인생을 살고, 마침내 거룩한 땅 천국으로 모두 들어가게 되기를 바랍니다.

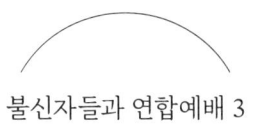

불신자들과 연합예배 3

인생이 죽음을 통해 배우는 것

_시 90:10-17

추석입니다. 한 해의 결실과 마감의 시간입니다. 이런 자연의 현상 속에서 우리도 뭔가를 정리하고 마감할 필요를 느낍니다. 사람은 태어나서 죽을 때까지 일생 동안 뭔가를 배웁니다. 특히 죽음같이 인생의 결정적 사건을 통해 진정한 삶의 모습을 깨닫게 됩니다. 죽음 앞에서 배우는 것처럼 진정한 것은 없을 것입니다. 본문을 통해 인생이 죽음에서 배우는 것을 알아보도록 합니다.

첫째, 인생에 대한 진정한 지혜를 배웁니다. 인생은 죽음 앞에서 비로소 진정한 지혜를 얻습니다. 세상에는 유사 지혜가 많습니다. 그러나 죽음 앞에서는 더 물러설 수 없는 진정한 지혜를 배웁니다. 12절을 쉬운성경으로 보겠습니다. "우리의 인생이 얼마나 짧은지 깨닫게 해 주소서. 그러면 우리의 마음이 지혜로워질 것입니다." 인생의 한계와 죽음을 통해 우리는 지혜를 얻습니다. 인생이 얼마나 짧은지 안다면 지금 내가 하고 있는 일들 가운데 무엇이 중요하고 무엇이 중요하지 않은지를 가릴 수 있습니다. 지혜는 분별력입니다. 지혜는 삶에 분별력을 가져다줍니다(신 32:29).

그럼 구체적으로 배우는 것이 무엇입니까? 인생의 자랑이 수고와 슬픔뿐 임을 알게 됩니다(10절). 인생은 뭔가를 자랑할 게 없습니다. 죽음 앞에서 돈도 명예도 다 소용없음을 배웁니다. 언젠가 인천에서 자살한 어느 노부부의 이야기가 생각납니다. 생활이 어려웠던 그들은 자살을 택했고, 5만 원 권 신권으로 10장을 장례비로 남겼습니다. 결국 이렇게 쓸쓸한 모습이 죽음 앞의 인간입니다. 이분들은 생활이 어려워서 그랬지만 어렵지 않은 사람도 언젠가는 다 놓고 가야 합니다. 그런 것을 생각하면 인간이 무엇 때문에 그렇게 열심히 사는지 모르겠다는 생각이 듭니다. 본문은 또 인생이 신속히 지나간다는 것을 강조합니다. 인생이 덧없음을 알게 됩니다. 죽음 앞에 서면 인생이 참으로 빠르다는 사실을 알게 됩니다. 이 모든 것을 죽음 앞에서 깨닫게 됩니다.

『인생수업』(엘리자베스 퀴블러 로스, 데이비드 케슬러 지음)이라는 책에 이런 글이 등장합니다. 40대 초반에 교통사고를 당한 여성이 쓴 글입니다. "지금까지 늘 주먹을 꽉 움켜진 채 살아왔지만 이제는 손바닥 위에 부드러운 깃털이 놓인 것처럼 평화롭게 손을 편 채로도 삶을 살 수 있다는 걸 깨달았습니다." 인생은 죽음 앞에서 진정한 것을 배웁니다. 이런 글도 있습니다. "아직 죽지 않은 사람으로 살지 말라. 죽음 앞에서는 모든 것이 제로가 된다. 태어날 때처럼. 많은 학위, 큰 집, 좋은 고급차가 중요하지 않다. 당신이 누구인가가 중요해진다." 이것이 죽어가는 사람들이 우리에게 가르쳐주는 것입니다. 죽음 앞에서 인생은 진정한 허무와 세상 것에 대한 분별력을 배웁니다.

둘째, 하나님을 의존하는 삶을 배우게 됩니다. 인생의 짧고 덧없음을 깨달으면 자연스럽게 인간을 지으신 창조주를 바라보게 됩니다. 시인은 본문에서 주의 종들을 불쌍히 여겨달라고 구합니다(13절). 그래서 주의 인자하심으로 인생을 만족하게 하사, 일생 동안 즐겁고 기쁘게 해달라고 간구합니다(14-15절). 주의 영광을 자손에게 나타내시며, 우리의 손이 행한 일을 견고하게 해달라고 합니다(16-17절). 시인은 인생의 허무함을 깨닫는 것으로 자신의 시를 끝내지 않습니다. 인생이 허무하고 짧고 보잘것없기에 하나님을 바라봅니다. 모든 것을 하나님께 의존합니다. 죽음 앞에서 인간은 인생에 대한 참 지혜와 분별력을 갖게 되고, 그것은 결국 하나님을 찾고 바라는 모습으로 연결됩니다. 내 인생의 주인이 나 자신인 것처럼 살아가지만 실제로는 그렇지 않습니다. 젊은 날을 넘어 죽음 앞에 이르면 혹은 갑자기 죽음을 통보받으면, 인간은 내 생명의 주인이 나 자신이 아님을 깨닫게 됩니다. 이 모든 것을 주관하시는 하나님이 계심을 깨닫는 것입니다. 그것이 본문의 시인이 보여주는 삶의 모습입니다.

아직도 당신이 인생의 주인이라고 믿으십니까? 당신의 계획과 뜻대로 산다고 생각하십니까? 그렇지 않습니다. 만약 우리를 지으신 창조자가 계시지 않는다면 인생만큼 슬프고 비참한 존재가 없을 것입니다. 그러나 하나님이 계시기에 인생은 의미가 있고 긍정적입니다. 그러기에 모든 것을 주님께 맡기고 그분을 의존하는 삶을 살아야 합니다. 시인의 고백처럼 사실은 인생에서 내가 할 수 있는 것이 없습니다. 내가 한 일의 결과조차도 그분께 부탁하는 삶을 살아야 합니다. 하나님은 이런 의존을 기뻐하십니다. 피조물이 창조자에 대해 갖는 당연한 겸손이기 때문입니다.

지금 추모예배를 드리는 분들 가운데 아직도 인생의 덧없음과 하나님의 필요를 깨닫지 못하신 분이 있다면, 오늘 이 자리를 빌어 다시 한 번 인생의 의미를 되새겨보시기 바랍니다. 하나님을 중심으로 우리 삶이 개편되어야 합니다. 그것이 슬픈 인생을 의미 있게 만드는 유일한 방법입니다.

불신자들과 연합예배 4

수장절을 지키라

_출 23:16

우리 민족의 대명절인 추석(秋夕)은 '가을 저녁'을 뜻하는 한자어로, 보름달이 환하게 뜬 가을밤의 풍경을 떠오르게 하는 이름입니다. 음력 8월 중순이어서 '중추절'이라고도 하고 '한가위'라고도 합니다. 한 해 동안 지은 농사를 추수하는 때이기에 먹을 것으로 가득히 채워지는 곳간을 바라보며 흐뭇함과 보람을 느꼈을 것이고, 덩달아 인심도 넉넉했을 것입니다.

그런데 기독교의 경전인 성경을 보면 우리나라의 추석과 비슷한 명절이 기록되어 있습니다. 바로 '수장절'(收藏節, Feast of Ingathering)입니다. 수장절에 관한 성경의 기록은 이렇습니다. "수장절을 지키라 이는 네가 수고하여 이룬 것을 연말에 밭에서부터 거두어 저장함이니라"(출 23:16). 다시 말해, 수장절은 한 해 동안 수고하여 기른 곡식을 추수하게 된 것을 감사하며 지킨 명절이었습니다.

수장절이 되면 이스라엘 백성은 야외에 초막을 짓고 그곳에서 일주

일을 보냅니다. 그리고 자녀들에게 선조에 관한 이야기를 들려주었는데, 이집트에서 종살이를 마치고 탈출해 광야에서 보낸 40여 년간 어떤 일이 있었고, 어려운 환경 속에서도 그들이 어떻게 신앙을 지키며 살아왔는지에 관한 내용이 주를 이루었습니다. 그 이야기를 들으며 자녀들은 선조들이 남긴 신앙의 정신을 마음 깊이 새기고, 자신들도 그 발자취를 따라 살아갈 것을 다짐했습니다.

그러한 수장절의 풍경은 추석 명절에 이 자리에 모인 우리의 모습과 조금은 닮았습니다. 우리 역시 고인의 삶을 추모하고, 그가 생전에 우리에게 베푼 사랑과 남긴 신앙의 유산을 떠올리며 기념하기 위해 이 자리에 모였기 때문입니다. 고인의 삶이 늘 형통하지만은 않았을지도 모릅니다. 그러나 실패에도 굴하지 않고 꿋꿋이 신앙을 지키고 가족을 돌본 그의 삶을 추억하는 것을 통해, 우리는 오늘을 살아갈 용기와 지혜를 배울 수 있습니다. 오늘 이 자리에 고인이 남기고 간 아름다운 삶의 향기가 가득하기를 소원합니다.

그런데 이스라엘 백성의 수장절은 단지 선조들을 추모하는 것으로 끝나지 않았습니다. 그들은 이집트의 압제에서 선조들을 구원하신 하나님, 광야에서 그들을 보호하시고 끝까지 인도하신 하나님, 그리고 선조들에게 약속하신 가나안 땅으로 끝내 인도하신 하나님의 신실하심을 되새기며 감사했습니다. 광야생활 당시 이스라엘의 선조들은 실수도 많았습니다. 그러나 하나님은 마치 부모가 자녀에게 하듯 혼내기도 하고 달래기도 하며 기르셨습니다. 하나님의 그 사랑과 보호 안에서 그들은 점점 강성해졌고 신앙도 굳건해졌습니다. 성경은 그때의 하나님을 이렇게 묘사합니다. "네 하나님 여호와께서 이 사십 년 동안에 네게 광야 길을 걷게 하신 것을 기억하라 이는 너를 낮추시며 너를 시험하사 네 마음이 어떠

한지 그 명령을 지키는지 지키지 않는지 알려 하심이라 … 이 사십 년 동안에 네 의복이 해어지지 아니하였고 네 발이 부르트지 아니하였느니라 너는 사람이 그 아들을 징계함 같이 네 하나님 여호와께서 너를 징계하시는 줄 마음에 생각하고"(신 8:2-5).

이스라엘 백성을 지키고 돌보신 하나님은 그때나 지금이나 변함이 없으십니다. 더욱 감사한 것은, 하나님께서 예수 믿고 구원받은 자들을 어느 민족이든 '하나님의 백성'으로 삼겠다고 약속하셨다는 것입니다(히 8:10 참고). 그 약속 안에서 오늘날 우리가 하나님의 백성으로 살아갈 수 있으며, 하나님의 보호와 인도하심을 받을 수 있는 것입니다.

오늘 우리는 '추석 추모예배'라는 이름으로 함께 모였습니다. 그 이름이 뜻하는 바와 같이 앞서간 선조들(조부모, 부모)을 추모하며 그분들의 삶과 신앙의 자취를 되새겨 보는 귀한 시간이 되기를 소원합니다. 그뿐 아니라 지나온 시간 동안 하나님께서 과거 우리 선조들을 어떻게 지키고 보호하셨는지를 기억하고 감사하는 시간이 되어야 할 것입니다. 그 옛날 이스라엘 백성을 지키고 보호하신 '수장절'의 하나님은, 예수 그리스도를 향한 믿음을 지킨 우리 선조들의 하나님이셨고, 오늘을 살아가는 우리 그리스도인들의 하나님이시며, 우리 후손들의 하나님이 되어주실 것입니다. 하나님의 보호와 인도하심이 오늘 이 자리에 함께한 자들에게 영원토록 함께하시기를 간절히 소원합니다.

"나는 선한 싸움을 싸우고 나의 달려갈 길을 마치고 믿음을 지켰으니

이제 후로는 나를 위하여 의의 면류관이 예비되었으므로

주 곧 의로우신 재판장이 그 날에 내게 주실 것이며

내게만 아니라 주의 나타나심을 사모하는 모든 자에게도니라"

_딤후 4:7-8

장례 추모 설교 100

1판 1쇄 발행	2023년 4월 3일
1판 2쇄 발행	2024년 9월 2일

지은이	오대환, 김건일, 박인성
펴낸이	곽성종
기획편집	방재경
디자인	윤지은

펴낸곳	(주)아가페출판사
등록	제21-754호(1995. 4. 12)
주소	(08806) 서울시 관악구 남부순환로 2082-33(남현동)
전화	584-4835(본사) 522-5148(편집부)
팩스	586-3078(본사) 586-3088(편집부)
홈페이지	www.agape25.com
판권	ⓒ (주)아가페출판사 2023
ISBN	978-89-537-9665-2 (03230)

저작권법에 의하여 한국 내에서 보호받는 저작물이므로
무단전재와 복제를 금합니다.

아가페 출판사